国家审计与注册会计师审计：
协调路径及经济后果

蒋亚含　著

中国财经出版传媒集团

经济科学出版社
Economic Science Press

·北京·

图书在版编目（CIP）数据

国家审计与注册会计师审计：协调路径及经济后果/
蒋亚含著 . -- 北京：经济科学出版社，2023.9
ISBN 978 - 7 - 5218 - 5213 - 4

Ⅰ.①国…　Ⅱ.①蒋…　Ⅲ.①政府审计 - 研究 - 中国
②注册会计师 - 审计 - 研究 - 中国　Ⅳ.①F239.44
②F239.22

中国国家版本馆 CIP 数据核字（2023）第 188510 号

责任编辑：黎子民　常　胜　黄　硕
责任校对：齐　杰
责任印制：邱　天

国家审计与注册会计师审计：协调路径及经济后果

蒋亚含　著

经济科学出版社出版、发行　新华书店经销
社址：北京市海淀区阜成路甲 28 号　邮编：100142
总编部电话：010 - 88191217　发行部电话：010 - 88191522
网址：www. esp. com. cn
电子邮箱：esp@ esp. com. cn
天猫网店：经济科学出版社旗舰店
网址：http://jjkxcbs. tmall. com
固安华明印业有限公司印装
710 × 1000　16 开　17.75 印张　270000 字
2023 年 9 月第 1 版　2023 年 9 月第 1 次印刷
ISBN 978 - 7 - 5218 - 5213 - 4　定价：50.00 元

前　　言

近年来，我国国家审计出现两个重大趋势：其一，国家审计的职权范围日益扩大，执业力度不断加强，成为我国公共机关和国有企业的主导监督力量。其二，我国国家审计力量尚不能支撑"审计全覆盖"的监督目标，需进一步完善审计监督体系，统筹整合审计资源。总的来说，审计署职责和权力的日益扩大，与审计监督体系和资源的不足，成为"审计全覆盖"推行过程中的主要矛盾。而构建高效统一的审计监督体系，是解决矛盾、推行"审计全覆盖"、提高我国审计监督整体效能的关键。

要构建统一的审计监督体系，需要厘清体系内各部分的现状及相互之间的关系。具体包括：体系内各种审计形式分别如何发挥作用；体系内各种审计形式如何相互影响作用，这种影响是否能够构成体系运行机制的一部分；体系内各种审计形式的相互影响，会带来怎样的经济后果。

本书的研究围绕国家审计与注册会计师审计的相互影响关系展开。已有文献对于该话题的系统研究较少，多集中于其中一种关系的探索。本书试图梳理出两种审计的相互影响关系及其后果，并建立该领域完整的研究体系。

国家审计与注册会计师审计具备双重关系：一方面，二者均是审计监督体系的重要组成部分，在审计监督活动中相互协作。协作的主要运用场景是二者在完成共同审计或审计对象重合时，相互利用审计资源和审计力量。另一方面，国家审计对注册会计师审计具有一定的监管职能。国家审计会在审计过程中，复核注册会计师审计结果，发现问题后会进行公告或移交相关部门惩处。因此，尽管国家审计并无直接惩处注册会计师的职权，但事实上却形成了威慑。国家审计和注册会计师审计的双重关系，既促进了二者相互影响的多层次性，又为二者在审计监督体系中的协作提供了空间和可能性。

　　基于此，首先，本书从国家监督体系入手，对审计制度背景进行阐述。从制度背景角度，找到了国家审计与注册会计师审计可能存在的协作方式，为全书的研究提供制度基础。制度背景研究突出了在国家治理现代化下的国家监督体系中，国家审计与注册会计师审计关系的地位和重要性。国家审计与注册会计师审计的关系阐述中，不拘泥于教科书式的概念罗列，而是针对本书研究问题，对重点内容进行了详细解释。包括但不限于：（1）详细介绍了审计频率、审计权限、审计报告三个方面的区别，凸显了国家审计和注册会计师审计协作的机会。（2）强调了国家审计与注册会计师审计的双重关系，从制度设置的角度指出了二者相互影响以及相互利用的形式与范围。（3）统计了针对共同审计对象时，国家审计与注册会计师审计结果的区别，并分析了可能存在的原因。

　　其次，基于国家审计与注册会计师审计的双重关系，探索了国家审计对注册会计师审计的影响。注册会计师审计质量是其行为的集中表现。研究以每年被国家审计抽中的被审计单位为样本，因为这部分企业同时经历了国家审计和注册会计师审计，直接反映了注册会计师审计是否受到影响。研究发现：（1）国家审计提高注册会计师的审计质量，这种审计质量的提高是通过"顺风车"和"威慑力"作用来实现的。其中"顺风车"作用是指国家审计的知识溢出效应，即注册会计师在年报审计中，利用了国家审计揭示的问题以及企业整改的成果来提高年报审计质量。"威慑力"作用是指注册会计师忌惮年报审计报告与未来国家审计结果存在差异引起的一系列风险，会在国家审计后提高谨慎性，从而提高审计质量。（2）为了测试国家审计对注册会计师审计的影响范围，研究还延伸至其他类似企业。发现"威慑力"作用会"传导"至其他类似企业，注册会计师因受到"威慑力"的影响，而更加谨慎地对待其他可能被国家审计抽中的客户。

　　本书进一步检验了国家审计对注册会计师审计影响的经济后果，即检验了国家审计对注册会计师审计的影响不同时，会产生怎样的经济后果。由于国家审计和注册会计师审计会共同监督国有企业的行为规范和廉洁程度，经济后果从这两方面分别检验。研究发现：（1）国家审计对注册会计师审计影响程度越高，被审企业越不可能发生违规行为；国家审计对注册会计师审计影响程度越高，被审企业的廉洁程度越好，主要表现为在职消费增加更少

（降低更多）；（2）上述经济后果，仅限于被审企业自身，而并没有传导至其他类似企业。

最后，本书另一个重要的研究目标，是注册会计师审计对国家审计的影响。按国家审计执业过程，将注册会计师审计对国家审计影响的方式和路径分为了三个阶段，包括事前影响、事中影响和事后影响。事前影响指审计机关在审计前，利用注册会计师审计已完成的工作及结果，影响了国家审计方案中的审计重点和审计方向；事中影响指审计机关利用政府购买服务，使用注册会计师审计力量，影响了国家审计的人力资源安排，保障了"审计监督全覆盖"；事后影响指注册会计师在日常内控审计中，督促企业整改内部控制，影响了国家审计结果的落实效果，保障了国家审计功能的实现。研究内容包括：（1）剖析了注册会计师审计对国家审计影响的制度基础；（2）列举了注册会计师审计对国家审计影响的实践基础；（3）基于探讨，构建了注册会计师审计对国家审计的影响体系，为国家审计如何利用注册会计师审计的力量，提供了系统性思路。同时，也指出了体系完善过程中存在的问题。

本书进一步对其中的事后影响（即注册会计师审计在国家审计结果落实中的作用）进行了检验。由于目前注册会计师审计对国家审计结果的落实并非制度性安排，而是依靠注册会计师在审计过程中的自发行为。因此，本书试图检验这种非制度性的安排，在目前阶段通过何种机制影响了国家审计结果的落实。发现：（1）"四大"内控审计师，更能有效落实国家审计后企业内部控制的整改；（2）具备行业专长的内控审计师，在有效落实国家审计后企业内部控制的整改中无明显优势。这表明注册会计师审计促进国家审计结果落实主要通过声誉机制，而是否具备行业专长，在内部控制整改中并没有发挥明显的作用。

综上，本书的主要贡献有如下几个方面：第一，已有研究仅关注了国家审计对注册会计师审计的单向影响，而本书对国家审计与注册会计师审计的关系，进行双向研究，完善了该研究领域的系统性。第二，已有研究停留在国家审计对注册会计师审计产生了何种影响，而本书进一步考虑了国家审计对注册会计师审计影响所造成的经济后果，拓宽了该领域研究的深度。第三，本书研究了国家审计对注册会计师审计这一特殊监管形式的作用，丰富了国家监管对注册会计师行为影响的文献。第四，本书系统地探讨注册会计师审计对国家审计的影响，并将国家审计结果的落实纳入影响体系中，拓宽了研究审计监督体系协作的边界。

本书还可能有如下现实意义：第一，针对国家审计机关，本书的研究有助于国家审计机关更有效地优化资源配置，安排监督工作。第二，本书对审计形式协作的探讨，为搭建和完善审计监督体系提供了思路和方向。第三，本书对审计机关切实落实审计事后的监督，起到了提示性作用。第四，本书从审计监管体系发展的角度，对注册会计师审计执业水平提出了新的要求。

目　　录

第 1 章

导　　论

1.1　选题背景、问题提出与研究目的

1.1.1　选题背景

近年来，国家对国家审计提出的重大政策和方向，可以概括为以下两个方面：

（1）国家审计的职权范围日益扩大，执业力度不断加强，成为我国公共机关和国有企业的主导监督力量。

2018 年 3 月，中共中央印发了《深化党和国家机构改革方案》，其中第三十三条①明确指出将发改委、财政部、国资委的部分监督检查职责均划归于审计署。事实上，早在 2014 年 10 月，国务院就已提出"审计全覆盖"，确认扩大审计署的职责范围，要求审计署对政策措施落实情况、公共资金、国有资产、国有资源、领导干部经济责任履行情况均进行审计。

除了对职权范围的要求，也对执业力度提出了新的要求。2015 年 12 月 8

---

① 2018 年 3 月，中国共产党第十九届中央委员会第三次全体会议通过《深化党和国家机构改革方案》。其中第三十三条为："优化审计署职责。将国家发展和改革委员会的重大项目稽察、财政部的中央预算执行情况和其他财政收支情况的监督检查、国务院国有资产监督管理委员会的国有企业领导干部经济责任审计和国有重点大型企业监事会的职责划入审计署，相应对派出审计监督力量进行整合优化，构建统一高效审计监督体系。不再设立国有重点大型企业监事会。"

日，中共中央办公厅、国务院办公厅印发的《关于实行审计全覆盖的实施意见》中审计全覆盖的目标要求包括：①对国家审计频次的要求，即"对重点部门、单位要每年审计，其他审计对象 1 个周期内至少审计 1 次，对重点地区、部门、单位以及关键岗位的领导干部任期内至少审计 1 次；对问题多、反映大的单位及领导干部要加大审计频次"；②对国家审计执业过程及效果的要求，即"对重大问题开展跟踪审计，坚持问题导向，实现有重点、有步骤、有深度、有成效的全覆盖"。国家政策对国家审计的频次、执业过程及效果，提出的具体要求，加大了国家审计的力度。

（2）我国国家审计力量尚不能支撑"审计全覆盖"的监督目标，需进一步完善审计监督体系，统筹整合审计资源。

在审计署职权扩大的同时，国家也在相关文件①中提出要优化改革现行审计体制，以构建统一高效审计监督体系。其中《关于实行审计全覆盖的实施意见》中明确提到，国家审计需要加强审计资源的统筹，包括有效利用社会审计的力量。此外，党的十九届四中全会中，明确指出要坚持和完善党和国家监督体系。习近平总书记也在党的十九大报告中曾强调要增强监督合力。具体要求为构建包括纪检监督、行政监督、司法监督和审计监督等监督力量的党和国家监督体系，协调合力，提升监督效能，共同完成党和国家的监督任务。其中，审计监督就包含了审计监督体系中的国家审计、注册会计师审计以及企业内部审计。沿用国家政策监督合力的思想，审计监督内部也需要统筹整合审计资源，构建统一的审计监督体系，共同实现国家的审计监督任务。

综上，结合两方面的背景，本书总结了两层信息：第一，审计署职责和权力的日益扩大，与审计监督体系和资源的不足，成为"审计全覆盖"推行过程中的主要矛盾。第二，而构建统一的审计监督体系，是解决矛盾、推行"审计全覆盖"、提高我国审计监督整体效能的关键。

1.1.2　问题提出

审计监督体系包括国家审计、注册会计师审计和内部审计三种形式。要

---

①　例如 2015 年 12 月国务院印发的《关于完善审计制度若干重大问题的框架意见》和《关于实行审计全覆盖的实施意见》。

构建统一的审计监督体系，需要厘清体系内各部分的现状，具体而言，包括：第一，体系内各部分分别如何发挥作用；第二，体系内各部分如何相互影响作用，这种影响是否能够构成体系运行机制的一部分；第三，体系内各部分的相互影响，会带来怎样的经济后果。

本书选择审计监督体系中，国家审计与注册会计师审计的相互关系，进行研究。国家审计和注册会计师审计具有双重关系：

一方面，如上文所言，国家审计和注册会计师审计均是审计监督体系的重要组成部分。二者在审计过程中可以相互协作，互为补充。另一方面，国家审计对注册会计师审计具备一定的监管职能。尽管国家审计机关并非注册会计师审计的直属管理部门，对注册会计师审计无直接的监管处罚权，但仍然具备一定的监管职能。《中华人民共和国审计法》第二十七条明确提出："审计机关有权对社会审计机构出具的相关审计报告进行核查。"《中华人民共和国国家审计准则》也要求国家审计机关应"核查社会审计机构相关审计报告发现的问题，应当在审计报告中一并反映"。监管方式包括：（1）直接对注册会计师审计的执业情况进行检查；（2）国家审计机关在进行审计或者专项审计调查时，对注册会计师审计报告进行核查，揭示出注册会计师审计忽略或隐瞒的问题，并移送有关主管机关依法追究责任。

基于国家审计和注册会计师审计的双重关系，有以下几个问题：

第一，目前国家审计和注册会计师审计规范的协作形式有限，事实上是否有更多的可能性。现有规范的协作形式主要是国家审计通过政府购买借用注册会计师审计的人力资源。然而，事实上二者的协作远不止于此，国家审计与注册会计师审计在审计方式、审计人才甚至审计对象范围，均存在相同之处，在审计过程中也多有交集。那么，其中是否存在或可以存在更多的协作，并将其规范化以形成审计监督体系的重要力量，这是值得探索的。

第二，国家审计对注册会计师审计的特殊监管形式，是否有效。国家审计对注册会计师来说，并非直接的监管机构，仅具备一定的监管职能。这种监管的特殊性体现在，其一，监管并不会持续系统地进行，仅在必要的时候进行抽查；其二，没有直接的处罚权，发现问题后审计机关只能移交给财政部、证监会或其他具备处理职权的部门进行处理。那么，这种情况下，国家审计对注册会计师审计还能否起到监管作用。

第三，注册会计师能否对国家审计产生影响，这种影响如何在审计监督体系中发挥作用。国家审计对注册会计师审计的影响较容易被察觉，因为国家审计具备更强公信力，且对注册会计师审计具备一定的监管职能，会更明显地影响到注册会计师的行为。反之，注册会计师似乎很难对国家审计产生直接的影响。然而，我们不能忽视，注册会计师审计是审计监督体系的一股强有力的力量，与国家审计在项目中存在交集，能互相补充。并且相较于国家审计，注册会计师也具备人力资源丰富、项目经验丰富、人才培养成熟、能动态持续跟踪项目等优势。那么，注册会计师如何发挥其优势，影响国家审计，进而在审计监督体系中发挥作用也是一个值得探讨的问题。

第四，国家审计和注册会计师审计的双重关系所产生的影响及其经济后果，是否能成为审计监督体系运行中的重要一环。若国家审计与注册会计师审计相互产生影响，这种影响也将产生一定的经济后果。那么，在两种审计形式的执业过程中，是否可以将这种影响及其经济后果考虑在内，并将其作为审计监督体系发挥作用的一个重要环节。

1.1.3 研究目的

本书拟通过系统研究，试图找到上述问题的答案，为审计监督体系的构建提供思路和证据。

第一，本书对审计制度背景进行针对性的梳理，从中找到国家审计和注册会计师审计相互影响的现实背景及可能性。本书重点梳理了国家审计监督制度，以及国家审计与注册会计师审计的关系。梳理不满足于条文的罗列，而挖掘了国家审计和注册会计师审计，在执业过程中，可能产生影响和交集的制度背景。

第二，本书阐述国家审计与注册会计师审计相互影响的方式和路径，为二者的相互影响提供了证据，也试图挖掘了二者协作形式更多的可能性。

第三，本书综合考虑监管关系和协作关系产生的作用，证实国家审计这种相对特殊的监管，能否达到对注册会计师审计的监管效果。

第四，针对国家审计与注册会计师审计影响的研究，本书探讨了影响所产生的经济后果，为审计监督体系的运行机制设置提供启发。

第五，本书详细说明注册会计师审计对国家审计的影响路径，并提供一定的经验证据，验证注册会计师审计如何对国家审计产生影响，试图构建影响体系。

1.2　核心概念界定

"国家审计"与"政府审计"均指国家审计机关根据《中华人民共和国审计法》等法律法规，对国家机关、行政事业单位和国有企业执行的审计监督活动。根据审计内容的不同，具体分为财政审计（包括预算、决算执行审计等）、项目跟踪审计、企业审计、金融机构审计、经济责任审计、国家重大政策措施落实情况审计以及其他专项审计。

"国家审计"与"政府审计"无本质区别。我国早期学术界将国家审计行为称为"政府审计"，是因为早期国家审计机关归属于国务院，隶属于政府部门，不完全构成国家行为。而审计署建立后，其全称为"中华人民共和国审计署"，简称"审计署"，因此，国家审计机关执行的审计活动逐渐被称为"国家审计"。目前学术界对两种说法通用。本书统一使用"国家审计"的说法。

本书所提到的注册会计师审计（注册会计师审计），指根据《中国注册会计师审计准则》，注册会计师所执行的企业财务报告审计及内部控制审计。第3章的制度背景介绍中，在探讨注册会计师审计与国家审计关系时，部分文字将注册会计师审计称为"社会审计"。这是因为相关文件在区别与国家审计关系时，对应地将注册会计师审计称为"社会审计"，本书在进行相关说明时，沿用"社会审计"说法。然而，全书主要部分依然使用注册会计师审计的说法。

1.3 研究框架、研究思路及研究方法

1.3.1 研究框架

图1-1为全书研究框架。共分为理论及文献回顾、制度背景、具体的相互影响研究以及全书总结四个大部分。

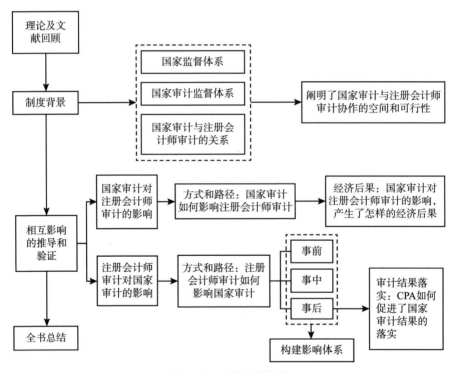

图1-1 全书研究框架

理论及文献回顾对国家审计、注册会计师审计以及二者关系的相关理论和文献进行了回顾。制度背景依次介绍了国家监督体系、国家审计监督体系

以及体系内国家审计与注册会计师审计的关系。在具体的相互影响研究中，包括国家审计对注册会计师审计的影响方式与路径，国家审计对注册会计师审计的影响的经济后果，注册会计师审计对国家审计的影响方式和路径，并进一步验证了注册会计师审计在落实国家审计结果中的作用。全书总结包括了对全文研究的回顾，以及对该领域未来研究的展望。

1.3.2　研究思路

全书研究思路及研究结构如下：

第 1 章导论部分。详细阐述了研究的选题背景、目的，研究的主要框架，以及研究的贡献和意义。

第 2 章为理论及文献回顾。对相关主题的理论基础和已有研究进行了回顾及评述，按本书研究主体，按国家审计、注册会计师审计、国家审计与注册会计师审计的关系三个部分展开。

第 3 章是制度背景的介绍。针对研究问题，对我国监督制度背景进行了梳理。主要分析了国家审计监督制度的现行状况、国家审计与注册会计师审计的关系，指出了两种审计监督形式的关系特征，以及二者相互协作的空间和可能性。同时，也针对共同审计对象，梳理了两种审计形式的不同，为全文的研究提供了基础。

第 4 章至第 8 章是国家审计与注册会计师审计相互影响的研究。第 4 章和第 6 章是国家审计对注册会计师审计影响的研究，其中第 4 章先阐述了影响的方式和路径，以注册会计师审计质量提供了经验证据；第 5 章验证了影响的经济后果，检验了影响程度所产生的不同作用；第 6 章讨论了整体上对注册会计师审计市场的影响；第 7 章和第 8 章是注册会计师审计对国家审计影响的研究，其中第 7 章将影响分为了事前、事中和事后三个阶段，阐述了影响的方式和路径；第 8 章进一步为事后影响提供了经验证据。

第 9 章在上述研究的基础上，构建了国家治理体系现代化背景下国家审计与注册会计师审计的协同体系。

第 10 章结合当前审计监督体系的热点问题，选择了三个国家审计、注册会计师审计和内部审计的延伸问题进行探讨。

第 11 章对全书进行了总结，并对该领域未来的研究方向进行了展望。

1.3.3　研究方法

本书的主体部分采用了档案式研究方法，体现在第 4 章、第 5 章、第 6 章和第 8 章。第 3 章和第 7 章的内容，主要通过对公开资料的统计、分析展开。其中第 7 章内容还包含部分案例，用来详细说明国家审计对注册会计师审计的利用情况。

1.4　可能存在的创新点及贡献

本书选择国家审计与注册会计师审计的关系研究，试图梳理出两种审计的相互影响关系及其后果，建立该领域研究的完整体系。该领域的研究本身比较小众，且受限于数据来源，经验证据研究较少。然而，该领域的研究，对构建我国审计监督体系，更好地实现"审计全覆盖"具有重要意义。因此，本书的研究内容，是目前实务中亟需，而理论研究尚且不足的领域。本书试图从如下方面，为该领域的研究作出有限的贡献。

从理论角度来看，本书的研究可能存在如下创新点及贡献：

第一，对国家审计与注册会计师审计的关系，进行双向研究，完善了该研究领域的系统性。受限于对二者关系的固有理解，以及数据的可得性，已有研究仅关注了国家审计对注册会计师审计的影响，而缺乏相反方向的研究。然而，注册会计师审计对国家审计的影响同样重要，主要基于如下两个原因：其一，在新的审计时代，要求各监督工具协同发挥作用，凸显了审计监督体系的内部协作的重要性；其二，国家审计与注册会计师审计具备双重关系，分别是监管关系和协作关系，忽略注册会计师审计对国家审计的影响，就是只强调了监管关系，而忽视了协作关系，这种研究无疑是不完整的。基于此，本书研究了两种审计形式的相互影响，试图搭建该领域研究的体系。

第二，考虑了国家审计对注册会计师审计影响所造成的经济后果，拓宽了该领域研究的深度。研究两种审计如何相互影响固然重要，但影响之后所能产生的经济后果同样值得关注。国家之所以要求各监督工具协作合力，是期待协作之后所产生的经济后果，而并非停留在协作本身。然而，已有研究仅停留在国家审计对注册会计师审计产生了何种影响。本书尝试构建了国家审计对注册会计师审计影响程度的变量，用于观察这种影响所产生的经济后果。本书的研究将该领域研究向前推进了一步，拓宽了研究深度。

第三，丰富了国家监管对注册会计师行为影响的文献。已有研究集中于证监会或财政部的处罚，如何影响注册会计师行为。但国家审计的监管形式较为特殊，一是国家审计并非注册会计师审计的主要监管机构，其监管频次有限；二是国家审计没有对注册会计师及事务所的直接处罚权，而是通过移交线索给财政部和证监会，或间接影响的方式来监管。因此，基于这种特殊监管的研究，发现我国监管机构除了通过处罚增加审计市场监管风险以外，还能通过不同作用形式，发挥更全面的监管作用。

第四，系统阐述了注册会计师审计影响国家审计的方式和路径，并将审计结果落实纳入影响体系中，拓宽了审计监督体系协作的边界，完善了审计监督体系的理论研究。已有研究中，除部分审计实务人员提到过国家审计过程中如何利用了注册会计师的力量外，尚未有研究探讨过注册会计师审计对国家审计的影响，这形成了审计理论体系研究中的一大空缺。本书试图利用公开资料的统计和分析，搭建注册会计师审计对国家审计的影响体系，分阶段阐述影响的方式和路径，弥补审计理论体系研究的空缺。此外，本书将审计结果落实纳入审计监督体系协作的范围。已有研究在探讨审计工具的相互关系时，集中在审计执业过程。但事实上，审计过程中的查处问题只是审计监督的一部分，而落实审计结果，进行相应整改，才是审计监督的目的。

此外，本书还可能有如下现实意义：

第一，本书的研究有助于国家审计机关更有效地优化资源配置，安排监督工作。研究强调了国家审计与注册会计师审计的双重关系，经验证据中更是证明了国家审计的"威慑力"还会对注册会计师行为有影响作用，且有正向的经济后果。这为国家审计有效利用社会审计资源，提供了启发。

第二，本书为搭建和完善审计监督体系提供了思路和方向。随着国家政策对监督合力的要求，以及"审计全覆盖"的要求，完善审计监督体系成为必然的趋势。本书的研究为此提供了思路和方向：（1）对国家审计与注册会计师审计的相互影响路径及后果，进行了详细的分析，充分挖掘了审计监督体系中的协作的可能性和方向；（2）探讨注册会计师审计如何在不同阶段，影响国家审计，能为国家审计监督体系建立合理的工作机制，更好地发挥监督作用，提供一定的启发。

第三，本书对审计机关切实落实审计事后的监督，起到了提示性作用。本书强调了国家审计结果落实的重要性，并将其纳入审计监督体系的重要环节。一是强调了审计结果落实，可以成为国家审计与注册会计师审计协作的重要环节；二是通过揭示落实情况，强调了审计事后监督在审计监督中的重要性。

第四，本书从审计监管体系发展的角度，对注册会计师审计执业水平提出了新的要求。注册会计师执业水平是导致其与国家审计结果不同的重要原因之一，也是现阶段阻碍国家审计大规模使用注册会计师审计结果，推进审计监督体系的原因之一。因此，本书的研究，从完善审计监督体系的高度，指出了注册会计师审计执业水平提高的必要性和迫切性。

第 2 章

理论基础及文献回顾

2.1 理 论 基 础

2.1.1 受托经济责任理论

受托经济责任是审计产生的重要前提。受托经济责任，指按照特定要求或原则，经营管理受托经济资源，并报告其履行状况。而对受托经济责任进行监督，则是审计的基本职能。根据受托经济责任内容的不同，审计监督需要关注的具体内容也不同。总体上受托经济责任包括合规性、经济效率、公允性等，而随着受托经济责任内容的不断丰富，审计监督的目标也会相应拓展。

公共受托经济责任是受托经济责任的一种重要类型，也是国家审计产生动因的重要理论。美国审计总署（Government Accountability Office，GAO）认为公共受托责任是指受托管理并有权使用公共资源的机构和部门，向社会公众说明其全部活动情况的义务。最高审计机关亚洲组织（Asian Organization of Supreme Audit Institution，ASOSAI）将公共受托经济责任概括为受托管理公共资源的机构，报告管理规划、控制情况和财务情况的责任。

国家审计产生于公共受托经济责任关系。国家各级政府管理和支配社会资源，对人民负责，构成了公共受托经济责任关系。而国家审计机关负责对各级政府及国有企业进行监督，保障资源的合理有效利用，从而保障公众的利益。秦荣生（2004）认为国家审计的职能是对公共受托责任进行鉴定和评价，所谓公共受托经济责任，是指各级政府按照本级人民代表大会所体现的人民意志对公共财产行使管理经营权，从而对人民负有公共受托经济责任。根据政府工作内容，我国国家审计目前可以包括对各级人民政府和机关单位的财政审计；国家投资和国家投资为主的建设项目的预算执行情况和决算审计；国有企业、国有资本占控股地位或主导地位的企业的资产、负债和损益情况审计；党政主要领导干部、国有企事业单位主要领导人员审计；国家重大政策措施落实情况审计；其他专项资金使用情况审计。

注册会计师审计产生于企业受托经济责任。类似于委托代理理论，企业受托经济责任也是源于两权分离。企业股东为委托方，负责资金筹集，并拥有企业的声誉索取权；企业的管理者为受托方，负责企业的日常经营管理。注册会计师审计则负责监督这种受托经济责任，评价受托方的履职情况。

国有企业中的受托经济责任关系，事实上也是企业"委托—代理"关系的一种形式。委托是公众，代理方是国家，具体落实到国资委和国有企业的管理者。基于公共受托经济责任，国家审计负责对国有企业运营的公允性、合规性以及效率进行监督，并通过审计公告的方式向公众公布审计结果。同时，基于委托代理理论，国有企业也需要接受社会审计的监督，保障股东的利益。因此，国有企业将会同时接受国家审计和社会审计的双重监督。

本书研究的国家审计与注册会计师审计，均是受托经济责任的体现，但是不同类型的受托经济责任。国家审计更多地体现了公共受托经济责任，而注册会计师审计体现的是企业受托经济责任。基于二者的差异，本书探讨了二者协作的空间；基于二者共同的监督对象，本书发掘了二者协作的方式和可能性。

2.1.2 "免疫系统"理论

免疫系统是指人体中具有免疫监视、防御和调控作用的重要系统。时任审计长刘家义在 2008 年全国审计工作会议中，借用此比喻，提出国家审计本质上是保障国家经济社会健康运行的"免疫系统"。

随后，刘家义（2012）从国家治理的角度，结合我国形势，深入分析了国家审计的本质，强调了国家审计是国家治理大系统中内生的具有预防、揭示和抵御功能的"免疫系统"，其核心是推动民主法治，实现国家良好治理，促进国家经济社会健康运行和科学发展，从而更好地保障人民的根本利益。在此本质的基础之上，刘家义（2015）进一步提出，在新的历史时期，国家审计要适应全面深化改革和全面推进依法治国的新形势、新要求，加快完善审计制度，推进审计监督全覆盖，全面提升审计能力，更加有效地发挥审计的职能作用，推进国家治理体系和治理能力现代化。

针对"免疫系统"理论，杨肃昌和李敬道（2011）从政治学视角提出了不同见解。他们认为国家审计是国家治理"免疫系统"的一个子系统，而其实质是一种权力制约，其职责是对受托经济责任的"检查与证明"。作为国家治理"免疫系统"的子系统，尹平和戚振东（2010）认为国家审计不但具有独立性、权威性和公正性，还具备批判性、建设性、服务性、宏观性、主动适应性和开放性。这种解读不仅来自国家审计本身，还来自对社会政治经济环境赋予国家审计的使命与职责的分析。孟焰和周卫华（2016）认为国家审计的理念应该从政府本位演进到社会本位，其核心内涵是"公开、责任、服务"及"参与、协同、共享"精神。罗欢平（2018）探讨了国家审计的边界，认为审计对象应该以公共权力为界，是那些得到授权向民众提供公共服务和分配公共产品的公共权力行使者。

国家审计的"免疫系统"特质从两个方面影响了本书研究，构成了本书重要的理论基础：其一，基于国家审计"免疫系统"的本质，探究了国家审计如何在资本市场中，有效影响了注册会计师审计；其二，基于国家审计作为"免疫系统"的重要性，本书探究了在国家治理现代化的要求下，国家审计如何与其他审计形式乃至其他监督形式协作，共同作用于国家治理。

2.1.3 协同治理理论

协同治理理论是协同学和治理理论相融合的新兴理论，在社会科学中被广泛应用。本书研究国家审计和注册会计师审计的相互利用、共同协作实施审计监督，正是以协同治理理论作为理论基础。

协同学来源于自然科学领域，由德国物理学家赫尔曼·哈肯于 1971 年首先提出。他将协同效应简单解释为"1＋1＞2"的效应。协同效应又分为外部协同和内部协同，外部协同是指集群内各组织相互协作，共享资源，从而取得高于个体运作的效益；内部协同是指组织内部不同部分、环节共同利用资源产生的集体效应。

协同治理理论是协同学在社会科学领域的运用，具有如下几个特征：第一，治理主体的多元化是协同治理的前提。治理主体不局限于单一的政府组织，所有政府组织间的协作均可以构成协同治理。随着社会的不断发展，不仅是政府组织，社会系统中其他利益相关主体均可以在社会公共事务治理中发挥作用，各组织间的协作即可构成协同治理。第二，各子系统的协同性。参与协同治理的各组织之间，需要存在着可交换和共享的资源。同时，这种协同并非以强制形式进行，而是基于社会系统中各组织的共同目的和相对优势，自动形成的良好的协同管理系统。第三，共同规则。协同治理作为一种社会集体行为，需要遵循共同的规则。

习近平总书记在党的十九大报告中强调要增强监督合力，即是社会协同治理理论的践行。为了实现我国国家治理体系和治理能力现代化，要求社会体系中各种监督体系协同治理。本书研究主体是国家审计与注册会计师审计的合力，二者在审计监督体系中形成协同治理效应。对应协同治理理论的特征：第一，国家审计和注册会计师审计，作为不同的治理主体，构成了协同治理的前提；第二，国家审计和注册会计师审计共享审计资源和审计结果，以二者各自的目的为基础，形成良性的协同治理系统；第三，国家审计和注册会计师审计共同肩负了监督国家经济和资本市场运行的责任。

因此，协同治理理论，为国家审计和注册会计师审计相互利用、共同协作提供了有力的理论基础。进一步，也为最大限度优化审计资源，完善审计监督体系，发挥"1＋1＞2"的功效提供了思路。

2.2　文献回顾

2.2.1　国家审计

根据与本书研究内容的相关程度，以及研究的理论贡献方向，笔者将国家审计的研究分为三个方面：首先，回顾了国家审计的理论研究，包含了国家审计的内涵和发展等基础问题的探讨；其次，阐述了国家审计的监督作用，探讨了国家审计对公共部门、国有企业以及市场等多方面的监督作用；最后，系统梳理了国家审计和注册会计师审计关系的文献。

需要指出的是，在我国，政府审计和国家审计均是指国家审计机关（审计署及其派出机构，各级审计机关）依据《中华人民共和国国家审计准则》，对国家机关、行政事业单位和国有企业等进行的检查审核和监督活动。在相关研究中，二者的基础理论和作用基本一致，而本书的主要数据来源之一是"国家审计公告"。为了前后统一，本书将不加以区分，统一使用国家审计的说法。

2.2.1.1 国家审计理论研究

（1）国外研究。

由于国家审计在各国的影响形式不同，国外文献中对国家审计的讨论，与我国有较大差异。美国的公共部门由社会独立机构进行审计，美国审计总署（GAO）核查社会机构的审计结果。巴贝尔（Baber，1983）以美国政治体制为背景，发现政治家和利益集团之间的相互监督需求导致了审计的产生。审计的主要对象是联邦政府财政预算，联邦各部门和公共机构财务运行合法性及其经济效应。因此，国外文献对国家审计的探讨，主要围绕注册会计师完成国家审计的相关情况，包括对公共部门审计的质量（Copley，1991；Copley and Doucet，1993；Donald and Giroux，1992；Krishnan and Schauer，2000；Lowensohn et al.，2007）、公共领域审计费用（Baber et al.，1987；Bandyopadhyay and Kao，2001；Rubin，1988；Ward et al.，1994）和公共领域审计效率及审计效果（Berry et al.，1987；Dwyer and Wilson，1989；Johnson et al.，2002；McLelland and Giroux，2000；O'Keefe et al.，1990；Saito and Mcintosh，2010）的研究。关于国家审计结果，帕尔默（Palmer，2008）认为国家审计结果的偏差，主要受到审计人员的个人判断或努力程度的影响。而上述研究，事实上，除审计对象为公共部门外，与注册会计师市场上的审计费用、需求等问题的研究没有本质区别。因此，仅在此处进行简单归纳。

针对审计对象的不同，仅有少数几篇文章找到特殊的场景，对两种审计进行了对比。维梅尔（Vermeer，2008）发现针对公共部门的审计，与其他审计不同，客户不会跟随审计师。洛佩兹和彼得斯（López and Peters，2010）利用 A－133 公告的特殊场景，对比了不同时期，分别由国家审计和注册会计师审计时，识别出被审计单位内部控制缺陷的差别，发现注册会计师审计更有可能揭示这种内部控制缺陷，以此来对比二者的审计质量。

（2）我国国家审计研究。

关于我国国家审计的发展，可以分成两部分：一部分是国家审计的内涵，从理论上探讨政府审计的本质和内在特点；另一部分是关于国家审计的发展，学者们从各个方面提出国家审计发展中存在的问题，并试图探讨在不同发展阶段，国家审计的发展方向。

时任审计长刘家义在 2008 年全国审计工作会议中提出政府审计本质上是保障国家经济社会健康运行的"免疫系统"。随后，他从国家治理的角度，结合我国形势，深入分析了政府审计的本质，强调了政府审计是国家治理大系统中内生的具有预防、揭示和抵御功能的"免疫系统"，其核心是推动民主法治，实现国家良好治理，促进国家经济社会健康运行和科学发展，从而更好地保障人民的根本利益（刘家义，2012）。在此本质的基础之上，刘家义（2015）进一步提出，在新的历史时期，国家审计要适应全面深化改革和全面推进依法治国的新形势、新要求，加快完善审计制度，推进审计监督全覆盖，全面提升审计能力，更加有效地发挥审计的职能作用，推进国家治理体系和治理能力现代化。

针对"免疫系统"理论，杨肃昌和李敬道（2011）从政治学视角提出了不同见解。他们认为政府审计是国家治理"免疫系统"的一个子系统，而其实质是一种权力制约，其职责更多的是一种对受托经济责任的"检查与证明"。秦荣生（2004）也认为政府审计的职能是对公共受托责任进行鉴定和评价，所谓公共受托经济责任，是指各级政府按照本级人民代表大会所体现的人民意志对公共财产行使管理经营权，从而对人民负有公共受托经济责任。

无论是"免疫系统"，还是"检查与证明"，政府审计都是国家治理的重要组成部分。基于此，学者们对政府审计的内涵进行了进一步挖掘。尹平和戚振东（2010）认为政府审计不但具有独立性、权威性和公正性，还要具备批判性、建设性、服务性、宏观性、主动适应性和开放性。这种解读不仅来自政府审计本身，还来自对社会政治经济环境赋予政府审计的使命与职责的分析。孟焰和周卫华（2016）认为政府审计的理念应该从政府本位演进到社会本位，其核心内涵是"公开、责任、服务"及"参与、协同、共享"精神。罗欢平（2018）探讨了政府审计的边界，认为审计对象应该以公共权力为界，是那些得到授权向民众提供公共服务和分配公共产品的公共权力行使者。

葛笑天（2005）认为，随着我国政府向服务型政府转型，国家审计需要随之变革，他还提出了具体的发展方向。萧等（Xiao et al.，2016）也认为，为了适应审计体系改革的发展，我国国家审计有待提高独立性。其中包括加快向绩效审计为中心的转变、加强以领导干部经济责任审计为重点的对权力的制约和监督、实行审计结果公告制度等方面。而这几个发展方向，也受到了学者们的广泛关注。

关于绩效审计的发展，有学者通过总结国外经验为我国绩效审计发展提供启示（张继勋，2000；王会金，2010），另一些学者从我国实际出发，从操作层面探讨我国绩效审计的发展方向（吴国萍，2005；蔡春等，2011）。张继勋（2000）总结了国外政府绩效审计的经验，并从中找出可借鉴之处，从内容、形式和规范建设等方面为我国政府绩效审计提供启示作用；王会金（2010）在总结国外政府绩效审计发展经验的基础上，还对我国政府绩效审计的发展进行了 SWOT 分析，指出我国政府绩效审计需要从制度建设、专业队伍培养和审计方法等方面进行提升。从具体操作层面，吴国萍（2005）提到我国政府绩效审计需要完善审计体系，制定合理目标，培养一批专业人才，转变观念；蔡春等（2011）提出绩效审计创新发展十大思考，分别为：①树立绩效审计广义化理念；②拓展绩效审计目标；③构建中国特色绩效审计模式；④探讨绩效的基本内容与计量和构建绩效与责任履行报告；⑤创新绩效审计工作方式方法；⑥建立绩效审计职业制度；⑦构建以国家审计为主导的多元绩效审计监控体系；⑧建立绩效审计报告与绩效审计结果公告制度；⑨建立健全绩效管理制度；⑩完善相关制度与体制环境。

关于经济责任审计的发展，学者们对其定位及实行中存在的问题进行了广泛讨论。陈波（2005）认为我国在经济责任审计中存在一定的局限，这种局限主要体现在国家审计的独立性不足，依然是一种"体系内"的监督方式。因此为了完善经济责任审计制度，他认为必须为其创造更好的制度环境。

简燕玲和辛旭（2006）对经济责任审计的主体、对象、依据、原则、方法、时间、程序、内容和范围等作了较深入的探讨。崔孟修（2007）试图探索经济责任审计的定位，他将经济责任审计理解为执政党与国家机关之间的一种关系，认为经济责任审计是执政权力的体现，主要反映了执政党与国家机关之间的委托代理关系。从这个角度思考，他认为经济责任审计有助于党对经济工作的领导。

关于完善公告制度，学者们主要讨论了公告制度的必要性和影响因素。早在 2003 年，湖北省审计学会课题组对我国国家审计推行审计公告制度的必要性和可行性进行了论证，他们认为审计公告制度能加强审计结果的透明度、促进审计廉政建设。刘明辉和常丽（2005）也认为国家审计结果公开机制的有效运行，对于满足公众对审计信息的迫切需求、提高公共审计服务质量以至于促进政府行政模式的改进都具有十分重大的意义。张立民和聂新军（2006）提出了国家审计信息产权的命题，认为国家审计结果公告制度是人民对审计信息产权实现的一种形式，能保障公民的权益。随着审计署开始发布部分国家审计公告，郑小荣（2012）对现有审计公告特点进行了研究，发现我国国家审计公告存在策略性行为，公告质量与公告的重要性呈负相关，这反映了现阶段我国国家审计公告对部分信息进行了保护。唐大鹏等（2017）使用省级公告数据研究发现，我国国家审计公告质量与人均家庭收入、腐败监察力度和地方人大信息需求等均显著相关。

通过观察国家审计发展的讨论，可以发现专业的审计人才是发展中的关键。马曙光（2007）对审计人员素质进行了深入研究，他发现：审计成果与审计人员的高学历显著正相关；不同审计经验的审计人员对审计成果产生不同的影响；经济类审计人员对审计财务效益影响比较显著，但专业背景都对审计质量的影响并不显著。从而建议在国家审计人力资源管理中，注意审计人员学历、年龄和专业之间的合理搭配。

2.2.1.2　国家审计治理作用

（1）对政府机关的监督治理作用。

根据与本书研究的相关性，本书主要关注国家审计对政府机关、对市场、对国有企业的监督治理作用。

①国家审计有助于抑制政府机关领导干部的不当行为。

费拉斯和菲南（Ferraz and Finan，2008）以巴西为例，发现国家审计通过揭露政治腐败，会影响到选举结果。进而，阿维斯等（Avis et al.，2018）发现国家审计通过影响官员选举晋升和司法问责，抑制了地方的腐败水平，提高了地方官员遭受法律制裁的可能性。李江涛等（2011）对现有的经济责任审计效果进行了检验，他们利用《中国审计年鉴》《中国检察年鉴》等官方公布数据，发现经济责任审计力量越强，经济责任审计执行力度越大，越能够预防领导干部职务犯罪；审计人员数量越多，审计力量越强大，单位国内生产总值耗费的行政管理费越少。彭华彰（2013）同样也发现国家审计有助于腐败治理，在揭露查处腐败行为、促进建立健全反腐倡廉机制和领导干部廉洁自律等方面发挥了积极成效。但同时也提出，国家审计仍然存在独立性不高、问责不够、腐败治理监督合作机制尚未建立、审计机关自身力量不足等问题。王光远和郑晓宇（2019）发现国家审计的移送力度越大，司法机关的司法效率越高。

②国家审计有助于地方政府优化资源配置，有效维护地方财政安全。

刘雷等（2014）针对国家审计的揭示功能、抵御功能和预防功能进行检验，结果表明，国家审计的揭示功能和抵御功能已经得到有效的发挥，可以显著地提高地方政府财政安全程度，而维护地方政府财政安全的预防功能暂时还未充分显示出来，仍需要进一步加强。韦德洪等（2010）利用地方审计年鉴的数据，发现了国家审计效能的改善有助于提高财政资金运行的安全性。其中，审计案件处理率对财政资金运行安全起到了最大的保障作用，其次是审计工作报告信息被批示采用率，最差是问题金额处理率。张筱（2019）从国家审计对金融风险防范的角度提出了启示和建议。

（2）对市场的监督治理作用。

国家审计通过审计公告，向市场传递了负面信息，使市场及时作出反应，具体表现为在公告事件日附近，受罚中央企业控股的上市公司的股价反应显著为负，其中披露的违规金额幅度越严重，上市公司的市场反应越负面（李小波和吴溪，2013）。而及时披露负面信息，不仅有助于投资者做出更理智的决策，褚剑和方军雄（2017）还发现能有效缓解了公司股价崩盘风险，且国家审计还存在溢出效应，未被审计中央企业在审计事件发生后的股价崩盘风险也出现下降。

（3）对国有企业的监督治理作用。

一方面，国家审计对国有企业的抽查能有效提高国有企业的内部治理（王美英等，2019）。褚剑和方军雄（2016）利用 2010～2015 年审计署实施的中央企业审计事件，发现国家审计能够抑制央企控股上市公司高管的超额在职消费行为，并且国家审计的这种外部治理效应在上市公司的公司治理状况较好、审计署的监督力度较强时更为明显。蔡利和马可哪呐（2014）发现国家审计功能发挥对央企控股上市公司经营业绩的提升有积极的促进作用，但现阶段国家审计的这种作用在于较好地促进了中央企业经营业绩考核指标的完成，而尚未真正实现企业经营效率的优化。李江涛等（2015）发现国家审计能够促进国有企业绩效提升，且具有持续性，其中反腐治理起到了中介效应的作用。王兵等（2017）还发现国家审计有助于抑制国有企业的过度投资。他们基于审计署 2010～2014 年公布的中央企业财务收支和专项调查审计公告，通过倾向值得分配对（PSM）方法确定其配对样本，发现国家能够抑制公司过度投资行为，但与一次审计相比，二次审计对过度投资没有显著影响。在区分会计师事务所规模后发现，在一次审计中，国家审计对投资过度的抑制作用主要体现在非"十大"的小所审计的公司中，而对大所审计的公司无显著影响。在二次审计中，国家审计能够进一步抑制小所审计公司的过度投资行为。此外，也有学者发现国家审计能有效抑制国有企业的盈余管理行为（杨华领和宋常，2019；王海林和张丁，2019；郝素利和李梦琪，2019）。

另一方面，国家审计还弱化了国有企业的政治关联，提高了国有企业市场化水平提高，改善了国有企业的外部环境。张立民等（2015）通过观察国家审计在国有企业政治关联与企业绩效关系中的作用，发现国家审计质量能够降低政治关联对企业绩效的影响，改善国有企业生存环境。然而，也有研究发现，与国家审计相比，注册会计师审计可能具备更高的审计质量，表现为更有可能发布识别出被审计单位内部控制缺陷的审计报告（López and Peters，2010）。

2.2.2 注册会计师审计

本书研究的另一主体是注册会计师审计。一方面，国家审计对注册会计师审计具有一定的监管职能。因此，本章对注册会计师行业的监管问题进行回顾，以了解面临不同监管，注册会计师审计的行为及其机理。另一方面，国家审计与注册会计师审计共同属于审计监督体系，注册会计师审计的行为，也将对国家审计产生影响。因此，本章对注册会计师的行为及其影响因素进行回顾，为对注册会计师行为的推理部分提供理论基础。

2.2.2.1 审计质量的影响因素——供给方视角

迪安杰洛（DeAngelo，1981）提出，审计质量就是审计师发现被审计对象在会计制度上违规并公开揭露这种违规行为的联合概率。从供给方的视角来看，审计质量主要取决于注册会计师的独立性和专业能力。而本书的研究关注的是注册会计师的独立性和专业能力会受到怎样的影响，从而作用于其揭露违规行为的决策和表现。因此，根据研究的相关性和影响因素的特点，文章将有关研究分为宏观层面的影响、中观层面的影响和微观层面的影响。

（1）宏观层面——监管的影响。

针对注册会计师的监管，包括政府行政监管和行业自律监管。在美国市场，PCAOB（Public Company Accounting Oversight Board）对事务所进行检查，并具有行政处罚权。同时，美国的注册会计师行业自治协会，通过复核的形式，进行同业检查。在我国，注册会计师的主要监管机构是证监会和注册会计师协会，注册会计师协会属于具有行政监管性质的行业自治协会。本书中提到的政府审计，会针对国有企业进行审计复核，尽管对注册会计师没有直接的行政处罚权，但是在发现问题时，可以移交给相关部门。由此可见，监管的方式各有不同，影响也各不相同。

监管机构的行政处罚权会对事务所构成威慑力，提高审计质量。德丰和伦诺克斯（DeFond and Lennox，2011）发现，SOX 法案出台后，忌惮于 PCA-OB 的检查，多家小事务所退出了审计市场，而这些退出的事务所，整体审计质量更低，这表明 PCAOB 检查所带来的威慑力提高了整个行业的整体审计质量。拉莫雷克斯（Lamoreaux，2016）也发现了类似的结论，他对比了美国本土上市企业和外国在美国境内上市的企业，而 PCAOB 只对本土上市企业有检查权限。他发现检查权限会对事务所构成威慑力，从而有助于提高审计质量。对于那些在 PCAOB 注册的境外事务所，PCAOB 也开始进行跨境检查，研究发现 PCAOB 的检查能显著提高这些境外事务所的审计质量，不仅体现在他们对美国上市企业的审计（Krishnan et al.，2017），甚至还体现在他们对境外企业的审计（Fung et al.，2017）。

然而，当实施实际的处罚时，似乎并没有带来预期中提高审计质量的作用。布恩等（Boone et al.，2015）发现，PCAOB 于 2007 年对德勤进行处罚后，德勤的审计质量与四大的其他三家事务所并无显著差异，并没有带来预期中的提高。类似的情况在我国也有，吴溪（2008）发现我国 2003～2005 年间证监会的处罚，并没有起到维护审计师独立性等积极的作用，相反还伴随着负面效果，他认为，这是由于我国证监会"重师轻所"的处罚方式所导致。王兵等（2011）分别从事务所和对注册会计师个人两个层面，来观测证监会行政处罚的影响，同样发现两个层面的审计质量均没有显著改善，具体表现为上市公司的操控性应计利润没有显著降低，会计盈余稳健性也没有显著提高，且行政处罚力度的差异对上市公司的操控性应计利润和会计盈余稳健性也无显著影响。

除了行政惩罚，同业监管同样也会对审计质量产生影响。伦诺克斯和皮特曼（Lennox and Pittman，2010）发现同业复核甚至能比 PCAOB 提供更多关于事务所审计质量的增量信息。而在我国，行业的监管仅对审计质量产生部分的提升作用。吴溪等（2014）以中注协约谈为背景，研究发现，中注协的事前监管，仅仅使事务所提高对约谈涉及企业的谨慎程度，而对其他类似企业进行审计时，并没有显著的变化。中注协的事后监管同样只有局部的质量提升作用。刘文军（2016）发现，中国注册会计师协会对事务所的执业质量检查会提高事务所的审计质量，具体表现为操纵性应计利润显著降低，但是，这种作用主要集中在非"四大"会计师事务所。中注协执业质量检查不会影响检查中有注册会计师被惩戒的事务所客户的操纵性应计利润，但会让这些事务所变得更为谨慎，表现在未来更可能对客户出具非标准审计意见。黄益雄和李长爱（2016）同样也发现，中注协约谈会计师事务所的行为，对事务所整体的审计质量没有显著影响，进一步细分事务所规模后，发现约谈对大规模事务所审计质量影响不显著，但是约谈对小规模事务所审计质量产生了积极的显著影响。

（2）中观层面——市场结构和竞争的影响。

市场上通常认为传统的"四大"（或"八大"）能提供更高的审计质量（Teoh and Wong，1993）。有研究认为这是因为"四大"为了维护声誉，而努力提高审计质量（DeAngelo 1981；Ferguson et al.，2003）；也有研究认为这是因为"四大"面临较高的被诉讼风险，从而迫使他们保持较高的审计质量。而在我国，由于审计行业竞争激烈，我国事务所整体独立性不高（夏冬林和林震昊，2003）。因此，"四大"在我国制度环境下，是否依然会保持较高的审计质量引起了我国学者的研究兴趣。漆江娜等（2004）发现，在我国也存在类似的情况，事务所的规模和声誉会带来较高的审计质量，表现为"四大"的客户操控性应计利润额略低于本土事务所审计的客户。李仙和聂丽洁（2006）同样在我国 IPO 市场上发现，经"十大"会计师事务所审计的公司，其盈余管理程度低于"非十大"审计的公司，表明审计师的声誉和品牌有助于抑制 IPO 中盈余管理动机，降低盈余管理的程度。然而，刘峰和周福源（2007）使用会计稳健性来度量审计质量时却发现，与美国市场不同，在我国，"四大"的审计质量并没有显著高于本土事务所，因此他们认为是法律环境风险影响了审计质量。刘明辉等（2003）发现在 2000 年以前，我国审计质量与事务所审计市场集中度之间存在一种倒"U"型函数关系。原红旗和李海建（2003）利用审计意见衡量审计质量，他们认为事务所的规模与审计质量没有显著关系。

小事务所为了占据更多的市场份额，往往会谋求战略性发展，如合并、加入联盟、转制等，从而也会影响到其审计质量。比尔等（Bills et al.，2016）对那些加入联盟的小事务所进行研究，发现他们加入联盟后，审计质量显著提高，且与"四大"的审计质量没有显著差异。龚等（Gong et al.，2016）发现事务所的合并，能在有效降低审计工时的同时，无损审计质量。在我国，事务所合并后，财务报表的审计质量非但无损，还有显著的提升。叶飞腾等（2017）发现事务所的合并提高了整体财报的可比性。曾亚敏和张俊生（2010）发现，相关客户企业的操纵性应计项目显著下降，意味着我国事务所的合并有助于提高审计质量。伦诺克斯和李（Lennox and Li, 2012）利用英国事务所转制的样本发现，那些选择从无限责任合伙转制为有限责任合伙的事务所，审计质量并没有明显下降。而在我国的制度背景下，一批事务所是从有限责任转为特殊普通合伙，理论上增加了审计师的违规成本，从而提高了我国事务所的审计质量（刘启亮等，2015）。进一步研究发现事务所转制后，由于合伙人的法律责任增加，从个人层面来看，合伙人的项目审计质量提高更多（韩维芳，2016）。

（3）微观层面——事务所及注册会计师个人的影响。

聚焦微观层面，研究发现，审计质量直接受到审计师专业胜任能力、审计独立性等因素以及审计师个人特质等多方面的影响。

事务所在某一个领域形成行业专长后，能够提高审计质量（Reichelt and Wang 2010；Minutti - Meza 2013）。然而，蔡春和鲜文铎（2007）发现，在我国，审计师行业专长非但不能提高审计质量，还与审计质量负相关，他们认为这主要是因为我国注册会计师独立性弱，行业专长发展程度较低。

审计师的独立性是影响审计质量的关键因素。通常认为，审计师的独立性会受到客户重要性的影响。弗兰克尔等（Frankel et al.，2002）发现，当审计师同时为企业提供非审计服务时，会影响审计独立性，降低审计质量。利用非审计费用的占比度量客户重要性程度，莱克和理查森（Larcker and Richardson，2004）也发现了相同的结论。但也有学者认为客户的重要程度并不会影响审计师的独立性，进而影响审计质量（Craswell et al.，2002），即使同时提供非审计服务，也并不会影响审计独立性（DeFond et al.，2002；Ashbaugh et al.，2003）。而在我国，比较一致地认为客户的重要性会影响我国事务所的独立性。贾楠和李丹（2015）利用中概股企业需要两类审计师这一研究背景，发现对客户没有经济依赖的事务所，审计质量显著较高。虽然按照规定赴美上市的中国概念股都是由我国会计师事务所审计的，但是其中一部分是聘请美国会计师事务所签审计报告，另一部分是聘请有资质的我国会计师事务所签审计报告。这就造成一个独特的研究场景，前者模式中我国事务所对客户不存在经济依赖，后者模式中我国事务所对客户存在经济依赖。结果发现对客户没有经济依赖的事务所审计质量显著高于有经济依赖的事务所；二者审计质量的差距随着客户重要性程度的提高显著变大。陆正飞等

（2012）从集团客户的视角研究集团客户重要性对审计师独立性的影响，研究发现事务所对集团客户的经济依赖性，会损害其独立性，这种现象对小事务所而言，更加明显。

审计师的独立性还有可能受到审计师与客户之间关系的影响。最常引起学者们研究兴趣的是长期合作关系，即任期长的审计师，会不会顾忌与客户间的关系，而影响审计质量。一方面，一些学者认为任期越长，审计质量越低（Chen et al.，2008；Chi et al.，2009；Singer and Zhang，2018）。其中陈等（Chen et al.，2008）指出，这是由于审计师与客户太过熟悉，从而更容易妥协。辛格和张（Singer and Zhang，2018）则用了另一种度量方法，他们使用财务错报的及时程度来度量审计质量，发现了上述结论。另一方面，也有学者认为任期越长，审计质量会更高（Johnson et al.，2002；Myers et al.，2003；Ghosh and Doocheol，2005；Gul et al.，2009）。多数学者认为，这是由于长期合作的审计师对企业更加了解，因此会有更高的审计质量，而新任审计师缺乏对企业的了解。古尔等（Gul et al.，2009）从另一个角度研究，认为是有可能是新任审计师出于低价揽客的心态，对客户有更多的妥协，由此认为新任审计师的审计质量不如长期合作的审计师。在我国，审计任期和审计质量之间的关系较为复杂，并不能一概而论。陈信元和夏立军（2006）研究了审计师任期和审计质量的关系，他们在控制了事务所变更、事务所特征、行业成长性、公司规模、经营业绩、资产负债率、上市年龄以及样本所在年度后，发现审计任期与公司操纵性应计利润的绝对值呈正"U"型关系。具体而言，6 年任期内会由于审计师专业技能的提升而提高审计质量，一旦任期超过 6 年，就会由于审计师独立性的缺失而损害审计质量。类似地，宋衍蘅和付皓（2012）发现，虽然从整体上看，事务所任期越长，审计质量越差。但是他们在引入审计风险这一概念后发现，这一现象仅存在于低风险企业中，而对于那些补充更正内容涉及的审计风险相对较高的上市公司来说，事务所审计任期对审计质量并没有产生显著影响，因为他们认为对于高风险企业，无论任期长短，审计师都会保持警惕。

除了合作关系，相关研究还探索了其他方面的关系。梅农和威廉姆斯（Menon and Williams，2004）发现，企业聘用前审计事务所合伙人作为企业高管时，审计质量显著更低。类似地，刘继红（2011）也研究了这些高管具有事务所关联的企业，发现这些企业的审计质量更低，具体表现为有事务所关联的公司更可能收到标准审计意见。同时，研究还发现事务所关联关系延长了审计任期，即存在事务所关联的公司比没有事务所关联的公司与事务所合作的时间更长。在有事务所关联的公司和没有事务所关联的公司中，审计任期与审计质量之间的关系不同，进而说明有事务所关联公司的审计质量并不取决于审计任期，而是事务所关联本身的影响所造成的。进一步，吴溪等（2015）将这种关联分成三种模式，公司聘请来自主审会计师事务所的雇员担任独董（"同门"模式），公司聘请曾在事务所从业的人士担任独董（"前同行"模式），公司聘请的独董正在事务所从业，但并非来自主审事务所（"同行"模式）。研究发现当企业的独立董事是审计师的"前同行"时，审计独立性最强，且合作程度较高；当独立董事是审计师的"同门"时，独立性降低，但合作程度较高；而当独立董事为审计师的"同行"时，审计最为宽松，这主要是因为独董虽然独立于审计师，但对审计师构成业务竞争威胁，从而可能削弱审计师对客户的监督动机与效果。关等（Guan et al.，2016）当审计师与客户是校友关系时，会影响独立性，降低审计质量。刘启亮和唐建新（2009）发现在我国，审计师和客户的私人关系，同样也会影响独立性，损害审计质量。

审计师个人因素也会影响到审计质量。古尔等（2013）着眼于审计师的教育背景、从业经验等方面，发现审计师个体特质的确会影响到审计质量。王晓珂等（2016）发现审计师个人经验不但能提高实际的审计质量，表现为抑制操纵性应计；还能提高感知的审计质量，即投资者的信任程度。他们发现，审计师个人经验与操控性应计之间的负相关关系，主要存在于调高盈余的公司组。这一结果说明审计师经验越丰富，越能抑制管理层的机会主义行为。在投资者反应方面，审计师经验越丰富的公司盈余反应系数越大，说明投资者认为审计师经验越丰富，其审计的财务报告可信度越高。进一步检验的结果还表明，审计师个人经验对审计质量的提升作用，在重要性高的客户和国有企业中更为明显。吴伟荣等（2017）发现签字注册会计师越过度自信，审计报告的激进度越高，审计质量越低，而政府监管可以一定程度抑制该现象，由于国企面临更多的事后检查，政府监管对注册会计师过度自信影响审计质量的抑制作用在国企中更显著。其中，文章采用主成分分析法构建签字注册会计师过度自信度量指标。

事务所内部的相互影响，也会在一定程度上影响审计质量。闫焕民等（2017）发现，签字审计师保持稳定搭档关系可以强化团队成员的心理安全感知，促进团队协同效应发挥，提高审计质量，且"男女搭配"可以促进这一积极效应，而"年龄代沟"会削弱这一效应。王德宏等（2017）发现当签字审计师之间存在校友关系时，审计团队的沟通效率较高，团队合作效应增强，审计质量提高。进一步研究发现，审计师的性别和"211"高校学历在审计师校友关系，对审计质量的影响中起到显著的正向调节作用。更为显著的相互影响，体现在传染效应。早期文献主要以安达信破产为主要研究对象，发现了事务所内部，存在审计质量系统性偏低的现象（Fuerman，2006），弗朗西斯和米克哈斯（Francis and Michas，2013）则首次将视角转向了所有会计师事务所的分所，以事务所客户发生盈余项下的财务报表重述事件来度量审计失败，发现这种低水平审计质量在会计师事务所内部确实存在传染的现象。杜和赖（Du and Lai，2018）在此基础上，认为传染效应可能只在特定的范围内传播，并发现感染的影响只是局限在其他参与过审计失败事件的审计人员。李等（Li et al.，2017）观察审计失败的负责审计师，发现低审计质量也会传染至该审计师的其他项目，但没有证据表明会传染到同一事务所的其他审计师。冉明东等（2016）以受到监管处罚的审计师为样本，发现受罚审计师签字同伴的审计质量显著低于未曾与受罚审计师合作过的，他们认为这种传染效应是团队内成员在工作合作过程中的相互学习所导致的。

2.2.2.2　审计师的变更——需求方视角

从需求方分析，华莱士（Wallace，2004）提出企业的审计需求主要源于三个假说：代理假说、信息假说和保险假说。薛祖云等（2004）也从这三个假说的角度，分析了审计需求在我国的情况。本书也将从这三个理论分别回顾企业变更审计师的原因。

（1）代理假说。

在的委托代理理论基础上，瓦茨和齐默尔曼（Watts and Zimmerman，1979）首先在审计领域提出代理假说，随后巴拉钱德朗和拉姆（Balachandran and Ram，1980）对此进行了进一步阐述。他们认为良好的审计鉴证服务一方面能有助于股东约束管理者的行为，另一方面也能为那些正直诚实的经理人，向股东展示其良好业绩。随着市场的发展，审计不仅能在传统代理问题（股东与经理人）上发挥作用，也有助于缓解新代理问题，即大股东与小股东之间的问题（Fan and Wong，2005；Guedhami et al.，2009；Guedhami et al.，2014）。

基于委托代理理论，企业会因内部代理问题，而倾向于选择高质量审计师。弗朗西斯和威尔逊（Francis and Wilson，1988）发现代理问题会驱动企业主动更换更大规模或名誉更好的审计师。德丰（1992）通过观测审计师变更前后两年间企业代理成本的变化，发现代理成本的变化与审计师变更显著相关，也进一步验证了代理成本假说。

（2）信息假说。

当企业主动聘用高质量的审计师，是企业向市场传递正面信号的一种方式。研究发现，聘用高质量审计师，可以提高企业股票发行价格（Beatty，1989），影响股东权益比例（Datar et al.，1991），还可以向市场传递风险较小的信号（Healy and Lys，1986）。

因此，企业会在需要挽回声誉时，更换高质量审计师。罗伯茨等（Roberts et al.，1990）发现当企业收到重大内部控制缺陷的报告，以及未遵循相关法规时，企业会倾向于变更审计师。同样，在我国，刘明辉和韩小芳（2011）发现财务舞弊公司的董事会发生了变更后，新董事为了打开局面，挽回企业声誉，会倾向于进行审计师变更。戴亦一等（2013）发现受到媒体负面报道的企业，会迫于舆论压力而更换高质量的审计师，但企业更换高质量审计师的动机会被削弱。为了向市场和监管机构传递正向的审计意见，企业倾向于购买审计意见，即使购买行为并不一定能改善审计意见（Chow and Rice，1982），甚至会给市场负面的信号。弗朗西斯（2017）甚至发现，当企业主动变更审计师时，会向市场传递出风险较高的信号，增加了债务融资成本。然而，企业还是会发生以购买审计意见为动机的审计师变更。克里希南和斯蒂芬斯（Krishnan and Stephens，1995）发现当企业收到不利审计意见时，会倾向于更换审计师。在收到持续经营意见时，也更倾向更换审计师（Carey et al.，2008）。陆正飞和童盼（2003）以14号规则为例，分析了审计意见的影响效力变化时，上市公司意见购买的动机及实施情况，研究证实了我国也存在以审计意见购买为动机的审计师变更。伍利娜等（2013）甚至发现在企业集团内部，若审计师对其中一家企业出具非标意见，整个集团都有变更审计师的倾向，且企业集团通过变更事务所能够实现审计意见改善。此外，变更对象不同，变更后果也会不同，首次审计该集团业务的审计师更容易屈服于集团，更容易被收买。

（3）保险假说。

保险假说认为，审计能够在审计失败时向投资者提供赔偿，因此，企业可以通过接受审计服务，转移潜在的诉讼风险，这一假说在美国市场多次被验证。伍丽娜等（2010）通过《关于审理证券市场因虚假陈述引发的民事赔偿案件的若干规定》颁发后的市场反应和审计收费，证明了我国审计也开始具备了一定的保险功能。然而，我们依然很难观测到审计失败后，审计师为投资者提供赔偿的案例。因此，从研究方面来看，以保险假说解释审计师变更的文献较少。

（4）我国审计需求特点研究。

在我国，由于审计市场竞争激烈，企业，尤其是国有企业对高质量审计需求较弱。因此，除了三大主要理论，我国企业还会基于一些较为特殊的原因进行审计师的选择和变更。刘峰等（2002）通过观察在中天勤被吊销执照后，原63家客户的审计师选择，发现大部分客户会跟随原审计师，且客户会更多地考虑地域因素。朱红军等（2004）也发现 IPO 审计市场上，存在着对管制便利、事务所规模和事务所地缘关系的需求，但依然缺乏对高质量审计的需求。但杜兴强等（2018）最近发现，交通设施的改进抑制了审计师选择的"地缘偏好"。然而，发现在制度环境发展相对较好的地区，我国上市公司还是会基于对高质量审计服务的需求而发生审计师升级变更（张鸣等，2012）。

其中，我国国有企业的高质量审计需求比非国有企业更低，具体表现为国有企业会更倾向于本地小事务所（Wang et al.，2008），国有企业审计费用更低（刘霞和刘峰，2013）。

2.2.2.3　审计定价——双方议价能力视角

审计定价主要取决于审计的风险（Johnstone and Bedard，2003；Abbott

et al. , 2006）和以风险评估为基础的投入（Davis et al. , 1993；Beaulieu，2001；Bell et al. , 2008）。在此基础上，本书将从双方议价能力的影响来讨论。与审计定价的风险和投入等因素相比较，直接关于议价能力的讨论并不是很多。

事务所在某一行业的专长，会提高注册会计师的议价能力（Francis et al. , 2005），表现为更高的审计定价。进一步，这种提高在分所层面更为显著（Ferguson et al. , 2003）。冯等（Fung et al. , 2012）进一步从城市—行业的层面研究发现，行业专长带来的溢价，会因规模经济而抵消一部分，同时，那些不具备行业专长的审计师在议价能力强的客户面前也会折价。若审计师的专业性具备异质性，那么会有更强的议价能力。当该行业专长与竞争者之间差异化程度越大时，审计定价越高（Numan and Willekens，2012）。而当行业专长同质性太高时，审计溢价程度会相应降低（Bills et al. , 2015）。在我国，王芸和杨华领（2008）将行业专长分为了一般行业专长和熟练行业专长，也发现行业专长有助于事务所获取更多的审计收费。

迪安杰洛（1981）认为出于竞争的目的，审计师在首次揽客时，会提出更低的审计定价。陈（Chan，1999）认为这种情况只会出现在竞争激烈的市场。戴伊（Dye，1991）认为首次审计折价是因为审计费用数据未公开，而并非由于双方的议价。韩洪灵和陈汉文（2007）认为在中国，审计初始折价的问题会随着证监会要求公开审计费用而消除或减轻。而叶康涛和崔毓佳（2017）从审计供需双方的地位和议价能力角度，发现我国审计市场上初始审计折价的现象部分存在。他们研究了不同客户和事务所组合的初始审计定价折扣及审计质量问题。发现初始审计定价折扣现象并不普遍存在，只有在大客户—小事务所组合中才存在；同时，这一组合中无论是否存在审计定价折扣，审计质量均低于其他客户—事务所组合。该研究从审计师和客户相互地位的角度，为我国审计市场上的低价揽客现象，提供了新的视角和经验证据。

政府的监管和处罚会直接削弱某一方的议价能力。布恩等（Boone et al. , 2015）考察了PCAOB对德勤的处罚效果，发现在被处罚后，德勤的客户降低了，审计费用也随之降低。而在我国，刘笑霞（2013）却发现事务所被证监会处罚后，由于加大投入和挽回声誉的努力，审计费用反而提高了。研究还发现，若上市公司客户所在地区法律环境好，则审计师受处罚后审计定价有显著提升，而在法律环境差的地区，审计师受处罚后审计定价并不会显著提高。对应的，针对企业的处罚，也会影响到受罚企业的议价能力。朱春艳和伍利娜（2009）发现审计师在上市公司被处罚当年及之后的年份，会要求更高的审计费用。此外，在上市公司被处罚当年，审计师的反应程度最强烈，出具非标准审计意见的概率最高，要求的审计费用也最高。李爽和吴溪（2004）发现监管诱致性变更的审计定价显著高于自愿性变更样本的审计定价，这是因为监管向审计师传递出的监管信号，由此提高了后任审计师对审计客户的风险评价水平，从而提高了审计定价。宋衍蘅（2011）却发现，针对证监会对企业的处罚，违规公司披露接受调查或处罚信息当年的审计费用，显著高于其他公司，而在相关信息披露前一年，这种差异却并不显著。进一步，虽然审计师能够在前一年认识到违规公司的异常审计风险，但是在审计市场竞争压力下，能否提高审计定价却在很大程度上取决于审计师的相对谈判能力。

2. 2. 2. 4 注册会计师审计市场文献评述

以上三个方面的回顾，分别对应了三个主体部分。即从供给方的视角回顾审计质量受到哪些因素的影响；从需求方的视角回顾企业会基于何种原因变更审计师，同时强调了我国审计需求的现状；从双方议价能力的视角回顾了双方的力量如何影响审计定价。

从供给方来看，审计质量可能受到宏观、中观和微观三个层面的影响。监管机构的处罚通常能提高审计质量；市场竞争往往也会促进审计质量有一定的变化，但变化可能只会在局部或一定范围内发生作用；事务所或注册会计师个人的因素也会影响到审计质量，其中事务所还会通过互相影响存在传染效应。从需求方来看，企业主要会基于代理问题和信息理论，作出更换审计师的决策，决策会对缓解代理问题有所作用，但不一定能成功向市场和监管机构传递有效信息。从双方议价能力的角度来看，某一方价值提高时，价格就会偏向某方，而市场监管往往会削弱某一方的议价能力，左右最终的定价。

通过文献的回顾，不难看出本书研究的必要性和重要性：第一，政府的监管对审计市场的各个方面都具有很强的影响力，而政府审计作为一种全面且具备双重身份的监管，对审计市场的各方面会产生更有趣且更有意义的影响。第二，影响审计质量的因素层次丰富，但最终都需要影响到注册会计师个人行为来实现，而政府审计的双重身份，均会直接对注册会计师个人产生影响。第三，影响审计需求的研究往往注重最终变更审计师等结果，而对于其中的影响路径探索较少。第四，关于审计定价的探讨，单纯从双方议价能力角度来探讨的文章较少，多是分析其中一方发生的变化对最终价格产生的影响，而本书的研究将从供给和需求双方同时探讨。

2.2.3　国家审计与注册会计师审计的关系

2.2.3.1　国家审计与注册会计师审计的区别

在界定国家审计和注册会计师审计的研究中，出现过两个研究高潮：

一是在 20 世纪 90 年代初期，国家审计和注册会计师审计起步时，当时的区分是为了界定清楚两种审计的界限，说明二者是否能相互替代。

20 世纪 90 年代初，随着我国社会主义市场经济制度的建立，开始涌现出中外合资企业和股份制企业，针对这些企业，国家审计和注册会计师审计的作用应如何区别呢？1991 年，胡少先针对中外合资企业的审计，提到中外合资企业已有注册会计师进行审计，无须国家审计机构进行重复审计（胡少先，1991）。针对该意见，舒平（1992）提出反对，他认为国家审计和注册会计师审计的性质和职责范围不同。国家审计机关是代表国家执行审计监督的机关，调查后所作出的审计结论以及进一步决定，是要求有关部门和被审计单位服从的；而注册会计师是社会组织，查出问题后也并没有检察权和处理权。因此，注册会计师审计无法取代国家机关执行的审计，而注册会计师审计结果只能用作国家审计机关的参考，不能作为结论和决定的依据。随后，针对舒平的意见，申理（1992）认为不需要重复审计，他虽然也强调了国家审计和注册会计师审计在审计性质、审计对象、审计方式和责任等方面的不同，但却跟舒平得出了完全相反的结论，他认为国家审计与独立审计之间应是一种分工合作的关系，相互补充，相互配合，而不应是舒平文中所表示的

"主从关系"，并且他指出从我国今后审计工作的发展趋势看，发展的重心在于独立审计。随后，胡仁宽（1993）在讨论股份制企业审计问题时，也提到与舒平类似的观点，他强调了国家审计和注册会计师审计各自独立又相辅相成，而在我国当时经济形势下，仅仅依靠注册会计师审计是无法达到审查的目的的。基于以上的讨论，我们看到在当时，学者对国家审计和注册会计师审计的界限并没有一个统一的认知。

二是发生在 2006 年以后，这时国家审计和注册会计师审计已经开始相互利用，区分这两种审计，是为了更好地讨论在审计监督体系中，二者应该如何各司其职，从而实现更好的协作。

国家审计和注册会计审计呈现出一种相互协作的趋势，要厘清二者的区别，才能在审计监督体系中构建起协作机制。欧阳丽君和武喜元（2006）认为国家审计的主要审计目标是合法性，而注册会计师审计的主要审计目标是公允性，因此，二者是无法相互替代的，并认为在短期二者以各自的审计目标开展工作即可。但他们认为，从长期来看，相关的审计准则应调整至逐渐一致，从而合理配置审计资源，相互利用审计成果，减轻企事业单位的审计负担，使国家审计和注册会计师审计更好地协作。刘静（2014）认为国家审计和注册会计审计，在服务对象领域和业务种类上均不同，因此，二者相对经济发展有着不同的影响。从经济发展的角度，只有将国家审计和注册会计师审计准确定位和区分，才能使其适应社会经济发展的审计需求，从而使不同类型的审计共同为经济发展服务。综上，学者们都认为国家审计和注册会计师审计存在较大区别，且互相不可替代，但为了经济更好地发展，需要认识清楚不同的审计，使二者更好地协作。

2.2.3.2 国家审计与注册会计师审计的监管关系

随着国家审计和注册会计师审计的发展，二者之间的监管关系，成为讨论的话题。研究主要围绕以下两个主题：

第一，国家审计对注册会计师审计监督的必要性。国家审计机关最初为注册会计师审计的直属监管机构，而在后期，审计署虽不再是注册会计师的直属监管机构，也仍保留有监督职能。有学者认为，在当时社会发展阶段，国家审计有必要对注册会计师审计进行监督（林炳发，2000；宋常，2000；

刘国常，2002；柳宁，2003）。刘国常（2002）从五个方面总结了我国国家审计对注册会计师审计监督的必要性：（1）这是由国家审计的性质和职责所决定的，国家审计监督代表了较高层次的经济监督。（2）这是由注册会计师审计的性质和责任决定的，注册会计师审计履行社会责任的情况，除了由相应的专业机构和主管部门进行监督外，还必须由专门的经济监督机构进行监督。（3）注册会计师的直属监管机构为中注协，而中注协既属于政府机构，又属于行业领导。在对注册会计师进行管理时，中注协面临着政府利益和行业利益的矛盾。因此，需要国家审计机关的介入进行监督。（4）注册会计师行业的执业环境较为混乱，需要国家审计实施相应的监督。（5）国家审计对注册会计师审计的监督也是国家审计依法开展工作的需要。柳宁（2003）分析了我国国家审计机关对注册会计师审计的质量检查工作，认为基于注册会计师审计固有局限及职业环境缺陷等原因，在当前及今后一段时间内，国家审计需要通过检查的方式，对注册会计师审计质量进行监督，并指出，这种监督是注册会计师审计质量实现的关键。但吴秋生和杨瑞平（2007）的研究认为，国家审计机关不应该对注册会计师审计质量进行监督，主要基于以下原因：（1）他们认为注册会计师审计是独立的，因此需要独立对自己的审计质量负责；（2）他们认为注册会计师审计的质量控制属于内部控制范围，并不是公共审计的领域，国家审计的干预反而会滋生腐败等问题；（3）国家审计的审核形成了对注册会计师审计质量的背书，反而会误导资本市场。因此，尽管国家审计在法律上要求对注册会计师审计实施监管，但是学术界并没有形成统一的意见。

第二，国家审计对注册会计师的监管，是否是一种"主导"。国家审计对注册会计师审计的监管，从政策角度确立了国家审计在权力本位的"主导"，那么是否意味着国家审计同样应该成为经济本位的"主导"呢？一些学者认为国家审计不应"主导"注册会计师审计，二者并不能相互取代。他们还强调社会审计是最广泛、最主要的社会公证性监督，它的作用将覆盖全社会；国家审计是高层次监督，主要是各种专业性监督和对社会审计监督实行再监督（张泓，1994；一木，1994）。另外一些学者认为审计由国家审计主导向社会审计主导转化，只有在经济体制转换的条件成熟后才能逐步实现（张文斌，1994），但他强调他所说的"主导"并不是指管理权，即权力本位的"主导"，而是经济本位的"主导"。

2.2.3.3　国家审计与注册会计师审计的协作关系

作为国家审计监督体系的重要组成部分，国家审计与注册会计师审计之间的协作关系日益重要。且从长远和国际经验来看，审计监督体系之间的协作是一种发展趋势。学者们主要从以下两个主题进行讨论：

第一，从整体来说，学者们呼吁国家审计、注册会计师审计和内部审计共同形成有效的审计监督体系。从不同的角度进行分析，发现国家审计和注册会计师审计可以相互利用，共同作用于国家和企业治理。许汉友（2004）认为，在会计信息失真较为严重的背景下，有必要改变国家审计与注册会计师审计分割的局面，应该加强两者之间的协调。一方面，国家审计可以利用注册会计师审计的资源优势，加强对国有企业的审计监督工作；另一方面，注册会计师审计也可以借用国家审计的权威性，为其审计结论提供强有力支持。鲍圣婴（2016）从审计体系的历史发展角度，先分别分析了国家审计、注册会计师审计和内部审计的特点和优势，认为不同审计主体之间的配合与协作，体现了国家治理和公司治理体系的相互作用，能共同服务于国家治理，同时提升公司的治理水平。

第二，国家审计应该利用注册会计师的力量。耿建新和杜美杰（2001）具体提出了利用注册会计师审计的方式，包括跟审计人员沟通、利用审计资料、委托注册会计师审计，同时提出要加强国家审计和注册会计师审计之间审计准则的协调、建立严格的委托管理制度、加强对注册会计师审计组织审计质量的监督检查。孙宝厚（2001）则建议在年报审计中，坚持由注册会计师组织审计；在专项审计或特别审计中，实行由社会组织附带完成；同时坚持国家审计机关对国有企业进行抽样审计。谢志华（2003）从审计独立性的角度，认为注册会计师审计处于第三者的独立地位，比国家审计机关更能代表全体股东的利益，因此，利用注册会计师对国有独资企业进行审计也有比较优势。吴秋生和杨瑞平（2007）从实际操作层面，建议国家审计机关可以与被审计单位的注册会计师进行交流，听取他们的意见和建议，利用他们获取的资料和证据，用以快速把握审计重点，减少工作量。但他们也提到了利用注册会计审计的一些问题，因此强调要国家审计机关不能用注册会计师审计成果来替代国家审计工作，不能利用注册会计师审计成果为由来推卸国家审计的责任。贾云洁（2014）通过借鉴澳大利亚国家审计模式，建议我国国家审计充分利用注册会计师审计资源，整合外部审计资源，以更好地应对审计的发展需求和挑战。徐薇（2015）具体分析了购买社会审计服务的两种形式，指出了两种方式的适应范围：第一种是外聘专家式，这种方式是以国家审计为主，较为灵活，项目质量也比较容易控制，比较适合项目不大或需要专业技术支持的项目。第二种是项目外包，由注册会计师审计机构独立组织开展审计，国家审计负责协调和复核。这种方式能有效缓解国家审计人力资源不足的压力，但对注册会计师审计质量要求较高。王彦超和赵璨（2016）发现注册会计师审计在一定程度上发挥了国家审计的作用，有利于国家治理。

除了国有企业，我国公共部门也急需推行注册会计师审计制度。刘光忠等（2015）从几个方面分析了我国公共部门需要利用注册会计师审计的必要性：（1）深化财税体制改革的迫切需要（需要发挥注册会计师的独立鉴证作用）。（2）提升公共部门透明度和公信力的必然之举。（3）完善公共部门监督体制的内在要求。现有公共部门监督体制存在不规范、人员素质难以满足智能需求等问题。（4）创新审计监督方式的重要举措。充分利用注册会计师广泛的专业人力资源和全球网络，弥补国家审计力量的不足，促进国家治理资源的优化配置。财政部会计司联合研究组也在 2016 年提出，需要引入注册会计师进入公共部门的财务报告审计。

2.2.3.4 国家审计对注册会计师审计的影响

为了更好地实现国家审计和注册会计师审计的相互协作，不少学者开始关注国家审计如何影响注册会计师审计。国家审计对注册会计师来说，既是监督与被监督的关系，又是相互协作的关系。因此，注册会计师会基于警示效应，提高谨慎性，从而提高审计质量（朱晓文和王兵，2016；李晓慧和蒋亚含，2018），这种谨慎性的提高，也会反应在风险溢价提高，因此审计费用也会相应提高（李青原和马彬彬，2017）。作为相互协作的两个主体，注册会计师也会利用国家审计后的公告，搭上顺风车（李晓慧和蒋亚含，2018），从而提高审计的效率。进一步，他们还发现，这种影响主要存在于非"十大"的小所中（朱晓文和王兵，2016；李青原和马彬彬，2017）。

2.2.4　监督制度与国有企业

2.2.4.1　西方政治关联企业的市场优势

由于企业制度不同，西方学者的研究很少直接涉及国有企业，但却有不少学者对那些具有政治关联企业有较强的研究兴趣。已有研究发现，企业的政治关联，会使其在市场竞争中获得诸多优势。阿格拉沃尔和诺伯（Agrawal and Knoeber，2001）发现企业董事的政治背景有利于企业获得更好的竞争环境。费斯曼（Fisman，2001）则发现企业的政治关联与企业价值也存在相关关系。约翰逊和米顿（Johnson and Mitton，2003）发现在经济危机下，马来西亚的资本管制会为具有政治关联的企业提供资金。

这种政治关联的优势在企业融资中更为明显。具有政治关联的企业往往更容易获取贷款，赫瓦贾和米安（Khwaja and Mian，2005）利用巴基斯坦的数据发现，具有政治关联的企业借款超过45%，且违约率高达50%，但同时他们也发现这种现象只存在于国有银行，私人银行并没有类似的政治偏好。即使并不直接指定银行贷款给相应企业，政府还可以通过担保使政治关联企业更易获取贷款。法乔等（Faccio et al.，2006）利用35个国家的数据，对比具有政治关联的企业，与那些相似的不具有政治关联的企业，发现具有政治关联的企业更容易获得政府的担保。由于政府的担保，政治关联企业往往更被投资人所信任，因此鲍里索娃和梅根森（Borisova and Megginson，2011）发现企业的国有持股比例越低，该企业的债务融资成本就会相应地上升。这表明政治关联能有效降低企业的融资成本。即使企业没有政治关联，企业高管具备政治关联也能为企业获取融资优势（Liu et al.，2016）。然而，伊丽莎白和劳拉（Elisabetta and Laura，1997）却发现，即使是国有企业，也会在财务压力下，针对银行的"硬约束"条件作出相应的反应。

在我国的研究中，政治关联企业往往是指那些具有一定政治资源的非国有企业。与普通非国有企业相比较，他们也具备一定的市场优势。张敏等（2010）发现政治关联使企业更易获取长期贷款，但获得贷款后它们更容易进行过度投资，贷款对政治关联企业的价值产生了负面影响。这表明政治关联企业的优势并非来源于更谨慎的投资决策，而这样的优势反而带来了负面影响。于蔚等（2012）进一步证明，政治关联确实能缓解民营企业的融资约束，且就主要原因进行了分析。他们认为主要原因是政治关联能发挥信号作用，降低资金供求双方的信息不对称；同时，他们还发现政治关联能使民营企业获取更多有效资源，切实提高企业的收益，从而提高融资能力。

2.2.4.2 我国国有企业的优势

在资本市场上，有时会存在信贷歧视。施蒂格利茨和韦斯（Stiglitz and Weiss，1981）认为，由于借款人存在逆向选择和道德风险行为，信贷歧视将成为一种常态。本书主要讨论的是在我国主要存在的针对产权性质的信贷歧视。我国国有企业基于其特殊地位，拥有政府信用背书（孙铮等，2006），会被债权人和市场认为风险较低，从而拥有较低的融资约束（沈洪波等，2010；刘津宇等，2014）。其中，沈红波等（2010）基于2001~2006年中国制造业上市公司的数据同样发现，国有上市公司受到的融资约束比民营上市公司小，同时他们认为，随着金融发展水平的提高，这种融资约束的差距会得到明显的缓解。刘津宇等（2014）认为以往的研究在探讨融资歧视时，多着眼于国有和非国有上市公司负债率差异，这会存在"自选择"因素的干扰。他们从投资—现金流敏感性入手，同样证实了融资歧视的存在性。并发现股权分置改革能有效提高了资本市场信贷资源的配置效率，提高国有企业融资的市场化程度，降低了不同所有制企业之间的融资差异。

由于政府对国有企业做了隐性担保，国有企业在取得银行贷款时，会被要求更少的信息。孙铮等（2006）发现在发放贷款时，银行对国有企业的信息要求显著低于非国有企业，这主要是因为政府为国有企业起到了隐形担保的作用。何贤杰等（2008）发现我国银行对于国有企业和非国有企业的信贷标准存在差异。尽管随着我国国有银行的经营理念正在向现代商业银行趋近，对于其他贷款，银行能够根据债务人的风险制定相应的信贷标准。然而针对"政治性"贷款，银行却较难根据风险作出相应的调整。

在是否发放贷款和贷款期限上，国有企业也具有明显的优势。江伟和李斌（2006）从国有银行发放长期贷款的角度，发现了相对于民营上市公司，我国国有企业能获得更多的贷款，但同时也发现，金融发展程度越高时，这一现象有所减弱。这表明制度环境能在一定程度上削弱国有企业的融资优势。方军雄（2007）对比 1996~2004 年国有工业企业和非国有工业企业的负债状况发现银行发放给国有工业企业的贷款更多，且其中期限较长的贷款比重更高，他认为这可能是源于政府干预，以及国有企业对于银行来说，信息更可靠易得，因此也有信息成本优势，且国有企业的违约风险更小。类似地，他们的研究同样也发现随着市场化程度的提高，非国有企业和国有企业的贷款份额差异显著缩小，贷款期限结构的差异也相应缩小。

除了银行贷款，在公开融资渠道中，国有企业依然会因为政府直接或间接的保护，具有优先获取资金的优势。祝继高和陆正飞（2011）从配股的角度，发现非国有企业发布配股预案以及实施配股的比例均更低，这主要是由于证监会会优先批准国有企业的配股申请。祝继高和陆正飞（2012）又进一步从 IPO 的角度，同样发现了国有企业和非国有企业之间股权融资的差异。他们发现民营企业更容易基于外部融资需求申请上市，而国有企业申请上市大多基于非经济因素。从申请结果来看，证监会也更倾向批准国有企业 IPO。由此证明，我国国有企业在权益融资方面依然存在优势。国有企业的这种优势，在一定程度上，对市场并非正面的影响。韩鹏飞和胡奕明（2015）对 2007~2012 年上市债券进行研究，发现政府隐性担保的确降低了国有企业债券的风险，但是却增加了地方融资平台债券的风险。同时，当信用评级越低时，政府隐性担保越能降低国有企业债券的风险；当信用评级越高时，政府隐性担保越能增加地方融资平台债券的风险。不同于国有企业，政府帮助地方融资平台取得债务资金，隐性担保的方式发生了变化，损害了债权人的利益。

2.2.4.3 国有企业融资文献评述

通过对相关文献的回顾，可以发现政治关联对于企业来说，是能获取更多市场资源，占据更多优势的一个重要因素。而聚焦我国市场，可以发现：第一，国有企业拥有先天的政治背景，在获取资源上，具有更强大的优势。这主要体现在，政府对国有企业的隐形担保，使市场和债权人降低了对国有企业的风险评估，从而会在资金上倾向于国有企业。第二，相关研究均提到，随着我国资本市场的不断发展，国有企业不断深化改革，国有企业和非国有企业融资约束的差距在逐渐缩小，国有企业的融资优势被逐渐削弱，达到更高的市场化程度。

已有研究为本书的研究提供了证据基础。一方面，政府审计作为一种全面覆盖的审计工作，会改善某一地区整体的制度环境，从而削弱国有企业在资本市场上的优势地位；另一方面，政府审计也会直接作用于国有企业，增加国有企业的监管风险，直接提高国有企业的市场化程度。

2.3 文 献 评 述

已有文献为本书的研究提供了理论基础，主要体现在如下几个方面：

第一，国家审计理论研究，主要关注国家审计的本质和发展方向，以及该制度目前存在的问题。这部分文献有助于理解现阶段推行的"审计全覆盖"，为本书研究国家审计在审计监督体系中的作用提供了基础。

第二，国家审计对政府机关、市场和国有企业均具有监督治理作用，这种治理既包括直接的行政手段所带来的影响，也包括审计公告的效应等带来的间接作用。这部分文献回顾，加深了对国家审计作用途径的认识。

第三，注册会计师审计会受到监管机构的影响，但其具体审计行为和效果会受到审计师声誉、专业胜任能力、独立性、事务所团队以及供需双方关系的影响。这部分文献为本书厘清国家审计作为监管机构对注册会计师神经的影响提供了基础，影响因素的研究有助于理解注册会计师行为路径。

第四，关于国家审计与注册会计师审计相关关系的研究，一方面从理论上论述了二者协作的必要性，应共同作用于国家和企业治理；另一方面通过实证检验，论证了国家审计对注册会计师审计的影响，现有研究主要是利用审计署公告的数据，且强调国家审计作为监管者角色的威慑作用。

现有研究中，仍有一些问题尚未涉及，为本书提供了研究机会：

第一，对国家审计治理作用的研究，局限于国家审计的直接作用，忽视了国家审计作为审计监督体系重要一环，所产生的综合作用。本书拟从审计监督体系的视角，研究国家审计如何与注册会计师审计协作，发挥治理作用。

第二，已有关于注册会计师审计行业监管问题的研究，仅从监管关系出发，发现监管效果存在一定的局限性。而国家审计与注册会计师审计具备双重关系，可以为注册会计师审计行业监管的研究，提供一个新的视角，即当兼具监管和协作的职能时，是否会对行业发展起到更好的促进作用。

第三，在研究国家审计与注册会计师审计的关系时，已有研究局限于国家审计对注册会计师审计的影响，尚未有研究涉及这种影响产生的经济后果。本书拟在已有研究的基础上更进一步，回归审计监督的目的，探索这种影响能对审计对象的监督起到怎样的作用。

第四，在对国家审计与注册会计师审计的关系研究中，仅关注了国家审计如何影响注册会计师审计，而较少涉及反方向影响路径的研究，即注册会计师审计对国家审计的影响。然而，在新的审计时代要求下，为了构建审计监督体系，需要厘清各审计监督工具如何相互影响作用。因此，本书将涉及注册会计师审计对国家审计的影响研究，完善二者关系研究的理论体系。

第五，已有研究关注了国家审计后，对被审单位的威慑效果及其影响因素，然而，却忽视了国家审计后对揭示问题的整改情况，即审计结果的落实。本书拟从注册会计师影响的角度出发，探索注册会计师审计在国家审计结果落实环节的影响。

第 3 章

国家治理现代化下的审计制度背景

3.1 国家治理现代化下的国家监督体系

随着对国家治理体系和治理能力现代化要求的不断提高，党的十九届四中全会明确指出，要坚持和完善党和国家监督体系。统一领导、全面覆盖、权威高效的国家监督体系一直是近年来我国监督活动发展的方向。习近平总书记在党的十九大报告中曾强调要增强监督合力。具体而言，即"推进纪律监督、监察监督、派驻监督、巡视监督统筹衔接，健全人大监督、民主监督、行政监督、司法监督、群众监督、舆论监督制度，发挥审计监督、统计监督职能作用"。

针对上述的监督形式，本书进行了简单梳理，以厘清各监督形式的具体内涵。表 3 - 1 报告了上述主要监督形式的负责部门及监督对象。其中，"纪律监督、监察监督、派驻监督、巡视监督"均由中共中央纪律检查委员会（纪委）和中华人民共和国国家监察委员会（监委）① 一体化执行，以合力提升监督效能。审计监督包括审计监督体系中国家审计、注册会计师审计和企业内部审计三种形式，共同作用于国家行政机关及企事业单位的审计监督工作。

---

① 2018 年 3 月 11 日，第十三届全国人民代表大会第一次会议通过，第一百二十五条，中华人民共和国国家监察委员会是最高监察机关。3 月 17 日，将中华人民共和国监察部和中华人民共和国国家预防腐败局并入新组建的国家监察委员会。

表 3－1   国家监督体系主要监督形式

监督形式	负责部门	监督对象
纪律监督	中共中央纪律检查委员会	党的领导机关和领导干部，尤其是主要领导干部
监察监督	中华人民共和国国家监察委员会	所有行使公权力的公职人员
派驻监督	中共中央纪律检查委员会及中华人民共和国国家监察委员会	同上
巡视监督	中共中央纪律检查委员会及中华人民共和国国家监察委员会	同上
人大监督	全国人大及其常委会	"一府两院"
行政监督	行政机关	行政机构及公务员
司法监督	国家司法机关	国家行政机关
审计监督	国家审计、注册会计师审计及内部审计	国家行政机关及企事业单位

资料来源：本书根据公开信息整理。

国家监督体系的建立是国家治理体系和治理能力现代化的必然要求，在此要求下，各监督体系探索协作方式，合力发挥监督作用，促进国家治理能力的提高。本书根据目前各监督工具协作现状，列举如下两种监督协作形式。

第一，"纪律监督、监察监督、派驻监督、巡视监督"的协调衔接。在国家要求这四类监督统筹协作之时，中央纪委国家监委①的网站公布了安徽省的优秀案例。案例中阐述了如何实现四种监督制度的协作，以及协作对监督效率的作用。安徽省纪委监委主要通过人员整合和资源共享的方式，保障了纪委监委的人力及信息衔接。

第二，国家审计移送违纪违法问题线索。国家审计在针对企事业单位的审计过程中，发现违纪违法问题。国家审计没有强制处罚违纪违法行为的权利。因此，国家审计将相关线索移送纪检、司法等部门，实现了不同权限监督形式之间的补充，发挥了监督作用。表 3－2 是 2018 年审计署向纪检部门、司法部门以及部分行政部门移送违纪违法问题线索查处情况，表内仅为部分

---

① http：// www. ccdi. gov. cn/.

案例汇总。国家审计每年都会持续移送案件给相关部门，既发挥了审计监督的专长，又通过其他监督形式落实了审计发现问题的惩处。

表 3-2　　　　　2018 年审计署移送案件查处情况（不完全统计）

涉案企事业单位名称	事件移送部门	主要责任人处分
A 集团公司	中央纪委	无期徒刑
X 市 B 公司	中央纪委	无期徒刑，剥夺政治权利终身
Y 省 C 有限责任公司	中央纪委和最高人民检察院	无期徒刑，剥夺政治权利终身，并处没收个人全部财产
D 研究所	最高人民检察院	有期徒刑
辽宁省 E 集团有限公司	辽宁省纪委	开除党籍
四川省××合作社	四川省纪委	党内严重警告、党内警告
××投资管理有限公司	公安部	有期徒刑
辽宁省 F 有限公司	辽宁省公安厅	有期徒刑
G 有限公司	公安部	有期徒刑
H 有限公司	证监会	警告
云南省××村委会	云南省纪委	有期徒刑 3 年（缓刑 5 年）
甘肃××村原党支部	甘肃省纪委	撤销党内职务、党内严重警告等处分
陕西省××县有关部门及部分村镇	陕西省人民政府	党内严重警告、行政警告
四川省××村委会	四川省纪委	党内严重警告
海南省××扶贫办	海南省人民政府	党内严重警告

资料来源：本书根据公开信息整理。

3.2　国家审计监督制度

3.2.1　国家审计与国家治理

改革开放以来，为了适应国家治理需求，我国的国家审计监督制度逐步建立和完善。改革开放初期，随着党和国家将工作重心转移到经济建设，我国于 1983 年成立了审计机关，以维护国家财经法纪，提高经济效益，加强廉政建设。成立之初，国务院要求审计机关"边组建，边建设，围绕经济工作的中心任务"，有重点、有计划地审计各级政府、财政金融机构和企事业单位的财务收支。

20 世纪的最后十年，审计机关为适应社会主义市场经济体制，逐步完善法律法规，到 2000 年已构建起了与新经济体制相适应的审计监督制度。1991年第七届全国人大通过《中华人民共和国国民经济和社会发展十年规划和第八个五年计划纲要》（以下简称《纲要》）①，《纲要》指出要"初步建立适应以公有制为基础的社会主义有计划商品经济发展的、计划经济和市场调节相结合的经济体制和运行机制"。为此，国家审计机关在继续推行完善审计工作的同时，重点做了如下制度性建设：（1）草拟并颁布《审计法》，并据此制定《审计准则》；（2）推动国营企业和管理国有资金的政府部门，改善内部审计制度，提高经济效益；（3）加强对社会审计的指导，提高服务水平，拓宽业务领域，使其适应社会经济发展的需要。

2000 年以后，我国进入了全面建设小康社会的新阶段②，为适应新的国家治理需求，我国审计工作也随之进入新的阶段。审计工作新阶段有三方面的趋势：第一，面对更加注重效率的经济发展工作，审计机关提高了效益审计的重要性。在此之前，审计工作的重点是财政收支的真实性和合法性。而为了加速建设社会主义现代化的建设，审计机关以促进提高财政资金管理水平和使用效益为目的，大规模开展了效益审计。第二，随着经济项目的逐步复杂化和多元化，审计机关提高了专项审计调查的比重。重点针对国家政策法规的落实情况进行专项审计，以促进国家治理中的宏观管理。第三，为实现构建社会主义和谐社会、建设资源节约型和环境友好型社会的要求，审计机关要求审计工作以"人、法、技"建设为保障，构建中国特色审计监督模式。

---

① 1991 年 4 月 9 日，第七届全国人民代表大会第四次会议通过了《中华人民共和国国民经济和社会发展十年规划和第八个五年计划纲要》。

② 2000 年 10 月，党的十五届五中全会提出，从新世纪开始，我国进入了全面建设小康社会，加快推进社会主义现代化的新的发展阶段。

2007 年，党的十七大要求深入贯彻落实科学发展观。在此要求下，审计机关将促进国家经济社会全面协调可持续发展，增强审计工作的主动性、科学性作为主要任务。审计机关将审计的本质定义为国家经济社会运行的"免疫系统"，并对审计工作进行了适应经济发展新形势的科学调整。首先，审计机关全面推进绩效审计，将绩效审计提到了更为重要的位置；其次，重视审计质量管理，重视审计队伍建设和审计资源整合，并建立审计质量责任追究制度，以防范审计风险；再次，针对地震等突发事件，建立了国家重大事项的全过程跟踪审计制度；最后，丰富完善了审计结果公告制度，对审计情况和重大案件的处理进行公开。

为落实党的十八大全面深化改革的战略部署，我国经济建设活动突出了反腐倡廉、法制建设、行政体制改革等几个重要问题。审计机关也随之进入"审计监督全覆盖"的新时代，肩负起国家治理现代化中的经济监督职能。2014 年《关于加强审计工作的意见》①明确提到，为落实党的十八大和十八届二中、三中全会精神，审计机关要实现审计监督全覆盖，促进国家治理现代化和国民经济健康发展。其中，国家审计的范围已全面扩大至政策措施落实、公共资金、国有资产、国有资源、领导干部经济责任履行情况。随后的《关于实行审计全覆盖的实施意见》，更是对审计力度和频率作出了具体的要求。进一步，2018 年第十九届中央委员会第三次会议通过了《深化党和国家机构改革方案》，对审计机关的职权进行扩大，并进一步整合了国家审计监督体系：（1）决定组建中央审计委员会，构建集中统一、全面覆盖、权威高效的审计监督体系，委员会办公室设立在审计署；（2）将国家发展和改革委员会的重大项目稽察、财政部的中央预算执行情况和其他财政收支情况的监督检查、国务院国有资产监督管理委员会的国有企业领导干部经济责任审计和国有重点大型企业监事会的职责划入审计署。

至今，国家审计监督体系已基本建立，并为国家治理中的经济建设、行政体制改革、反腐倡廉等关键问题，发挥了重要作用。党的十九届四中全会中，再次强调"坚持和完善党和国家监督体系，强化对权力运行的制约和监督"，审计监督将在发挥已有职权的基础上，与其他监督形式合作，共同作

---

① 2014 年 10 月 27 日，国务院发布《关于加强审计工作的意见》（国发〔2014〕48 号）。

用于国家治理体系和治理能力现代化建设。

3.2.2 国家审计监督法律法规

1983 年审计署成立之初，为了规范和推进起步阶段的审计工作，国务院发布了《国务院批转审计署关于开展审计工作几个问题的请示的通知》和《国务院关于审计工作的暂行规定》，成为当时落实《宪法》规定的审计工作的依据。随后，审计法制体系开始建立，相继出台了《审计条例》和《审计法》，构成了审计机关工作依据。2000 年以后，审计署不断完善审计法制体系，同时将审计工作与国外接轨，因此，在《中华人民共和国国家审计基本准则》后颁发了一系列的具体规定，以确保审计工作推进的各个程序都有法律法规依据。需要说明的是，随着审计工作环境和范围的不断变化，《中华人民共和国国家审计基本准则》也多次修改，目前使用的是 2010 年颁布的版本。表 3 – 3 列举了国家审计相关的主要法律和规定，反映了审计法制体系建设的进程。

表 3 – 3 　　　　　　　　　　国家审计工作的主要法律法规

颁发时间	文件名	颁发单位	备注
1983 年 8 月 20 日	《国务院批转审计署关于开展审计工作几个问题的请示的通知》	国务院	
1985 年 8 月 29 日	《国务院关于审计工作的暂行规定》	国务院	
1988 年 10 月 21 日	《中华人民共和国审计条例》	国务院	同时废止 1985 年的《暂行规定》
1994 年 8 月 31 日	《中华人民共和国审计法》	全国人民代表大会常务委员会	2006 年 2 月 28 日修正
1996 年 12 月 6 日	《中华人民共和国国家审计基本准则》	审计署	
2000 年 1 月 18 日	《中华人民共和国国家审计基本准则》	审计署	同时废止 1996 年的《基本准则》；同时颁布《审计机关审计处理处罚的规定》《审计机关审计听证的规定》等

续表

颁发时间	文件名	颁发单位	备注
2000 年 8 月 7 日	《审计机关审计方案准则》	审计署	同时颁布《审计机关审计证据准则》《审计机关审计工作底稿准则（试行）》等
2001 年 8 月 1 日	《审计机关专项审计调查准则》	审计署	同时颁布《审计机关公布审计结果准则》《审计机关审计人员职业道德准则》等
2003 年 12 月 15 日	《审计机关审计重要性与审计风险评价准则》	审计署	同时颁布《审计机关分析性复核准则》《审计机关内部控制测评准则》等
2004 年 2 月 10 日	《审计机关审计项目质量控制办法（试行）》	审计署	
2006 年 2 月 28 日	《中华人民共和国审计法》	全国人民代表大会常务委员会	同时废止 1995 年《审计法》
2010 年 9 月 1 日	《中华人民共和国国家审计准则》	审计署	同时废止 2000 年《基本准则》及其附属规定
2013 年 4 月 15 日	《审计署工作规则》	审计署	

资料来源：本书根据公开信息整理。

3.2.3 国家审计监督机构设置

如图 3-1 所示，本书以审计署为中心，分别从横向和纵向介绍审计监督机构的设置。

从纵向来看，自中央到地方，审计署下，各省、市、区县都设有地方审计机关。地方审计机关负责辖区范围内的审计工作，并向本级人民政府以及上一级审计机关报告工作。除港澳台外，我国在 31 个省级行政区域设置了省级审计机关，其中省审计机关名称为审计厅（如安徽省审计厅），直辖市审计机关名称为审计局（如北京市审计局），自治区审计机关名称为自治区审计厅（如内蒙古自治区审计厅）。下属市、区、县审计机关均为审计局（如海南省海口市审计局、北京市东城区审计局）。

从横向来看，审计署包括内设机构、直属单位和派出单位。

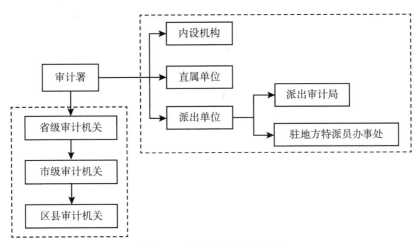

图 3 - 1 国家审计监督机构

第一，内设机构包括：办公厅、政策研究室、法规司、审理司、内部审计指导监督司、电子数据审计司、财政审计司、税收征管审计司、教科文卫审计司、农业农村审计司、固定资产投资审计司、社会保障审计司、自然资源和生态环境审计司、金融审计司、企业审计司、涉外审计司、经济责任审计司、国际合作司（港澳台办公室）、机关党委（人事教育司）、机关纪委（巡视工作办公室）和离退休干部办公室（副司局级）。从各司的名称可以看出，审计署内设机构主要以审计内容来划分。需要说明的是，其中办公厅负责机关日常运转、拟订年度计划和联系特约审计员；政策研究室负责研究重要问题，起草和审核重要文稿，整理研究和综合利用审计成果。

第二，直属单位为审计署业务相关服务单位，如审计署审计科研所、中国审计报社、审计署机关服务局、审计署审计干部培训中心等。

第三，派出机构负责执行具体审计任务，分为派出审计局和驻地方特派员办事处。派出审计局根据审计对象划分，分为中央机关、宣传、统战、外交、政法、教育、科学技术、工信建设、民政社保、资源环境、交通运输、农业水利、贸易、卫生体育、社会管理、经济执法、广电通讯、发展统计、群团文化、金融及企业方向的审计局。如外交审计局的对象为中央对外联络部、外交部、中国人民对外友好协会；政法审计局的对象为最高人民法院、最高人民检察院、公安部、国家安全部、司法部、国家移民管理局、中央档案馆（国家档案局）、中国法学会、公安部特勤局。需要说明的是金融审计和企业审计根据负责审计的具体单位不同，详细划分为 3 个和 8 个不同的局。如审计署企业审计一局具体负责审计国家电网有限公司、中国华能集团有限公司等中央企业。派出审计局对国有企业分设审计局，是由于原属于国资委的国有重点大型企业监事会职责划入了审计署。驻地方特派员办事处共十八个，根据审计署授权，分地区履行各项审计职责。具体各办事处负责审计的地区范围如表 3－4 所示。

表 3－4　　　　　　　　审计署特派员办事处审计地区范围

办事处	审计地区范围
审计署京津冀特派员办事处	北京、天津、河北
审计署驻太原特派员办事处	山西、内蒙古
审计署驻沈阳特派员办事处	辽宁
审计署驻哈尔滨特派员办事处	黑龙江
审计署驻上海特派员办事处	上海、浙江
审计署驻南京特派员办事处	江苏、安徽
审计署驻武汉特派员办事处	湖北、江西
审计署驻广州特派员办事处	广东、福建
审计署驻郑州特派员办事处	河南、青海
审计署驻济南特派员办事处	山东
审计署驻西安特派员办事处	陕西、宁夏
审计署驻兰州特派员办事处	甘肃、新疆
审计署驻昆明特派员办事处	云南、贵州
审计署驻成都特派员办事处	四川、西藏
审计署驻长沙特派员办事处	湖南、广西
审计署驻深圳特派员办事处	海南、深圳；港澳中资机构
审计署驻长春特派员办事处	吉林
审计署驻重庆特派员办事处	重庆

资料来源：本书根据公开信息整理。

3.2.4 国家审计监督内容

根据审计对象，我国国家审计目前的审计内容可以分为：（1）各级人民政府的财政审计，包括的预算执行情况、决算和其他财政收支，中央财政转移支付资金；（2）各类机关单位的财政审计，包括预算执行情况和其他财政收支情况；（3）项目跟踪审计，包括国家投资和国家投资为主的建设项目的预算执行情况和决算；（4）企业审计，主要是国有企业、国有资本占控股地位或主导地位的企业的资产、负债和损益情况；（5）金融机构审计，国有企业、国有资本占控股地位或主导地位的金融机构的资产、负债和损益情况；（6）经济责任审计，对省部级党政主要领导干部、国有企事业单位主要领导人员以及省级审计机关主要负责人进行审计；（7）国家重大政策措施落实情况，根据国家政策要求，审计各企事业单位对当年重点政策的执行情况；（8）其他专项审计，如社会保障基金、专项教育基金、扶贫资金的使用情况，国际组织和外国政府援助、贷款项目的财务收支情况等。由于专项审计内容繁多，本书手工整理了 2014 年至 2018 年审计署公布专项审计内容（见表 3 - 5），以大致了解专项审计情况。

表 3 - 5　　　　　　　　**2014 ～ 2018 年审计署专项审计汇总**

年份	专项审计类型	专项审计对象
2018	保障安居工程审计	全国性保障安居工程
2018	扶贫审计	145 个扶贫县
2018	自然资源审计/环境审计	长江经济带 11 省
2017	专项资金审计	医疗保险基金
2017	扶贫审计	158 个贫困县
2017	保障安居工程审计	全国性保障安居工程
2017	基础设施建设审计	涉农水利
2017	自然资源审计/环境审计	节能环保
2016	自然资源审计/环境审计	矿业权
2016	扶贫审计	扶贫资金

年份	专项审计类型	专项审计对象
2016	保险基金审计	工伤保险
2016	保障安居工程审计	保障安居工程
2016	自然资源审计/环境审计	水污染
2016	自然资源审计/环境审计	农林水资金
2015	自然资源审计/环境审计	矿业权
2015	专项资金审计	彩票资金
2015	自然资源审计/环境审计	三峡水利
2015	保障安居工程审计	保障安居工程
2014	基础设施建设审计	输变电
2014	保障安居工程审计	保障安居工程

资料来源：本书根据公开信息整理。

各地方审计机关每年根据地方具体情况，安排开展审计工作，其工作内容也大致围绕以上八个方面。表 3 - 6 列举北京市审计局和河北省审计厅 2015 年和 2016 年的主要工作内容，除内部建设外，基本以政策落实审计、财政审计、经济责任审计和专项审计为主。每一年根据各地情况不同，略有调整。

表 3 - 6 　　　　　　　2015～2016 年北京和河北的审计工作内容

地方审计机关名称	2016 年	2015 年
	审计工作内容	审计工作内容
北京市审计局	国家重大政策措施贯彻落实跟踪审计	国家重大政策措施贯彻落实跟踪审计
	财政审计	财政审计
	经济责任审计	经济责任审计
	专项资金审计	专项资金审计
	信息化建设	法制建设
	制度建设	审计工作机制建设
	内部审计	

续表

地方审计机关名称	2016 年	2015 年
	审计工作内容	审计工作内容
河北省审计厅	国家重大政策措施贯彻落实跟踪审计	国家重大政策措施贯彻落实跟踪审计
	财政审计	财政审计
	经济责任审计	经济责任审计
	金融审计	金融审计
	农业与资源环保审计	固定资产投资审计
	固定资产投资审计	民生资金（项目）审计
	民生资金（项目）审计	外资运用审计
	外资运用审计	企业审计
	企业审计	信息化建设
	灾后重建跟踪审计	内部审计
	信息化建设	制度建设
	队伍建设	资源环境审计
	内部审计	

资料来源：本书根据《中国审计年鉴》整理。

3.3 国家审计与注册会计师审计的关系

3.3.1 国家审计与注册会计师审计关系的政策梳理

3.3.1.1 新中国国家审计与注册会计师审计的确立

1982 年《宪法修改草案》的第九十二条提到"国务院设立审计机关，对各级政府和它们所属的财政金融机构、企业事业组织的财政、财务收支活动进行审计监督。审计机关依照法律规定独立行使审计监督权，不受其他行政机关、团体和个人的干涉"。在 1982 年 12 月 4 日召开的第五届全国人民代表大会第四次会议中通过了《中华人民共和国宪法》第九十一条，1983 年 9 月 15 日中华人民共和国审计署正式成立。1981 年，新中国第一家会计师事务所在上海成立。1988 年 11 月 15 日，中国注册会计师协会成立。随后各省市区财政部门也开始组建设立相应的会计师协会。审计署和中国注册会计师协会的成立，分别为国家审计和注册会计师审计提供了组织保障。到 20 世纪 90 年代初，国家审计和注册会计师审计均有一定程度的发展。当时实务界和学术界共同面临的主要问题是，如何界限国家审计和注册会计师审计的职责定位。

3.3.1.2　国家审计与注册会计师审计的监管关系

在 20 世纪 90 年代，国家审计和注册会计师审计的关系主要表现为监管和被监管的关系。这主要是因为，20 世纪 90 年代初期和中期时，审计署是注册会计师的直属管理机构之一；90 年代后期，审计署保留了对注册会计师的监督职能。1991 年 10 月，审计署发布了《执业审计师制度（试行）》，规定由各地审计机关组织部署本地注册会计师队伍的建设。1992 年 10 月，中国注册审计师协会成立，规定在审计署的指导下开展工作。1995 年 12 月，中国注册会计师协会和中国注册审计师协会合并成为中国注册会计师协会，合并后的协会依然由财政部和审计署共同负责指导和监督。直至 1998 年《审计署职能配置、内设机构和人员编制规定》（"三定"方案）明确指出，"将指导和管理社会审计的职能划归财政部"。至此，审计署不再是注册会计师的直属管理机构，但依然保留了对注册会计师审计进行监督的职能。监督职能的主要依据是 1994 年 8 月通过的《中华人民共和国审计法》（下文称《审计法》），其中第三十条提到"社会审计机构审计的单位依法属于审计机关审计监督对象的，审计机关按照国务院的规定，有权对该社会审计机构出具的相关审计报告进行核查"。此外，在 1998 年确定审计署不再直属管理注册会计师后，依然在 1999 年 4 月出台了《审计机关监督社会审计组织审计业务质量的暂行规定》，确定了国家审计对注册会计师审计的监督细则。

3.3.1.3　国家审计对注册会计师审计的利用

随着市场经济的发展，国家审计对行政机关和国有资产监管的任务愈加沉重，同时注册会计师队伍越来越壮大，国家审计开始利用注册会计师审计的力量，使我国审计监管体系的作用最大化。相关政策为国家审计利用注册会计师审计，确立了以下几种方式：

一是国家审计聘请注册会计师审计参与工作的相关制度。2006 年 6 月 28 日，根据《审计法》，审计署出台了《审计署聘请外部人员参与审计工作管理办法》，明确提到当审计署审计力量不足、专业知识受限时，可以借助注册会计师审计的力量。该办法还具体指出了注册会计师审计能够涉足国家审计的哪些领域，使该办法落到实处。

二是将注册会计师的审计范围逐步扩展到公共部门。2009 年 10 月，国务院办公厅转发了财政部的《关于加快发展我国注册会计师行业的若干意见》（国办发〔2009〕56 号），将医院等医疗卫生机构、大中专院校以及基金会等非营利组织的财务报表纳入了注册会计师审计的范围。2011 年 12 月，财政部、民政部联合发布了《关于加强和完善基金会注册会计师审计制度的通知》（财会〔2011〕23 号），将基金会也纳入了注册会计师审计的范围。

三是确定国家审计向注册会计师审计购买服务的相关制度。2013 年 9 月，国务院办公厅发布了《关于政府向社会力量购买服务的指导意见》（国办发〔2013〕96 号），明确要求在公共服务领域更多利用社会力量，加大政府购买服务力度，并就购买方法和内容逐一进行了详细的指导。2014 年 12 月，财政部发布了《政府购买服务管理办法（暂行）》（财综〔2014〕96 号），在第十四条中，明确"会计审计服务"为政府可向社会购买的技术性服务之一。文件的细则，为落实国家审计向注册会计师审计购买服务提供了法律依据和操作层面的指导。

3.3.2　国家审计与注册会计师审计的区别与联系

3.3.2.1　国家审计与注册会计师审计的区别

国家审计与注册会计师审计的区别已被广泛讨论。国家审计、注册会计师审计和内部审计三足鼎立，分别在国民经济的不同领域发挥经济监督作用。国家审计依据《审计法》，由审计机关对党政机关、国有企业及其法人以及其他国家重大项目等执行审计。其目的是保障国民经济和社会健康发展。注册会计师审计依据《中华人民共和国注册会计师法》，由注册会计师对企业财务报表和内部控制情况进行审计，以满足委托人及审计报告使用者的要求。

尽管国家审计和注册会计师审计基于不同目的，由不同性质的审计人员执行监督活动，但二者在审计监督活动中的区别，恰恰也构成了审计监督体系中相互协作的机会。本书从国家审计与注册会计师审计在协作中相互补充作用的角度，重点分析如下几项区别。

从审计权限来看，国家审计的权限更大，能挖掘更多被审计单位的信息，为注册会计师审计在协作中获取增量信息提供了机会。注册会计师审计权限依据是与委托人签订审计业务约定书，权限有限，且无强制性。在业务约定书中，委托人承诺或授予相关审计权限，包括被审计单位能否如实地提供全部资料，注册会计师能否无限制地在审计过程中取得充分适当的证据。而国家审计的审计权限依据是《审计法》，权限更大，具有一定的强制性。国家审计的资料索取权更大，不仅能向被审计单位索取资料，还可以向利益相关者索取。此外，国家审计可以直接针对违规违法行为进行制止或通告，超过其处罚权的情况，还可以直接移交纪检司法等部门。二者在具体审计过程中的权限差异，可以通过举例说明。例如，为了审计银行存款、销售收入的真实性，注册会计师主要采用函证的方式。若对方单位可能会拒绝回函，注册会计师则退而次之，采用替代程序，不能替代的情况则出具非标准审计意见类型。而国家审计人员则有权要求对方单位直接提供资料。二者权限的差别为注册会计师审计利用国家审计额外信息提供了可能性。

从审计频率来看，针对共同的审计对象，注册会计师审计的频率更高，掌握了多于国家审计的持续性信息，为国家审计在协作中利用注册会计师审计结果提供了可能性。根据"3.2 国家审计监督制度"的介绍可以发现，国家审计内容会随着当年具体情况有所调整。即使在审计全覆盖[①]要求下，国家审计已加大审计频次，也尚未达到对每一个审计对象每年审计。《关于实行审计全覆盖的实施意见》指出："对重点部门、单位要每年审计，其他审计对象一个周期内至少审计一次，对重点地区、部门、单位以及关键岗位

---

① 2015年12月8日，中共中央办公厅、国务院办公厅印发了《关于实行审计全覆盖的实施意见》。

的领导干部任期内至少审计一次。"而根据财政部《国有企业年度会计报表注册会计师审计暂行办法》①，注册会计师会持续对国有企业进行年报审计。除小型非国有企业外，其他企业也均要求进行年审。因此，较国家审计而言，注册会计师审计频率更高，会对企业形成更为持续、动态的监督。审计频率的差别，导致注册会计师掌握了多于国家审计的持续性信息，也是国家审计利用注册会计师审计结果的一个重要原因。

从审计报告来看，二者审计报告包含信息不同，对信息的公开构成了相互补充，从审计结果的角度构成了二者协作的空间。

一方面，相较于注册会计师审计报告，国家审计的审计结果公告包含更多的信息。注册会计师审计报告格式较为规范，仅包含了引言段、管理层对财务报表的责任、注册会计师的责任和审计意见三个部分。2018 年 1 月 1 日起，所有上市公司的审计报告增加了"关键审计事项"部分，以为投资者提供增量信息。然而即使增加了"关键审计事项"，注册会计师审计报告传递的信息依然十分有限。国家审计通过审计结果公告的方式公布审计结果。以审计署审计的中央国有企业财务收支等情况审计结果为例（如 20××年第×号公告：××公司 20××年度财务收支等情况审计结果），公告具有以下两个特点：（1）结果公告的格式并不完全固定，仅框架大致保持一致，包括引言、基本情况、审计发现的主要问题、审计处理及整改情况等。其中审计发现的主要问题通常包括财务管理和会计核算方面、贯彻落实国家重大政策、经营管理方面、落实中央八项规定精神及廉洁从业规定方面、以前年度审计查出问题整改情况（针对重复多次审计的企业）。（2）没有直接的审计意见类型，而是具体的审计发现问题。根据国家审计具体审计发现的问题，进行公告。（3）公告要求企业整改，并及时处理。国家审计后发现的问题，要求企业自行整改并公告。若发现违法违纪行为，审计机关将直接移送相关机关或部门进行处理。

另一方面，并非所有国家审计的审计结果都会发布公告，因此，对投资者来说，信息又相对有限。审计结果公开不足主要有如下四个原因：第一，国家审计范围广，形式多样，国家审计结果难以全部公开。第二，国家审计

---

① 1998 年，财政部颁发《国有企业年度会计报表注册会计师审计暂行办法》（财经字〔1998〕114 号）。

机关的执行机关层次丰富，而各机关的信息透明度不一，并非所有审计机关都愿意完全公开审计结果。第三，国家审计涉及国家重点企事业单位的机密业务，根据保密协定，国家审计机关也无法完全公开审计结果。第四，国家审计过程涉及与其他单位的合作，审计机关无权公布合作审计结果。例如部分地方审计机关与组织部合作进行重要领导人的经济责任审计，而组织部要求对审计结果进行保密。

因此，二者审计报告的差别也会为二者的协作提供机会。国家审计结果公告中详细信息可以弥补注册会计师审计报告信息含量低的问题，相反，注册会计师审计报告的持续大量公开也会弥补国家审计结果公告的不足。

综上，国家审计与注册会计师审计存在较多不同之处，根据本书研究思路，其中审计频率、权限、审计报告的区别，能为二者的协作提供可能性，共同促进国家经济监督。

3.3.2.2　国家审计与注册会计师审计的联系

本书从国家审计与注册会计师审计的双重关系来阐述二者的联系。

第一重关系，国家审计对注册会计师审计具备一定的监管职能。根据上文3.3.1小节的政策梳理，可以发现，尽管审计署不再是注册会计师的直属管理机构，将其权力转移至财政部，但依然保留了对注册会计师审计进行监督的职能，有权对该社会审计机构出具的相关审计报告进行核查。《中华人民共和国审计法》第二十七条明确提到："审计机关有权对社会审计机构出具的相关审计报告进行核查，并移送有关主管机关依法追究责任。"除了在审计过程中复核注册会计师审计报告，审计机关也会直接对注册会计师审计的执业情况进行检查。例如根据2014年浙江省审计情况报表，浙江省审计机关共核查社会审计机构3家，并延伸核查审计报告7份。由于审计机关并不固定每年对注册会计师审计机构进行审计，且公开信息有限。本书仅通过表3-7的信息进行说明，审计署"2005年会计师事务所审计业务质量检查"披露信息相对完整，能具体观测到国家审计对注册会计师审计的直接监管内容及其处理方式，为下文描述国家审计的"威慑力"提供依据。

表 3 – 7   审计署会计师事务所审计业务质量检查

年份	被审事务所	发现问题
2003	A 会计师事务所	未能查出湖南某上市公司转移账外买卖股票、伪造银行存款对账单等问题
2003	B 会计师事务所	未能查出山西某上市公司多计生产成本 3965.8 万元
2004	C 会计师事务所	未能查出四川某上市公司签订虚假协议，隐瞒重要信息披露等问题
2003	D 会计师事务所	未能查出湖北某上市公司大股东占用资产 8376 万元
2003	E 会计师事务所	未能查出江苏某上市公司大股东占用资金归还欠款的行为
2003	F 会计师事务所	未能查出天津某上市公司隐瞒披露债务重组资产房产未取得产权证的情况
2003	G 会计师事务所	未能查出湖南某上市公司会计账目和财务报告数字不符的情况
2002	H 会计师事务所	未能查出福建某上市公司对应赔偿的贷款利息 1616 万元一直未计预计负债，造成利润不实的情况
2003	I 会计师事务所	已查明安徽某上市公司少缴纳企业所得税 5910 万元，但注册会计师未予以指明
2003	J 会计师事务所	已查明吉林某上市公司重大担保未披露的事项，但注册会计师未予以指明

资料来源：根据公开信息整理。

审计署在对会计师事务所进行执业检查时，延伸调查了 30 余家上市公司。如表 3 – 8 所示，查处问题包含注册会计师未能查出重大问题，以及查明重大问题但未指明两种情况，涉及注册会计师的专业胜任能力、独立性和客观性等问题。审计署在调查后，将相关线索移交给注册会计师的监管机构即财政部和证监会，进行进一步处理。

表 3 – 8   国家审计与注册会计师审计 2015 年审计结果对比

被审单位	事务所	注册会计师审计意见	国家审计发现问题
A 总公司	Z 会计师事务所（特殊普通合伙）	带强调事项段的无保留意见	2015 年虚增收入 26.66 亿元、成本费用 26.59 亿元；2014 年少计提坏账准备 7141.8 万元等

被审单位	事务所	注册会计师审计意见	国家审计发现问题
B 集团有限公司	Y 会计师事务所（特殊普通合伙）	标准无保留意见	2015 年多计资产 37.80 亿元、负债 34.98 亿元、利润 1.61 亿元等
C 总公司	X 会计师事务所（特殊普通合伙）	标准无保留意见	2015 年少计资产和负债各 1.2 亿元；2015 年底多计利润 1.86 亿元等
D 总公司	W 会计师事务所（特殊普通合伙）	标准无保留意见	2015 年少计收入 2.78 亿元、少计成本 8.77 亿元、多计利润 5.99 亿元等
E 集团有限公司	V 事务所（特殊普通合伙）	标准无保留意见	2013 年至 2015 年少计收入 311.57 亿元、成本 317.65 亿元，多计利润 6.08 亿元，其中 2015 年多计利润 6.55 亿元等
F 集团有限公司	U 会计师事务所（特殊普通合伙）	带有强调事项段的无保留意见	2015 年多计利润 3.43 亿元；2010 年至 2016 年预付 1.24 亿元工程款的建设项目长期未清理结转固定资产等
G 集团公司	T 会计师事务所（特殊普通合伙）	标准无保留意见	2015 年度少计资产 6.08 亿元、负债 13.28 亿元，多计权益 7.2 亿元，少计亏损 0.85 亿元等
H 集团公司	S 会计师事务所（特殊普通合伙）	否定意见	2015 年虚增收入 3 亿元、成本 2.87 亿元；擅自从所有者权益中计提改制前相关人员经费 6938.49 万元等
I 总公司	R 会计师事务所（特殊普通合伙）	标准无保留意见	2015 年少计资产和负债各 11 亿元；少计利润 8.31 亿元等
J 有限责任公司	中天运会计师事务所（特殊普通合伙）	标准无保留意见	2015 年所属昆仑公司虚增收入和成本各 105.18 亿元；所属新兴建筑公司虚增收入 28.62 亿元、成本 27.59 亿元、利润 1.03 亿元等

资料来源：根据公开信息整理。

第二重关系是作为审计监督体系的部分，相互协作。

一方面，国家审计与注册会计师审计有共同的审计对象，为相互协作提供了空间。注册会计师审计主要审计对象是企业，而国家审计中的企业审计、经济责任审计、项目跟踪审计等均会涉及对企业的审计。其中对企业重要领导的经济责任审计，必然会涉及企业的财务情况和内部控制情况；项目跟踪审计中项目主体若为相关企业，在对项目跟踪时，也会涉及对企业资金运用情况等的审计。

本书重点研究的是较为直接的企业审计。注册会计师审计每年持续对企业进行审计，而国家审计也会每年抽取重点的企业进行审计，因此二者将会对同一主体实施审计程序，并发布审计结果。其中产生交集的部分包括：（1）在国家审计抽查之前，可以利用注册会计师审计已有的审计结果，提高了解被审计单位的效率；（2）在国家审计介入国有企业的过程中，基于其权限，获取更多关于被审计单位的信息，而同时开展审计工作的注册会计师则可以从企业提供的增量信息、国家审计决定书等多种形式中，获取更多的审计信息。（3）在国家审计后，注册会计师可以根据国家审计揭示的问题，监督企业进行整改，提高注册会计师审计效率。

另一方面，国家审计与注册会计师审计的审计方法、审计信息以及审计人才可以互相利用，为相互协作提供了条件。虽然国家审计与注册会计师审计的审计目的和获取资料的权限不同，但审计方法类似，获取的审计证据等信息也可以相互利用。如注册会计师审计的工作底稿，对国家审计而言，也是了解被审计单位的重要信息。此外，国家审计利用注册会计师审计人才，也是审计监督全覆盖背景下，重要的协作形式。当国家审计及其派出机构人手不足，或需要专业领域审计协助时，审计机关会通过公开招标形式，购买会计师事务所或注册会计师的个人服务。

综上，国家审计和注册会计师审计的第一重关系，即监管关系，对注册会计师行为构成"威慑力"，形成了第 4 章和第 5 章研究的制度基础。国家审计和注册会计师审计的第二重关系，即协作关系，对注册会计师行为构成了"知识溢出"，形成了第 4 章和第 5 章研究的制度基础；同时，国家审计对注册会计师审计的利用，对国家审计事前事中和事后均产生了一定影响，形成了第 6 章和第 7 章的制度基础。

3.3.3　国有企业审计结果对比

国有企业是国家审计和注册会计师审计业务中主要重合的审计对象。本书讨论的问题以两种审计形式对国有企业的审计结果不同作为起点，研究二者如何在审计共同对象时相互影响，并探索二者在审计监督体系下相互协作的形式。

我国注册会计师审计报告中标准无保留意见比例较高。例如，2017 年上市公司审计报告中，标准无保留意见占 96.24%；2016 年上市公司审计报告中，标准无保留意见占 96.62%。标准无保留意见表明注册会计师认可被审计单位的经营活动和会计报表，认为没有发现需要特别提示的事项。然而，国家审计结果却不同。虽然国家审计公告不直接出具审计意见类型，但根据公告内容来看，国家审计或多或少会揭示一些企业的问题。此外，国家审计结果公告中还披露了注册会计师审计未披露的违纪违法行为。

为了更有针对性地进行对比，表 3-8 仅截取国家审计公告中财务管理和会计核算方面的审计问题。对比发现：第一，注册会计师发表无保留意见的情况下，国家审计发现问题依然较多；第二，国家审计查处的问题数额较大，表明注册会计师忽视或未披露这些问题存在不合理之处。

国家审计与注册会计师审计结果不同的原因可以归纳为两点：第一，两种审计类型的固有区别，导致了审计结果的不同。两种审计的目标、侧重点以及权限不同，导致注册会计师审计无法发现或忽视了企业某方面的问题。第二，注册会计师审计质量有待提高。未能识别企业超过重要性水平的错报，表明企业谨慎性有待提高，专业胜任能力不足。若已识别但未披露，表明注册会计师审计的职业道德水平和独立性水平有待提高。

综上，针对共同审计对象国有企业，国家审计揭示了注册会计师审计未发现或未披露的问题。该现象构成了国家审计对注册会计师审计影响研究的起点，同时也凸显了提高注册会计师审计水平，加强审计监督体系协作的必要性。

3.4 本章小结

本章依次阐述了国家监督体系—国家审计监督制度—国家审计与注册会计师审计关系的制度背景及现状。本章阐述的主要作用有两个：第一，从国家治理现代化下的国家监督体系出发，突出其中国家审计与注册会计师审计关系的地位和重要性；第二，针对文章研究问题，为全文研究国家审计与注册会计师审计相互影响，提供制度基础。

本章内容可以总结为：（1）国家治理体系和治理能力现代化要求国家监督体系合力，现行各监督工具各司其职，形成了一定程度和范围内的协作，有待在未来的发展中挖掘更多协作形式。（2）国家审计随着国家治理的需求不断发展，现已形成完善法律法规体系、审计机关制度和全覆盖的监督内容。（3）国家审计与注册会计师审计的区别为二者的协作提供了空间和可能性，主要体现在审计频率、审计权限和审计结果等方面。（4）国家审计与注册会计师审计的联系体现在监管关系和协作关系中，其中协作主要体现在审计对象重合时。国有企业审计是国家审计和注册会计师审计重要的重合部分，二者审计结果的对比，为全书的研究提供了基础。

第4章

国家审计对注册会计师审计的影响：
方式和路径

4.1 研究问题

　　国家审计、内部审计与注册会计师审计三足鼎立，构成统一的审计监督体系。尽管三者在各自领域各司其职，但存在相互交叉、协调的关系。许汉友（2004）指出国家审计和社会审计不应分割，应该加强两者之间的协调，国家审计可以利用社会审计的资源优势，而社会审计也可以利用国家审计的权威性。王彦超和赵璨（2016）发现注册会计师审计在一定程度上发挥了国家审计的作用，有利于国家治理。国有企业是国家审计和注册会计师审计共同的领域：作为营利性组织，国有企业每年需接受注册会计师对年报的审计；审计署每年会根据监管重点抽取部分行业的国有企业进行审计，以监督国有资本和国有资产使用情况和使用效率。因此，每一年度均会有部分国有企业同时接受注册会计师审计和国家审计的双重外部监督，为研究两种审计的相互作用提供了必要性和可能性。

　　本章侧重研究国家审计对注册会计师审计的影响。审计质量是注册会计师审计行为的集中体现。国家审计会通过"顺风车"和"威慑力"的作用，提高注册会计师审计的质量。"顺风车"作用主要基于知识溢出效应：一方面，注册会计师在审计时会分享国家审计的结果，利用国家审计的风险提示，高效率识别风险；另一方面，根据审计署的要求，企业会根据国家审计揭示的问题积极进行整改，整改后企业财务报表可靠性提高，这是提升审计质量的基础。注册会计师通过搭国家审计"知识溢出"的"顺风车"，提高年报审计质量。"威慑力"作用是指基于国家审计的权威性和审计结果公告的透明性，注册会计师会忌惮年报审计客户被国家审计查出错弊，进而追究事务所的责任，或导致事务所声誉受损。注册会计师会谨慎地对待正在接受或将有可能接受国家审计的年报审计客户，进而提高审计质量。本章首先检验国家审计是否会提高注册会计师审计质量；其次，检验国家审计是否通过"顺风车"和"威慑力"对注册会计师审计产生影响。

本章研究贡献在于：一是探索了国家审计对注册会计师审计影响的具体作用途径，补充了相关文献；二是为国家审计对注册会计师审计的"顺风车"和"威慑力"作用，提供了经验证据，以此为在实务中协调运用国家审计和注册会计师审计，构建高效统一的审计监督平台提供思路和依据。

4.2　国家审计结果公告

2007 年起，审计署开始公布国有企业的审计公告，这为探究国有企业的国家审计提供了进一步研究的机会。大批学者据此研究了国家审计本身的质量（郑小荣，2012；陈宋生等，2014），国家审计的处罚（郑石桥等，2011），国家审计市场反应（李小波和吴溪，2013），以及国家审计对企业质量（蔡利、马可哪呐，2014）和央企在职消费（褚剑和方军雄，2016）等问题的影响，朱晓文和王兵（2016）从审计市场角度，研究了国家审计对注册会计师审计质量和审计收费的影响。

为使本章及后面章节的理论推导更加清晰，对国有企业审计结果公告的如下问题进行说明和界定：

第一，审计结果公告内容。审计结果公告内容为企业的资产负债损益审计结果，包括基本情况，审计发现的问题，以及企业整改的情况。通常格式如下：

"20××年第×号公告：××××公司20××年度财务收支等情况审计结果

根据《中华人民共和国审计法》的规定，20××年×月至×月，审计署对公司20××年度财务收支等情况进行了审计，重点审计了××××、××××等N家单位（指审计对象控股公司等），对有关事项进行了延伸和追溯。

一、基本情况

××××公司成立于20××年，经营范围为……××××公司拥有全资和控股子公司N家、参股公司N家；资产总额××亿元，负债总额××亿元，所有者权益××亿元，资产负债率×；当年营业总收入××亿元，利润总额××亿元，净利润××亿元，净资产收益率×；国有资本保值增值率×。××××会计师事务所对此报表出具了×××意见的审计报告。

审计署审计结果表明，……（基本情况评价），……（存在何类问题）。

二、审计发现的主要问题

（一）财务管理和会计核算方面

……

（二）贯彻落实国家重大政策

……

（三）经营管理方面（或企业重大决策和内部管理方面）

……

（四）落实中央八项规定精神及廉洁从业规定方面

……

（五）以前年度审计查出问题整改情况（针对重复多次审计的企业）

……

三、审计处理及整改情况

……"

第二，被审企业及其行业。审计署每年会根据当年监管情况，选取几个行业的几个企业进行审计。审计署选择的行业都是关系国计民生的砥柱行业，每年会轮流选择，且并不排除连续选择某行业的可能性。具体被审行业列举如表4-1所示。

表 4 –1   被审企业数量和行业统计

审计公告年份	审计央企数量	其中金融企业	再次被审计央企数量	涉及行业
2006	1			银行
2007	3			银行
2008	5			银行、保险
2010	9	3		电力、交通运输、保险
2011	19	2		电力、交通运输、装备、材料、通信、建筑
2012	16	2	0	通信、钢铁、能源、银行、信息科技
2013	13	3	2	电力、交通运输、通信、银行
2014	14	3	6	交通运输、装备、能源、冶金、航天
2015	17	3	14	电力、交通运输、食品、机械、银行
2016	15	5	11	交通运输、保险、能源、信息科技
2017	20	0	9	电力、交通运输、材料、建筑、钢铁、能源
2018	38	3	10	交通运输、材料、钢铁、能源、航空、医药

注：（1）由于部分年份涉及行业广泛，上表并非完全统计，仅为主要行业列举。（2）2006 年之前并非没有审计企业，但审计署官方从 2006 年起才开始有公开信息。

　　被审企业多为中央国有企业，本研究以当年是否被抽取为标准，将中央国有企业及其控股企业分为"被审企业"（当年国家审计抽中的企业）和"非被审企业"（当年未被国家审计抽中的企业）。

　　第三，审计公告时间。审计署对国有企业的审计公告中涉及三个年份，分别称为公告年份、介入年份和审计年份。例如，"2016 年第 19 号公告：中国南方航空集团公司 2014 年度财务收支审计结果"，其中 2016 年称为公告年份，即公告发布的年份；2015 年称为介入年份，即审计署进驻企业进行审计的年份；2014 年为审计年份，即审计署审计资产负债损益情况所对应的年份。推而广之，"第 n 年公告：$n-2$ 年度资产负债损益审计结果"，其中 n 年为公告年份，$n-1$ 年为介入年份，$n-2$ 年为审计年份。

4.3 理论分析和研究假设

4.3.1 国家审计对注册会计师审计质量的影响

在已有研究中，朱晓文、王兵（2016）研究国家审计对注册会计师审计质量的影响，与本章研究较为接近。他们认为国家审计的二次审计会提高注册会计师审计质量，具体表现为应计额的下降。本章在此基础上进行拓展：首先，国家审计对注册会计师审计的影响不只局限于二次审计，首次审计也会产生类似的影响；其次，本章不仅探讨国家审计对注册会计师审计质量是否有影响，而是进一步从以下两个方面来研究具体的影响路径。

一方面，国家审计基于顺风车作用，提高注册会计师审计质量。具体分析，第一，国家审计介入，会直接揭示企业业务经营、风险管理和内部控制方面的问题，为注册会计师进行风险提示，促进其更有效甄别财务报表重大错报风险，从而显著提高审计质量；第二，国家审计要求企业整改，企业会在注册会计师的协助下，规范财务报表编制并提高财务报表质量。本书将注册会计师客观上分享国家审计结果及企业整改成果的"知识溢出"现象，比作搭国家审计的"顺风车"。

这种"顺风车"作用，不管是揭示企业问题，还是要求企业整改，均主要集中于介入年份。国家审计介入之时，将开始同步揭示问题。而财务报告整改也从介入年份开始。观察公告时间可知，通常在国家审计结果公告之时，企业已同步发布了整改公告。例如，"2018 年第 38 号公告：中国国新控股有限责任公司 2016 年度财务收支等情况审计结果"，发布时间是 2018 年 6 月 20日[1]。与此同时，中国国新控股有限责任公司在官方完整发布了"中国国新控股有限责任公司 2016 年度财务收支等情况审计整改公告"[2]。从介入年份

---

[1] http：//www. audit. gov. cn/n5/n25/c123554/content. html.

[2] https：//www. crhc. cn/info/cata/announce/201806/t20180620_1039. html.

开始，企业已经受到国家审计介入的影响或已收到审计决定书，开始进行整改。因此，注册会计师在介入年份可以搭"顺风车"，利用国家审计的审计结果和企业整改成果，提高注册会计师审计质量。

另一方面，国家审计会具备"威慑力"效应，促使注册会计师审计质量提高。若注册会计师发表无保留意见，而国家审计却查出该企业存在问题。基于国家审计的公信力，人们会因此质疑注册会计师，甚至会处罚承办该项业务的会计师事务所。注册会计师忌惮由此带来的声誉损害，因此对被审企业极有可能被审的企业更加谨慎执业，从而提高注册会计师的审计质量。注册会计师对被审企业的谨慎性，还会因"传染效应"扩大到对待事务所其他客户的审计，从而整体提高注册会计师审计质量。

为此，我们列示出下文分析国家审计对注册会计师质量影响的理论框架，如图 4-1 所示。

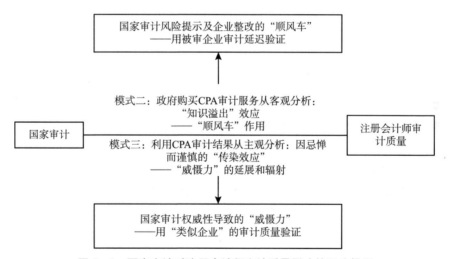

图 4-1 国家审计对注册会计师审计质量影响的理论推导

综合主客观两方面理论推导，本章提出假设 H4-1：

H4-1：当其他因素一致时，与非被审企业相比，被审企业的注册会计师审计质量更高。

4.3.2　国家审计对注册会计师审计质量的影响路径

4.3.2.1　影响路径一——"顺风车"

进一步检验顺风车和威慑力的作用主要有两个目的：其一是进一步佐证假设 H4 - 1 的推导；其二是检测是否通过"顺风车"和"威慑力"两方面产生作用。

我们观测审计延迟的变化来探究国家审计的"顺风车"作用。

已有研究发现，审计延迟与企业本身特点有关，例如企业规模（Ashton et al. ，1989，Ashton et al. ，1987）和企业问题严重程度（Knechel and Payne，2001），还与企业信息透明度和问题暴露的程度密切有关，如是否公众公司（Ashton et al. ，1989，Ashton et al. ，1987）和内部控制质量（张国清，2010；刘笑霞等，2017）则认为审计延迟与审计投入相关。

据此国家审计可能会加长或缩短注册会计师审计的审计延迟。一方面，结合前面关于国家审计的"知识溢出"效应分析，在介入年份，国家审计的风险揭示及督促企业整改会促进注册会计师更有效率地甄别和应对风险，显著提高审计效率，从而必然会缩短审计延迟。另一方面，国家审计对企业进行风险揭示后，注册会计师也会因忌惮于国家审计的"威慑力"，因国家审计揭示的风险及其增量信息而更加谨慎地执行审计，加大审计投入，结果既有可能导致增加投入时间延长审计延迟，也有可能导致提高效率降低审计延迟，但"威慑力"的作用很难直观地通过审计延迟来度量，且由于国家审计的对象都属于关系国计民生的砥柱行业的领军型企业，国家审计揭示风险后，企业立即整改。因此，本章认为针对被国家审计的企业，在介入年份，其"知识溢出"带来的"顺风车"作用更加直接。因此，我们基于"知识溢出"效应，提出假设 H4 - 2：

H4 - 2：当其他因素一致时，与非被审企业相比，被审企业的注册会计师审计延迟更短。

4.3.2.2　影响路径二——"威慑力"

尽管在审计同一对象时，我们认为国家审计对注册会计师审计作用的

"顺风车"作用比"威慑力"作用更直接，但我们不能忽视国家审计"威慑力"作用。为了剔除"顺风车"效应，仅仅考察"威慑力"，我们进一步观察目标事务所在审计潜在被审企业时的表现。这种"威慑力"主要是基于对国家审计忌惮的"传染效应"所致，即注册会计师真的会因忌惮国家审计导致的责任追究和声誉问题，而在审计潜在被审企业时（将来有可能被国家审计抽中的企业）表现得更加谨慎。我们将目标事务所定义为被审企业在介入年份聘请的事务所，这些事务所在介入年份，正在经历国家审计公告所带来的影响，对国家审计的"威慑力"有更为清晰的感知。在目标事务所的客户中，那些在未来有可能被审计署抽中的国有企业及其控股企业，主要是中央国有企业，本书称之为"类似企业"。已有研究（Francis and Michas，2013）发现事务所会基于传染效应，在一定年份所有客户的审计中，均表现出系统性的审计问题。本书认为这种传染效应也会体现在目标事务所对"类似企业"的审计中，迫于国家审计"威慑力"，事务所会更加谨慎对待被审计企业，基于"传染效应"，事务所对"类似企业"的审计中也会采用系统一致性的谨慎行为，从而表现为更高的审计质量，这正是国家审计"威慑力"的延展和辐射。

本章检验目标事务所是否会在类似企业的审计项目中表现出更强的谨慎性，提出假设 H4 - 3：

H4 - 3：当其他因素一致时，与目标事务所审计的其他企业相比，目标事务所审计的类似企业审计质量更高。

4.4 研究设计

4.4.1 样本选择和数据来源

首先，确定被审企业样本。本章选择的样本为公告年份是 2010～2018 年的国家审计被审企业，其对应的介入年份为 2009～2017 年。第一步，根据审计署公告统计，被审央企共 161 家（含金融企业），其中 52 家重复审计。第二步，结合 Csmar 和 Wind 数据库中信息，查找实际控制人和直接控制人为被审国有企业的 A 股上市企业，共得到 294 家企业。第三步，剔除 17 个金融类企业及数据缺失观测，共剩余 270 个观测。第四步，为了消除极端值对研究结果的影响，我们对所有连续变量进行了上下 1% 的 winsorize 处理。被审企业的数据通过手工搜集比对获取。其余数据来源于 Csmar、Wind 以及迪博数据库。

其次，确定非被审企业样本。为检验假设 H4 - 1 和假设 H4 - 2，需要分别确定介入年份的非被审企业。第一步，根据 Wind 数据库中公司属性，选择属性为"中央国有企业"的非被审企业，共得到 2010 ~ 2018 年 2637 个观测；第二步，剔除金融类企业和含缺失观测；最终得到介入年份为 2010 ~ 2018 年的非被审企业 2589 个观测。

最后，确定类似企业的样本。为检验假设 H4 - 3，需要逐步确定类似企业：第一步，确定目标事务所，根据上文的定义，目标事务所是指被审企业在介入年份聘请的会计师事务所，介入年份为 2010 ~ 2018 年被审企业所对应的事务所共 31 家；第二步，逐年搜索目标事务所的所有客户（仅统计上市公司）；第三步，剔除被审企业和缺失值；第四步在剩余企业中，选择有被审计署抽取可能性的企业，主要是中央国有企业及其控股企业，最终得到类似企业共 1646 个观测。

4.4.2 检验模型及变量说明

4.4.2.1 审计质量（DA）

参考审计质量相关文献，采用操纵性应计盈余作为审计质量的代理变量，文章先用调整后的 Jones 模型（模型 4.1）计算出残差，作为操纵性应计盈余值，用 DA 表示。AC_t 为 t 年度应计发生额，用营业利润减去经营活动产生的现金流量净额；TA_{t-1} 为 $t-1$ 年度资产总额；ΔREV_t 为 $t-1$ 年与 t 年度的营业总收入变化值；PPE_t 为 t 年度固定资产值。

主要使用 DA 度量审计质量有如下两个原因：一是（Lennox et al.，2016）从审计师视角研究发现，用操纵性应计盈余的原值来衡量审计质量更加合理。二是在本章的推导中，审计师忌惮于国家审计，而更加谨慎，因此他们在改进审计质量时，会选择向下调整应计额，以确保企业的财报更加稳健，而并非向 0 值调整。因此，本章选择带符号的 DA 作为审计质量的代理变量。

$$\frac{AC_t}{TA_{t-1}} = \beta_0 \frac{1}{TA_{t-1}} + \beta_1 \frac{\Delta REV}{TA_{t-1}} + \beta_2 \frac{PPE_t}{TA_{t-1}} + \varepsilon \qquad (4.1)$$

为了支撑结论的稳健性，本章也同时观察 DA 的绝对值和 DA 的正负值大小。设置三个变量：ABDA（DA 的绝对值），ABDA_P（当 DA 为正，ABDA_P = DA；当 DA 为负，ABDA_P = 0），ABDA_N（当 DA 为正，ABDA_N = 0；当 DA 为负，ABDA_P = |DA|）。

4.4.2.2 是否被审企业（GOV_IN）

主要解释变量 GOV_IN，表示是否为介入年份的被审企业。根据上文样本选择方法，国家审计结果公告涉及企业及其控股子公司确定为被审企业。按是否当年介入企业进行国家审计判断是否为当年的被审企业，若是，GOV_IN 为 1，否则为 0。

4.4.2.3 是否类似企业（SIMI）

类似企业（SIMI）是指目标事务所的类似客户。目标事务所指被审企业在介入年份聘请的会计师事务所。类似客户是指其他可能被审计署抽取的企业，主要指中央国有企业。目标事务所中的类似客户确定为类似企业（SIMI = 1），否则为非类似企业（SIMI = 0）。

4.4.2.4 控制变量

为减少企业个体特征对审计质量的影响，参考相关文献，本章从企业的财务状况、业务复杂程度、事务所情况和公司治理结构四个方面对模型进行控制，包括企业规模（SIZE）、资产负债率（LEV）、资产报酬率（ROA）、流动比率（CURRENT）、是否亏损（LOSS）、企业是否"四大"承担审计（BIG4）、审计师的任期（TENU）、企业成立年限（AGE）和企业成长性（TOBIN's Q）。此外，我们还控制了年度和行业的固定效应。变量的具体说明如表4-2所示。

表4-2 第4章变量说明

变量名	变量说明
DA	审计质量。操纵性应计盈余值，模型（4.1）计算残差所得
ABDA	DA 的绝对值
ABDA_P	当 DA 为正，$ABDA\_P = DA$；当 DA 为负，$ABDA\_P = 0$
ABDA_P	当 DA 为正，$ABDA\_N = 0$；当 DA 为负，$ABDA\_P = |DA|$
GOV_IN	是否被审企业。是为1，否则为0
DELAY	审计延迟。审计日期 – 会计截止日期
SIMI	类似企业。目标事务所的类似客户，是为1，否则为0
SIZE	企业规模。总资产的自然对数
LEV	资产负债率。总负债/总资产
ROA	资产报酬率。税后净利润/总资产
CURRENT	流动比率。流动资产/流动负债
LOSS	是否亏损。亏损为1，反之为0
BIG4	是否为四大审计。是为1，反之为0
TENU	审计任期。事务所为该企业的服务年限
AGE	企业成立年限
TOBIN's Q	企业成长性。TOBIN's Q = (年末流通股市值 + 非流通股市值 + 负债总额)/总资产

4.4.2.5 检验模型说明

假设 H4-11 的模型设定为模型（4.2）。假设 H4-1 的被解释变量 DA 为操纵性应计盈余值，为审计质量的代理变量，DA 值越小，审计质量越高。根据假设 H4-1 的理论推导，预期 GOV_IN 系数显著为负，即被审企业在介入年份审计质量更高。本章还使用 ABDA、ABDA_P 和 ABDA_N 替代

DA，分别代入模型（4.2）进行回归。文章认为审计师更谨慎，审计质量提高，因此预期在被解释变量为 $ABDA$ 和 $ABDA\_P$ 的回归中，GOV_IN 的系数也均显著为负。为了排除企业特质的影响，下列模型中，若使用面板数据，均按企业聚类。

$$DA_t = \beta_0 + \beta_1 GOV\_IN + \beta_2 SIZE_t + \beta_3 LEV_t + \beta_4 ROA_t + \beta_5 CURRENT_t$$
$$+ \beta_6 LOSS_t + \beta_7 BIG4_t + \beta_8 TENU_t + \beta_9 AGE_t + \beta_{10} TOBIN's\ Q_t + \varepsilon$$

$$(4.2)$$

假设 H4－2 的模型设定为模型（4.3）。假设 H4－2 的被解释变量 $DELAY$ 为审计延迟，用会计截止日期到审计报告发布时间的天数来衡量。根据假设 H4－2 的理论推导，预期 GOV_IN 的系数均显著为负，即被审企业的审计延迟更短。

$$DELAY_t = \beta_0 + \beta_1 GOV\_IN + \beta_2 SIZE_t + \beta_3 LEV_t + \beta_4 ROA_t + \beta_5 CURRENT_t$$
$$+ \beta_6 LOSS_t + \beta_7 BIG4_t + \beta_8 TENU_t + \beta_9 AGE_t + \beta_{10} TOBIN's\ Q_t + \varepsilon$$

$$(4.3)$$

假设 H4－3 模型设定为模型（4.4）。假设 H4－3 的解释变量同假设 H4－1，主要解释变量为 $SIMI$。根据假设 H4－3，预期 $SIMI$ 的系数显著为负，即事务所会在类似企业的审计中，更加谨慎，从而有更高的审计质量。同样地，本章还使用 $ABDA$、$ABDA\_P$ 和 $ABDA\_N$ 替代 DA，分别代入模型（4.4）进行回归。

$$DA_t = \beta_0 + \beta_1 SIMI + \beta_2 SIZE_t + \beta_3 LEV_t + \beta_4 ROA_t + \beta_5 CURRENT_t$$
$$+ \beta_6 LOSS_t + \beta_7 BIG4_t + \beta_8 TENU_t + \beta_9 AGE_t + \beta_{10} TOBIN's\ Q_t + \varepsilon$$

$$(4.4)$$

4.4.3 倾向得分匹配样本

本章采用了倾向得分匹配法（PSM）进行检验。

在检验文章的主假设被审企业的审计质量是否显著高于非被审企业时，若使用常规的 OLS 回归，会无法排除一个明显的竞争性假说，即被审企业和其他企业的财务报告质量和审计质量存在固有差异。被抽中的中央国有企业，通常为行业的龙头企业，因此，即使跟其他中央国有企业相比较，他们依然

有可能存在财务报告质量较高等系统性差异。为控制这一问题，我们采用
PSM 为被审企业进行最近邻匹配。

在使用审计延迟探究"顺风车"作用时，被审企业多数为中央国有企
业，财务报表质量较好，内控制度较为规范，因此注册会计师审计会更有效
率，审计延迟更短。为了控制系统性差异，也沿用 PSM 为被审企业进行最近
邻匹配。

在使用类似企业的审计质量来验证"威慑力"作用时，也存在内生性问
题。类似企业均为目标事务所的客户，均为中央国有企业，实力本身较强，
审计质量较好。为控制类似企业与其他企业的系统性差异，针对类似企业，
本章也采用 PSM 进行最近邻匹配。

4.4.4　研究方法说明

针对本章的研究设计，还有如下两点需要说明：

第一，研究模型中并未使用多期 DID 的方式，主要出于以下两个原因：
（1）国家审计抽查逐年轮换，部分企业会在几年内连续被抽查，间隔时间较
短，这会影响到 DID 的 POST 前后划分。尤其是 2015 年以后，重复审计的数
量有所提升。例如，某企业在 2014 年和 2016 年分别被抽查，2015 年同时属
于第一次被审后，即（POST = 1）；2015 年又同时属于第二次被审前，即
（POST = 0）。（2）国家审计主要集中抽查中央国有企业，而中央国有企业的
样本有限，我们在匹配后做 DID，可能会导致被审企业和非被审企业在 POST
前后存在大量重复。例如，某企业可能同时为被审企业的被审后（POST =
1），以及非被审企业的被审前（POST = 0）。基于以上原因，本章难以直接使
用多期 DID 的方法。然而，文章依然希望探索国家审计前后，实验组和对照
组区别的变化。因此，本章在稳健性检验中，使用逐年对比的方式，来说明
国家审计前后实验组和对照组的区别。

第二，本章三个假设的检验所涉及的实验组和对照组均有区别，为了
使研究设计的描述更为清晰，本章汇总说明三个检验中实验组和对照组（见
表 4 - 3）。

表 4 - 3   第 4 章实验组和对照组说明

假设	模型	实验组	对照组	PSM
假设 H4 - 1	4.2	被审企业	非被审企业	是
假设 H4 - 2	4.3	被审企业	非被审企业	是
假设 H4 - 3	4.4	类似企业（目标事务所客户）	非类似企业（目标事务所客户）	否
	4.4	类似企业（目标事务所客户）	非类似企业（目标事务所客户）	是

4.5　实证检验结果

4.5.1　PSM 匹配结果

如前所述，为控制实验组与控制组的系统性差异，我们按如下指标对实验组进行 PSM 配对检验。为检验假设 H4 - 1 和假设 H4 - 2，本章为被审企业进行配对，配对控制组为其他中央国有企业，共考虑 7 个相关指标：企业规模（*SIZE*）、流动比率（*CURRENT*）、业务复杂度（*ARINV*，流动资产加存货之和除以总资产）、第一大股东持股比例（*SHAHLD*）、是否为四大审计（*BIG4*）、企业成立年限（*AGE*）和企业成长性（*TOBIN's Q*）。由于被审企业多为行业龙头企业，能与之配对的企业本身不多，因此本章采用了放回配对，即可以多家企业与同一家企业配对。最终配对后得到介入年份 270 个样本，其中 96.67% 的观测为一一配对。

结果如表 4 - 4 所示：（1）匹配前，除业务复杂度和企业成立年限外，实验组和控制组的其他指标均显著不同，P 值均为 0。实验组的企业规模远大于控制组，流动比率远低于控制组，第一大股东持股比例远高于控制组，更多选择四大审计，企业成长性远低于控制组。（2）匹配后，实验组和控制组，在 7 个指标下均没有显著差异，P 值均在 0.1 以上。匹配后的两组样本的基本特征层面均没有显著差异。

表4-4   被审计企业 PSM 配对 T 检验

变量	匹配前			匹配后		
	Treated	Control	p > t	Treated	Control	p > t
SIZE	23. 102	22. 05	0. 000	23. 102	22. 946	0. 239
CURRENT	1. 7053	2. 3468	0. 000	1. 7053	1. 7321	0. 866
ARINV	0. 26265	0. 27077	0. 448	0. 26265	0. 27835	0. 309
SHAHLD	42. 283	35. 064	0. 000	42. 283	42. 131	0. 913
BIG4	0. 20741	0. 05567	0. 000	0. 20741	0. 18519	0. 517
AGE	16. 715	16. 662	0. 874	16. 715	16. 63	0. 856
TOBIN's Q	1. 6413	2. 3195	0. 000	1. 6413	1. 7853	0. 342

4.5.2 描述性统计

表4-5为主要变量的描述性统计，被审企业样本共270，PSM对应的非被审企业样本为261。观察发现，被审企业的 *DA* 均值为 -0. 0036，显著小于非被审企业的均值0. 0163；被审企业的 *ABDA* 均值为0. 0530，小于非被审企业的均值0. 0627；被审企业的 *ABDA_P* 均值为0. 0247，小于非被审企业的均值0. 0399；被审企业的 *ABDA_N* 均值为0. 0283，大于非被审企业的均值0. 0229。初步验证了在介入年份，被审企业的审计质量高于非被审企业，初步验证了假设 H4 - 1。

表4-5   主要变量描述性统计

变量	*GOV_IN* = 1 （Obs = 270）		*GOV_IN* = 0 （Obs = 261）	
	MEAN	SD	MEAN	SD
DA	- 0. 0036	0. 0744	0. 0163	0. 0853
ABDA	0. 0530	0. 0564	0. 0627	0. 0678

续表

变量	GOV_IN = 1（Obs = 270）		GOV_IN = 0（Obs = 261）	
	MEAN	SD	MEAN	SD
ABDA_P	0.0247	0.0488	0.0399	0.0673
ABDA_N	0.0283	0.0469	0.0229	0.0435
SIZE	23.1102	1.5986	22.9305	1.4478
LEV	54.0937	20.6222	50.1899	18.5162
ROA	4.8639	5.3118	5.9967	5.8800
CURRENT	1.7053	2.0831	1.7385	1.5698
LOSS	0.1087	0.3118	0.0805	0.2725
BIG4	0.2101	0.4082	0.1724	0.3785
TENU	4.4493	2.6384	4.4943	2.8388
AGE	16.7148	5.2686	16.6897	5.6650
TOBIN'S Q	1.6413	1.7259	1.7701	1.6944

4.5.3　相关性分析

对主要变量之间的相关性进行了初步分析，表 4 - 6 可以发现：（1）审计质量 DA 与是否为被审企业 GOV_IN 在 1% 的水平上显著负相关（ - 0.124***）。这表明与控制组相比，在介入年份，被审企业的 DA 值更低，审计质量更高，再次部分验证了假设 H4 - 1 的结论，即在介入年份被审企业的审计质量更高。（2）进一步观察辅助性解释变量 ABDA 和 ABDA_P，ABDA 与是否被审企业 GOV_IN 在 10% 的水平上显著负相关（ - 0.078*），ABDA_P 与是否被审企业 GOV_IN 在 1% 的水平上显著负相关（ - 0.129***）。（3）各控制变量仅部分显著相关，且相关系数较低，仅有三个相关系数超过 0.5。综上，相关性分析再次验证了主假设。

第 4 章 相关性分析

表 4-6

变量	DA	ABDA	ABDA_P	ABDA_N	GOV_IN	SIZE	LEV	ROA	CURRENT	LOSS	BIG4	TENU	AGE	TOBIN's Q
DA	1													
ABDA	0.268***	1												
ABDA_P	0.856***	0.723***	1											
ABDA_N	-0.748***	0.434***	-0.308***	1										
GOV_IN	-0.124***	-0.078*	-0.129***	0.0600	1									
SIZE	-0.0570	-0.142***	-0.117***	-0.0430	0.0560	1								
LEV	-0.122***	-0.00600	-0.084*	0.101**	0.099**	0.473***	1							
ROA	0.238***	0.094**	0.214***	-0.150***	-0.101***	0.0250	-0.282***	1						
CURRENT	0.134***	0.092**	0.139***	-0.0550	-0.00900	-0.324***	-0.583***	0.111**	1					
LOSS	-0.0600	0.078*	0.00200	0.104**	0.0400	-0.0530	0.120***	-0.547***	-0.0120	1				
BIG4	-0.098**	-0.112***	-0.132***	0.0180	0.0450	0.511***	0.135***	0.087*	-0.133***	-0.121***	1			
TENU	-0.0430	0.0140	-0.0190	0.0430	-0.00700	0.115***	0.0480	-0.0420	-0.0150	0.0490	-0.00200	1		
AGE	0.072*	0.150***	0.133***	0.0340	0.00200	-0.166***	-0.00800	-0.0250	0.0400	0.0460	-0.224***	0.160***	1	
TOBIN's Q	0.105**	0.096**	0.122***	-0.0260	-0.0380	-0.592***	-0.543***	0.177***	0.461***	-0.0160	-0.225***	-0.0660	0.101**	1

注：* p<0.1，** p<0.05，*** p<0.01。

4.5.4　主要检验结果

4.5.4.1　被审企业审计质量检验

本章用模型（4.2）对被审企业和非被审企业的审计质量进行检验，检测在介入年份，被审企业的注册会计师审计质量是否会更高。本章使用配对后的样本进行回归，回归结果如表 4 - 7 所示，发现被解释变量为 DA 时，GOV_IN 的系数在 5% 的水平上显著为负（ - 0.015**），与非被审企业相比，被审计企业的注册会计师审计质量都显著高，验证了主假设 H4 - 1。

表 4 - 7　　　　　　　　　　　　审计质量检验

变量	（1） DA_t	（2） $ABDA_t$	（3） $ABDA\_P_t$	（4） $ABDA\_N_t$
Intercept	0.027 （0.27）	0.251 *** （3.39）	0.157 ** （2.26）	0.094 （1.62）
GOV_IN	- 0.015 ** （ - 2.17）	- 0.010 ** （ - 1.99）	- 0.013 *** （ - 2.68）	0.003 （0.67）
SIZE	0.004 （1.21）	- 0.005 ** （ - 1.98）	- 0.001 （ - 0.24）	- 0.005 ** （ - 2.24）
LEV	0.000 （0.27）	0.001 ** （2.56）	0.000 （1.64）	0.000 （1.30）
ROA	0.004 *** （4.60）	0.003 *** （4.43）	0.003 *** （5.74）	- 0.001 （ - 1.23）
CURRENT	0.005 ** （2.09）	0.003 （1.61）	0.004 ** （2.40）	- 0.001 （ - 0.82）
LOSS	0.019 （1.34）	0.040 *** （3.80）	0.030 *** （3.04）	0.010 （1.20）
BIG4	- 0.021 ** （ - 1.98）	- 0.003 （ - 0.33）	- 0.012 * （ - 1.69）	0.010 （1.61）

续表

变量	(1)	(2)	(3)	(4)
	DA_t	$ABDA_t$	$ABDA\_P_t$	$ABDA\_N_t$
TENU	-0.001 (-0.65)	-0.000 (-0.20)	-0.000 (-0.46)	0.000 (0.30)
AGE	0.001 (1.57)	0.002*** (2.93)	0.001*** (2.74)	0.000 (0.45)
TOBIN's Q	0.001 (0.28)	-0.000 (-0.12)	0.000 (0.10)	-0.000 (-0.27)
行业固定效应	√	√	√	√
年度固定效应	√	√	√	√
Observations	531	531	531	531
R-squared	0.184	0.246	0.256	0.120

注：（1）置信度：* $p<0.1$，** $p<0.05$，*** $p<0.01$；（2）系数下括号内为 t 检验值。

此外，被解释变量为 ABDA 时，GOV_IN 的系数在5%的水平上显著为负（ -0.010^{**} ）；被解释变量为 ABDA_P 时，GOV_IN 的系数在1%的水平上显著为负（ -0.013^{***} ）；被解释变量为 ABDA_N 时，GOV_IN 的系数不显著。这佐证了被审计单位的注册会计师审计质量显著更高，其主要表现是将操纵性应计盈余向下调整，而操纵性应计盈余为负的，并未显著向上调整。这主要是因为：审计质量的提高主要源自审计师的谨慎性提高，因此是向下调整，与预期一致。

综上，回归结果验证了假设 H4 - 1。

4.5.4.2 "顺风车"作用：被审企业审计延迟检验

本章用模型（4.3）对被审企业和非被审企业的审计延迟状况进行检验，检测在介入年份，被审企业的审计延迟是否会更短。回归结果如表4 - 8 所示，发现被解释变量为 DELAY 时，GOV_IN 的系数在1%的水平上显著为负（ -4.500^{***} ）。这一结果与预期相符合，与非被审企业相比，被审计企业的审计延迟都显著更短。回归结果验证了假设 H4 - 2，即当其他因素一致时，与非被审企业相比，无论在介入年份还是公告年份，被审企业的注册会计师审计延迟更短。这表明，针对被审企业，基于"知识溢出"效应的"顺风车"作用覆盖了注册会计师处理增量信息的投入。

表 4 - 8 审计延迟检验

变量	DELAY
Intercept	54.024 ** (2.18)
GOV_IN	-4.500 *** (-3.03)
SIZE	1.758 ** (2.19)
LEV	-0.023 (-0.38)
ROA	-0.441 ** (-2.39)
CURRENT	-0.042 (-0.08)
LOSS	-1.738 (-0.53)
BIG4	-9.663 *** (-4.15)
TENU	-0.175 (-0.62)
AGE	-0.101 (-0.62)
TOBIN's Q	0.225 (0.35)
行业固定效应	√
年度固定效应	√
Observations	526
R-squared	0.189

注：（1）置信度：$*p<0.1$，$**p<0.05$，$***p<0.01$；（2）系数下括号内为 t 检验值。

4.5.4.3 "威慑力"作用：类似企业审计质量检验

本章用模型（4.4）对类似企业和非类似企业的审计质量进行检验，检测在介入年份，类似企业的审计质量。如表 4-9 所示，发现被解释变量为 DA 时，$SIMI$ 的系数在 5% 的水平上显著为负（ -0.006^{***} ），与非类似企业相比，类似企业的注册会计师审计质量都显著更高，验证了主假设 H4-3。

表 4-9　　　　　　　　　　　类似企业审计质量检验

变量	(1)	(2)	(3)	(4)
	DA_t	$ABDA_t$	$ABDA\_P_t$	$ABDA\_N_t$
Intercept	-0.062^{***} (-2.93)	0.145^{***} (9.05)	0.044^{***} (2.93)	0.102^{***} (8.13)
SIMI	-0.006^{**} (-2.57)	-0.001 (-0.85)	-0.003^{**} (-2.24)	0.002 (1.56)
SIZE	0.005^{***} (5.11)	-0.005^{***} (-7.15)	-0.000 (-0.30)	-0.005^{***} (-8.81)
LEV	-0.000^{***} (-4.28)	0.000^{***} (12.25)	0.000^{***} (3.55)	0.000^{***} (11.51)
ROA	0.003^{***} (18.79)	0.001^{***} (10.32)	0.002^{***} (19.62)	-0.001^{***} (-9.98)
CURRENT	0.002^{***} (4.21)	0.000 (1.11)	0.001^{***} (3.69)	-0.001^{***} (-2.95)
LOSS	-0.020^{***} (-6.07)	0.029^{***} (11.99)	0.005^{**} (2.20)	0.024^{***} (12.77)
BIG4	-0.020^{***} (-6.38)	-0.004^{*} (-1.72)	-0.012^{***} (-5.66)	0.008^{***} (4.48)
TENU	-0.001^{***} (-4.38)	-0.001^{***} (-3.89)	-0.001^{***} (-5.22)	0.000 (1.18)
AGE	-0.000 (-0.43)	0.000 (1.08)	0.000 (0.36)	0.000 (0.95)

续表

变量	(1)	(2)	(3)	(4)
	DA_t	$ABDA_t$	$ABDA\_P_t$	$ABDA\_N_t$
TOBIN's Q	-0.002^{***} (-3.61)	0.002^{***} (4.90)	-0.000 (-0.31)	0.002^{***} (6.65)
行业固定效应	√	√	√	√
年度固定效应	√	√	√	√
Observations	10411	10411	10411	10411
R-squared	0.117	0.107	0.099	0.127

注：（1）置信度：＊$p<0.1$，＊＊$p<0.05$，＊＊＊$p<0.01$；（2）系数下括号内为 t 检验值。

此外，被解释变量为 ABDA 时，SIMI 的系数不显著；被解释变量为 ABDA_P 时，SIMI 的系数在 5% 的水平上显著为负（-0.003^{***}）；被解释变量为 ABDA_N 时，SIMI 的系数并不显著。针对类似企业，这佐证了类似企业的注册会计师审计质量显著提高，其主要表现是将操纵性应计盈余向下调整。

之所以对比同一事务所的不同客户，而不是对比不同事务所。主要因为各事务所之间本来会有质量差距，且无法匹配类似事务所。然而，类似企业和非类似企业的确存在较大差距。为解决类似企业与非类似企业的系统性差距，本章进一步针对类似企业，分别对 1646 个被审企业观测进行一对一最近邻匹配（PSM）。由于中央国有企业数量有限，本章同样采用了放回配对，即可以多家企业与同一家企业配对的方式。配对保证了 72.42% 个观测完成一一配对，其余观测出现了多对一的配对，最终共得到 2838 个样本。

根据 8 个指标进行配对后的结果如表 4-10 所示：（1）匹配前，除业务复杂度外，实验组和控制组的其他指标均显著不同，P 值均为 0。实验组的企业规模远大于控制组，流动比率远低于控制组，第一大股东持股比例远高于控制组，更多选择四大审计，资产收益率远低于控制组，企业成立年限远低于控制组，企业成长性远低于控制组。（2）匹配后，实验组和控制组，在 8 个指标下均没有显著差异，P 值均在 0.1 以上。匹配后的两组样本的基本特征层面均没有显著差异。

表 4 – 10 类似企业 PSM 配对样本 T 检验

变量	匹配前			匹配后		
	Treated	Control	p > t	Treated	Control	p > t
SIZE	22.792	22.040	0.000	22.792	22.727	0.205
ROA	4.961	6.120	0.000	4.961	5.157	0.367
CURRENT	1.741	2.527	0.000	1.741	1.736	0.940
ARINV	0.265	0.266	0.871	0.265	0.270	0.566
SHAHLD	40.398	34.322	0.000	40.398	41.245	0.123
BIG4	0.141	0.061	0.000	0.141	0.144	0.803
AGE	16.471	17.223	0.000	16.471	16.597	0.492
TOBIN's Q	1.702	2.411	0.000	1.702	1.771	0.251

本章用 PSM 后的样本，再次用模型（4.4）对类似企业和非类似企业的审计质量进行检验。如表 4 – 11 所示，发现被解释变量为 DA 时，$SIMI$ 的系数在 1% 的水平上显著为负（ -0.008^{***} ），与非类似企业相比，类似企业的注册会计师审计质量都显著更高，验证了主假设 H4 – 3。

表 4 – 11 类似企业 PSM 配对后审计质量检验

变量	(1)	(2)	(3)	(4)
	DA_t	$ABDA_t$	$ABDA\_P_t$	$ABDA\_N_t$
Intercept	-0.053 (-1.30)	0.165 *** (5.25)	0.053 * (1.89)	0.112 *** (4.49)
SIMI	-0.008 *** (-2.77)	-0.002 (-0.82)	-0.005 ** (-2.38)	0.003 * (1.66)
SIZE	0.004 ** (2.51)	-0.007 *** (-5.67)	-0.001 (-1.27)	-0.005 *** (-5.73)
LEV	-0.000 *** (-2.91)	0.000 *** (6.07)	0.000 (1.29)	0.000 *** (6.20)
ROA	0.003 *** (10.46)	0.001 *** (3.80)	0.002 *** (9.72)	-0.001 *** (-6.23)

续表

变量	(1) DA_t	(2) $ABDA_t$	(3) $ABDA\_P_t$	(4) $ABDA\_N_t$
CURRENT	0.003 ** (2.58)	0.001 * (1.82)	0.002 *** (2.95)	−0.001 (−1.04)
LOSS	−0.022 *** (−3.79)	0.022 *** (5.13)	0.000 (0.03)	0.022 *** (6.46)
BIG4	−0.019 *** (−3.99)	0.002 (0.65)	−0.009 *** (−2.67)	0.011 *** (3.86)
TENU	−0.001 (−0.90)	−0.000 (−1.10)	−0.000 (−1.25)	0.000 (0.02)
AGE	0.000 (0.36)	0.001 *** (3.36)	0.000 ** (2.26)	0.000 * (1.68)
TOBIN's Q	−0.001 (−1.00)	0.002 ** (2.05)	0.000 (0.39)	0.001 ** (2.14)
行业固定效应	√	√	√	√
年度固定效应	√	√	√	√
Observations	2838	2838	2838	2838
R-squared	0.157	0.137	0.137	0.152

注：(1) 置信度：* $p<0.1$，** $p<0.05$，*** $p<0.01$；(2) 系数下括号内为 t 检验值。

此外，被解释变量为 ABDA 时，SIMI 的系数不显著；被解释变量为 ABDA_P 时，SIMI 的系数在 5% 的水平上显著为负（−0.005 **）；被解释变量为 ABDA_N 时，SIMI 的系数在 10% 的水平上显著为正（0.003 *）。针对类似企业，佐证了类似企业的注册会计师审计质量显著提高，其主要表现是将操纵性应计盈余向下调整。与 PSM 前的样本相比，ABDA_N 显著为正，表明 DA 为负时，应计盈余同样向下调整。

综上，国家审计的确提高注册会计师的审计质量，且审计质量的提高是通过国家审计"顺风车"和"威慑力"共同作用耦合而成的。

4.6 稳健性检验

4.6.1 审计质量替代变量

文中使用了操纵性应计 DA 为审计质量的替代变量，在相关研究中，有学者用财务重述作为审计质量的替代变量。财务重述是由于注册会计师客观上在财务报表发布之前未查出重大错报（Eilifsen and Messier，2000），或主观上因某种原因未披露，提供了关于审计质量的更直接的证据。

模型（4.5）以财务重述作为被解释变量，当企业当年的报表发生过财务重述，*RESTATE* 为 1，否则为 0。其他变量的设置同模型 4.2。企业的财务重述可能在财务报表年份后的几年才公布，对于部分近期的样本，可能会发生财务重述但尚未公布。因此，该检验仅作为稳健性检验佐证上文的结论。

$$Pr(RESTATE = 1) = \alpha_0 + \alpha_1 GOV\_IN_t + \alpha_2 SIZE_t + \alpha_3 LEV_t + \alpha_4 ROA_t$$
$$+ \alpha_5 CURRENT_t + \alpha_6 LOSS_t + \alpha_7 BIG4_t + \alpha_8 TENU_t$$
$$+ \alpha_9 AGE_t + \alpha_{10} TOBIN's\ Q_t + \varepsilon \qquad (4.5)$$

表 4 – 12 对被审企业和非被审企业的审计质量进行检验，发现 *GOV_IN* 的系数在 5% 的水平上显著为负（ – 0.500**），表明被审企业在国家审计介入时发布的财务报表，更不可能发生财务重述，注册会计师审计质量更高。佐证了主假设 H4 – 1，本章结论稳健。

表 4 – 12   财务重述检验

变量	*RESTATE*
Intercept	2.392 (0.84)
GOV_IN	– 0.500 ** （ – 2.10）

续表

变量	RESTATE
SIZE	-0.084 (-0.78)
LEV	0.018 ** (2.21)
ROA	-0.090 *** (-2.85)
CURRENT	0.057 (1.35)
LOSS	-1.153 ** (-2.25)
BIG4	-0.578 (-1.42)
TENU	0.081 * (1.69)
AGE	-0.022 (-0.83)
TOBIN's Q	-0.015 (-0.52)
行业固定效应	√
年度固定效应	√
Observations	525
Ps R2	0.102

注：（1）置信度：* $p<0.1$，** $p<0.05$，*** $p<0.01$；（2）系数下括号内为 t 检验值。

4.6.2 PSM 匹配方式替换

针对被审企业，原文进行了 1∶1 最近邻匹配。由于中央国有企业样本有限，能与之配对的企业本身不多，原文采用了放回配对，最终仅 96.67% 的观测实现了一一配对。

为了保证每个样本至少有一个匹配的控制组样本，本章进一步将控制组放宽至所有国有企业，并进行 1∶2 匹配，即每一个实验组样本匹配两个控制组样本。因此，尽管是放回配对，也能尽量保证每个样本都能有一个独有的匹配样本。表 4 - 13 报告了重新匹配后的检验结果，GOV_IN 的系数在被解释变量为 DA、$ABDA$、$ABDA\_P$ 的回归中均显著为负，分别为 -0.017^{***}、-0.010^{**}、-0.014^{***}，表明国家审计介入被审企业时，其审计质量更高。与上文结论一致，结果稳健。

表 4 - 13   1∶2PSM 后审计质量检验

变量	(1)	(2)	(3)	(4)
	DA	$ABDA$	$ABDA\_P$	$ABDA\_N$
Intercept	0.033 (0.40)	0.196*** (3.10)	0.128** (2.16)	0.068 (1.43)
GOV_IN	-0.014** (-2.48)	-0.007* (-1.67)	-0.011*** (-2.69)	0.004 (1.15)
SIZE	0.003 (0.84)	-0.006*** (-2.64)	-0.002 (-0.89)	-0.004** (-2.41)
LEV	-0.000 (-0.74)	0.001*** (3.84)	0.000 (1.63)	0.000*** (3.06)
ROA	0.004*** (5.34)	0.003*** (5.56)	0.003*** (6.79)	-0.000 (-1.11)
CURRENT	0.004* (1.84)	0.004** (2.32)	0.004** (2.56)	-0.000 (-0.12)
LOSS	0.015 (1.29)	0.038*** (4.21)	0.027*** (3.19)	0.011 (1.60)
BIG4	-0.020** (-2.37)	-0.003 (-0.53)	-0.012** (-2.01)	0.009* (1.82)
TENU	-0.001 (-1.01)	-0.001 (-0.81)	-0.001 (-1.05)	0.000 (0.24)
AGE	0.001 (1.62)	0.001*** (2.99)	0.001*** (2.76)	0.000 (0.52)

续表

变量	(1)	(2)	(3)	(4)
	DA	*ABDA*	*ABDA_P*	*ABDA_N*
TOBIN's Q	0.000 (0.02)	0.000 (0.18)	0.000 (0.04)	0.000 (0.19)
行业固定效应	√	√	√	√
年度固定效应	√	√	√	√
Observations	780	780	780	780
R-squared	0.179	0.215	0.235	0.107

注：（1）置信度：＊p＜0.1，＊＊p＜0.05，＊＊＊p＜0.01；（2）系数下括号内为 t 检验值。

4.6.3 国家审计前后对比

基于 4.4.4 小节所述的两个原因，本章的主要检验不满足多期 DID 的使用要求，故并未采用多期 DID 的方法。然而，本章依然希望对比国家审计前后，实验组和对照组的变化，从而更加稳健地验证国家审计对注册会计师审计的影响作用。因此，本章在稳健性检验中，增加两个检验：第一，逐年对比实验组和对照组的审计质量，观测动态环境下，国家审计对实验组和对照组的不同影响；第二，以 PSM－DID 检验作为辅助说明。但由于该方法会导致部分样本在实验组和对照组划分中出现偏误，仅以结果可以作为辅助检验。

4.6.3.1 逐年对比

本章逐年对比实验组和对照组的审计质量，来挖掘国家审计对注册会计师审计的影响时间范围。该检验有两个作用：第一，弥补本章无法使用多期 DID 研究方法的缺陷，有效对比国家审计前后实验组和对照组的区别；第二，探究国家审计对注册会计师审计影响的时间范围。

（1）国家审计介入上一年。

类似地，本章用模型（4.2）对被审企业和非被审企业的审计质量进行检验，检测在介入年份的前一年，被审企业的注册会计师审计质量是否会更高。回归结果如表 4－14 所示，发现 *GOV_IN* 的系数均不显著。这表明国家审计介入之前，被审企业和非被审企业没有差异，凸显了主检验中国家审计介入的作用，佐证了主检验的有效性。

表 4 - 14　　　　　　　　　　国家审计介入上一年检验

变量	(1) DA_{t-1}	(2) $ABDA_{t-1}$	(3) $ABDA\_P_{t-1}$	(4) $ABDA\_N_{t-1}$
Intercept	0.082 (0.85)	0.147** (2.09)	0.121** (2.00)	0.026 (0.42)
GOV_IN	-0.002 (-0.37)	-0.004 (-0.76)	-0.003 (-0.70)	-0.001 (-0.18)
$SIZE_{t-1}$	-0.000 (-0.04)	-0.008*** (-3.14)	-0.004* (-1.92)	-0.004* (-1.69)
LEV_{t-1}	-0.001** (-2.18)	0.000 (1.56)	-0.000 (-0.78)	0.000** (2.54)
ROA_{t-1}	0.001* (1.75)	0.001*** (2.61)	0.001*** (2.90)	0.000 (0.14)
$CURRENT_{t-1}$	-0.002 (-0.94)	0.002 (0.95)	-0.000 (-0.03)	0.002 (1.11)
$LOSS_{t-1}$	-0.012 (-0.86)	0.034*** (3.43)	0.011 (1.28)	0.023*** (2.65)
$BIG4_{t-1}$	-0.018* (-1.82)	0.002 (0.31)	-0.008 (-1.28)	0.010 (1.61)
$TENU_{t-1}$	-0.001 (-0.77)	-0.000 (-0.12)	-0.001 (-0.87)	0.001 (0.71)
AGE_{t-1}	0.000 (0.29)	0.000 (0.83)	0.000 (0.59)	0.000 (0.37)
$TOBIN's\ Q_{t-1}$	-0.007** (-2.37)	0.001 (0.28)	-0.004** (-1.99)	0.004** (2.27)
行业固定效应	√	√	√	√
年度固定效应	√	√	√	√
Observations	515	515	515	515
R-squared	0.149	0.136	0.147	0.138

注：(1) 置信度：* p < 0.1，** p < 0.05，*** p < 0.01；(2) 系数下括号内为 t 检验值。

（2）国家审计介入后一年。

利用模型（4.2）对国家审计介入后一年（即公告年份）样本的审计质量进行检验。回归结果如表 4 - 15 所示，发现被解释变量为 DA 和 $ABDA\_P$ 时，GOV_IN 的系数均显著负相关，表明在公告年份，被审企业的审计质量依然显著高于非被审企业。这是因为：第一，介入年份审计质量提高的影响延续到第二年；第二，国家审计公告后，发布的问题会对注册会计师的声誉造成影响，因此，注册会计师会持续保持谨慎。

表 4 - 15 国家审计介入后一年检验

变量	(1) DA_{t+1}	(2) $ABDA_{t+1}$	(3) $ABDA\_P_{t+1}$	(4) $ABDA\_N_{t+1}$
Intercept	- 0.080 (- 0.88)	0.140 * (1.95)	0.028 (0.49)	0.112 * (1.78)
GOV_IN	- 0.013 ** (- 2.04)	- 0.012 ** (- 2.45)	- 0.013 *** (- 3.18)	0.000 (0.11)
$SIZE_{t+1}$	0.007 ** (2.01)	- 0.004 (- 1.37)	0.002 (0.80)	- 0.005 ** (- 2.29)
LEV_{t+1}	- 0.000 * (- 1.90)	0.000 * (1.68)	- 0.000 (- 0.45)	0.000 ** (2.33)
ROA_{t+1}	0.003 *** (3.74)	- 0.000 (- 0.53)	0.001 *** (2.85)	- 0.002 *** (- 3.21)
$CURRENT_{t+1}$	- 0.000 (- 0.21)	- 0.001 (- 0.42)	- 0.001 (- 0.55)	0.000 (0.02)
$LOSS_{t+1}$	- 0.021 (- 1.60)	0.030 *** (2.94)	0.005 (0.63)	0.025 *** (2.78)
$BIG4_{t+1}$	- 0.031 *** (- 3.24)	0.000 (0.01)	- 0.017 *** (- 2.75)	0.017 ** (2.53)
$TENU_{t+1}$	0.000 (0.04)	- 0.000 (- 0.54)	- 0.000 (- 0.38)	- 0.000 (- 0.28)
AGE_{t+1}	0.000 (0.67)	- 0.000 (- 0.91)	- 0.000 (- 0.03)	- 0.000 (- 1.02)

续表

变量	(1)	(2)	(3)	(4)
	DA_{t+1}	$ABDA_{t+1}$	$ABDA\_P_{t+1}$	$ABDA\_N_{t+1}$
$TOBIN's\ Q_{t+1}$	−0.003 (−1.03)	0.003 (1.28)	0.000 (0.08)	0.003 (1.39)
行业固定效应	√	√	√	√
年度固定效应	√	√	√	√
Observations	525	525	525	525
R-squared	0.217	0.190	0.202	0.202

注：(1) 置信度：* p < 0.1，** p < 0.05，*** p < 0.01；(2) 系数下括号内为 t 检验值。

(3) 国家审计介入后两年。

利用模型 (4.2) 对国家审计介入后两年样本的审计质量进行检验。回归结果如表 4 - 16 所示，发现被解释变量为 DA 时，GOV_IN 的系数均显著负相关；而被解释变量为 ABDA_N 时，GOV_IN 的系数均显著正相关。这表明在国家审计介入后两年，被审企业的审计质量依然显著高于非被审企业，且操纵性应计盈余的调整方向均为向下。这是由于介入年份和公告年份形成的"威慑力"影响延续。

表 4 - 16   国家审计介入后两年检验

变量	(1)	(2)	(3)	(4)
	DA_{t+2}	$ABDA_{t+2}$	$ABDA\_P_{t+2}$	$ABDA\_N_{t+2}$
Intercept	−0.034 (−0.34)	0.217 *** (3.00)	0.092 (1.61)	0.125 * (1.85)
GOV_IN	−0.015 ** (−2.19)	0.003 (0.54)	−0.006 (−1.57)	0.009 * (1.91)
$SIZE_{t+2}$	0.002 (0.63)	−0.010 *** (−3.59)	−0.004 * (−1.72)	−0.006 ** (−2.38)
LEV_{t+2}	−0.000 (−0.99)	0.000 ** (2.13)	0.000 (0.41)	0.000 * (1.93)

续表

变量	(1) DA_{t+2}	(2) $ABDA_{t+2}$	(3) $ABDA\_P_{t+2}$	(4) $ABDA\_N_{t+2}$
ROA_{t+2}	0.003 *** (4.27)	-0.000 (-0.63)	0.002 *** (3.60)	-0.002 *** (-3.73)
$CURRENT_{t+2}$	0.003 (0.89)	-0.000 (-0.05)	0.001 (0.73)	-0.001 (-0.67)
$LOSS_{t+2}$	-0.011 (-0.83)	0.021 ** (2.08)	0.005 (0.65)	0.016 * (1.68)
$BIG4_{t+2}$	-0.019 * (-1.86)	0.005 (0.62)	-0.007 (-1.20)	0.012 * (1.67)
$TENU_{t+2}$	-0.002 * (-1.67)	-0.001 (-1.33)	-0.002 ** (-2.44)	0.001 (0.65)
AGE_{t+2}	-0.000 (-0.56)	0.000 (0.92)	0.000 (0.08)	0.000 (0.92)
$TOBIN's\ Q_{t+2}$	-0.006 * (-1.80)	0.002 (0.85)	-0.002 (-1.10)	0.004 * (1.83)
行业固定效应	√	√	√	√
年度固定效应	√	√	√	√
Observations	425	425	425	425
R-squared	0.215	0.240	0.184	0.257

注：(1) 置信度：* p<0.1，** p<0.05，*** p<0.01；(2) 系数下括号内为 t 检验值。

(4) 国家审计介入后三年。

利用模型（4.2）对国家审计介入后三年样本的审计质量进行检验。回归结果如表 4 - 17 所示，发现 GOV_IN 的系数均不显著。这表明在国家审计介入后三年，被审企业的审计质量与非被审企业的审计质量已没有差别，表明国家审计介入造成的影响已经消失。

表 4 - 17 国家审计介入后三年检验

变量	(1) DA_{t+3}	(2) $ABDA_{t+3}$	(3) $ABDA\_P_{t+3}$	(4) $ABDA\_N_{t+3}$
Intercept	-0.044 (-0.45)	0.038 (0.52)	0.002 (0.03)	0.036 (0.56)
GOV_IN	-0.006 (-0.84)	0.007 (1.46)	0.001 (0.29)	0.006 (1.38)
$SIZE_{t+3}$	0.004 (0.91)	-0.004 (-1.36)	-0.000 (-0.12)	-0.004 (-1.43)
LEV_{t+3}	0.000 (0.38)	0.000 (1.27)	0.000 (1.03)	0.000 (0.47)
ROA_{t+3}	0.001 (0.98)	0.001 (1.25)	0.001 (1.52)	-0.000 (-0.02)
$CURRENT_{t+3}$	0.006 (1.64)	0.000 (0.19)	0.003 (1.54)	-0.003 (-1.23)
$LOSS_{t+3}$	-0.039 *** (-2.81)	0.009 (0.88)	-0.015 * (-1.83)	0.024 *** (2.71)
$BIG4_{t+3}$	-0.023 ** (-2.15)	-0.009 (-1.23)	-0.016 ** (-2.55)	0.007 (1.00)
$TENU_{t+3}$	-0.001 (-0.51)	-0.000 (-0.05)	-0.000 (-0.45)	0.000 (0.36)
AGE_{t+3}	-0.002 ** (-2.09)	0.001 ** (1.98)	-0.000 (-0.57)	0.001 *** (2.78)
TOBIN's Q_{t+3}	-0.002 (-0.62)	0.002 (0.78)	-0.000 (-0.28)	0.002 (1.14)
行业固定效应	√	√	√	√
年度固定效应	√	√	√	√
Observations	344	344	344	344
R-squared	0.310	0.298	0.331	0.283

注：(1) 置信度：* p < 0.1，** p < 0.05，*** p < 0.01；(2) 系数下括号内为 t 检验值。

综上，在国家审计介入之前，被审企业和非被审企业的注册会计师审计质量没有显著差异；在国家审计介入后两年内，注册会计师审计质量持续受到一定的影响；在国家审计介入后三年，该影响消失。

4.6.3.2 PSM-DID 检验

如4.4.4小节所述，本章使用多期 DID 会存在一定程度的偏误。因此，本章仅以此检验作为稳健性检验，佐证原文结果。沿用主检验中的 PSM 匹配结果，以每个企业国家审计介入年份为界限，构造虚拟变量 $POST$：国家审计介入后 $POST$ 为1，否则为0。表4-18为检验结果，可以发现，发现被解释变量为 DA 时，$GOV\_IN \times POST$ 的系数分别在5%的水平上显著为负（-0.008**）；被解释变量为 $ABDA\_P$ 时，$GOV\_IN \times POST$ 的系数分别在10%的水平上显著为负（-0.004*）。结果与上文一致，佐证了主假设 H4-1。

表4-18 　　　　　　　　　　　PSM-DID 检验

变量	(1)	(2)	(3)	(4)
	DA	$ABDA$	$ABDA\_P$	$ABDA\_N$
Intercept	-0.011 (-0.33)	0.092*** (3.79)	0.041** (1.97)	0.051** (2.50)
GOV_IN	-0.001 (-0.28)	-0.004** (-2.15)	-0.002 (-1.38)	-0.002 (-1.14)
GOV_IN×POST	-0.008** (-2.01)	-0.000 (-0.13)	-0.004* (-1.70)	0.004 (1.61)
SIZE	0.002** (2.05)	-0.003*** (-3.73)	-0.000 (-0.62)	-0.003*** (-3.82)
LEV	-0.000*** (-4.63)	0.001*** (10.51)	0.000** (2.54)	0.000*** (9.95)
ROA	0.003*** (13.53)	0.000** (2.27)	0.002*** (12.01)	-0.001*** (-9.71)
CURRENT	0.003*** (3.93)	0.003*** (4.96)	0.003*** (6.01)	-0.000 (-0.29)
LOSS	-0.018*** (-4.01)	0.022*** (6.58)	0.002 (0.85)	0.020*** (6.99)

变量	(1) DA	(2) ABDA	(3) ABDA_P	(4) ABDA_N
BIG4	− 0. 022 *** (− 5. 97)	− 0. 007 *** (− 2. 61)	− 0. 015 *** (− 6. 12)	0. 008 *** (3. 20)
TENU	− 0. 002 *** (− 3. 62)	− 0. 001 ** (− 2. 05)	− 0. 001 *** (− 4. 14)	0. 001 * (1. 83)
AGE	− 0. 000 (− 1. 07)	− 0. 000 (− 0. 81)	− 0. 000 (− 1. 38)	0. 000 (0. 46)
TOBIN's Q	− 0. 004 *** (− 4. 08)	0. 001 ** (2. 01)	− 0. 001 ** (− 2. 17)	0. 003 *** (4. 65)
行业固定效应	√	√	√	√
年度固定效应	√	√	√	√
Observations	4840	4840	4840	4840
R-squared	0. 150	0. 119	0. 123	0. 153

注：(1) 置信度： $*p<0.1$ ， $**p<0.05$ ， $***p<0.01$ ；(2) 系数下括号内为 t 检验值。

4.6.4　国家审计的非随机性

国家审计每年主要根据国家审计计划和资源配置，决定审计对象。虽然国家审计的决策并不是一个完全随机的事件，但决策所考虑的因素，多与注册会计师无关。因此，对本章研究来说，不存在强烈的内生关系。

但为了使文章更具说服力，本章试图找到国家审计非随机性，对注册会计师审计质量的影响因素，并进行检验，以此来排除国家审计非随机性带来的内生性问题。本章主要考虑如下两个可能的影响因素：

第一，某些年份国家审计的企业更多，可能导致监管效应更强，对注册会计师行为的约束力更强。为排除年份的影响，本章已经控制了年度固定效应。此外，本章构造国家审计密度的变量 GOV_NUM，观测该变量是否会对注册会计师审计质量造成影响。

第二，企业被抽中原因的非随机性。通常，国家审计会按照行业轮流抽查审计国有企业，然而，不同企业被抽中的频率不完全相同。这可能是因为国家相关政策关注到该行业或该企业存在异常情况，这种情况也加剧了国家审计的非随机性，可能会影响到注册会计师审计质量。因此，本章增加构造了国家审计间隔时间的变量 GAP，度量某一企业被国家审计抽中的年份间隔，以此观测年份的间隔长短，是否会对注册会计师审计质量造成影响。

综合上述考虑，表 4 - 19 检验了国家审计密度（GOV_NUM）和国家审计时间间隔（GAP）对注册会计师审计质量的影响。结果发现，上述两个变量并不会影响注册会计师审计质量，表明国家审计的这两种非随机可能性，并不会对本章研究内容构成内生性影响。

表 4 - 19　　　　　　　　　国家审计密度和间隔影响检验

变量	(1)	(2)	(3)	(4)	(5)	(6)	(7)	(8)
	DA	DA	ABDA	ABDA	ABDA_P	ABDA_P	ABDA_N	ABDA_N
Intercept	0.075 (0.96)	- 0.170 (- 1.36)	0.073 (1.21)	0.084 (0.84)	0.074 (1.42)	- 0.051 (- 0.62)	- 0.001 (- 0.01)	0.135 (1.63)
GOV_NUM	0.001 (0.81)	- 0.000 (- 0.15)	0.000 (0.25)	- 0.000 (- 0.50)	0.000 (0.80)	- 0.000 (- 0.39)	- 0.000 (- 0.53)	- 0.000 (- 0.22)
GAP	- 0.003 (- 1.39)	- 0.001 (- 0.71)	- 0.000 (- 0.19)	- 0.000 (- 0.15)	- 0.002 (- 1.20)	- 0.001 (- 0.66)	0.001 (1.01)	0.001 (0.48)
SIZE		0.011 ** (2.33)		- 0.003 (- 0.84)		0.004 (1.35)		- 0.007 ** (- 2.36)
LEV		- 0.000 (- 0.69)		0.000 (0.84)		0.000 (0.04)		0.000 (0.97)
ROA		0.004 *** (3.23)		0.002 ** (2.36)		0.003 *** (3.91)		- 0.001 (- 1.05)
CURRENT		0.006 * (1.95)		0.000 (0.18)		0.003 (1.61)		- 0.003 (- 1.39)
LOSS		- 0.013 (- 0.73)		0.033 ** (2.40)		0.010 (0.89)		0.023 ** (2.01)
BIG4		- 0.036 ** (- 2.52)		- 0.009 (- 0.82)		- 0.023 ** (- 2.48)		0.014 (1.48)

续表

变量	(1)	(2)	(3)	(4)	(5)	(6)	(7)	(8)
	DA	DA	ABDA	ABDA	ABDA_P	ABDA_P	ABDA_N	ABDA_N
TENU		−0.001 (−0.66)		0.000 (0.25)		−0.000 (−0.36)		0.001 (0.66)
AGE		0.002 * (1.79)		0.002 *** (2.76)		0.002 *** (3.06)		0.000 (0.28)
TOBIN's Q		−0.001 (−0.32)		−0.000 (−0.03)		−0.001 (−0.23)		0.001 (0.20)
行业固定效应	√	√	√	√	√	√	√	√
年度固定效应	√	√	√	√	√	√	√	√
Observations	270	270	270	270	270	270	270	270
R-squared	0.232	0.358	0.213	0.292	0.225	0.355	0.218	0.298

注：(1) 置信度：* $p < 0.1$，** $p < 0.05$，*** $p < 0.01$；(2) 系数下括号内为 t 检验值。

4.7 进一步研究

在"顺风车"影响的研究中，本章认为顺风车来自两个方面：一方面，国家审计介入后，揭示出被审计单位的问题，使注册会计师直接利用了结果披露；另一方面，国家审计介入后，要求被审计单位进行整改，使注册会计师直接利用了企业的整改结果。本章拟在进一步研究中探究，"顺风车"到底来自问题的揭示，还是结果的整改。

国家审计结果公告中揭示的问题，多针对中央国有企业主体及其重要组成部分为主。因此，可以认为相对于较次要的组成部分，被审单位主体及其重要组成部分会被披露更多问题，注册会计师可利用的审计结果也更多。由于国家审计结果公告并未完全公开揭示问题所对应的企业，本章拟以被审单位控股超过 50%（MAIN_CRP）的样本作为被审单位主体及重要组成部分，认为这部分企业被国家审计直接揭示的问题更多。若这部分企业的审计延迟影响更为明显，则表明"顺风车"主要依赖于国家审计问题的揭示。表

4 - 20 中可以发现 $GOV\_IN \times MAIN\_CRP$ 的系数并不显著，表明这部分企业的审计延迟并没有显著区别，因此，依然认为"顺风车"作用依赖于国家审计问题的揭示和企业整改两个方面。

表 4 - 20 　　　　　　　　　　"顺风车"影响的进一步研究

变量	DELAY
Intercept	55.252 ** (2.21)
GOV_IN	- 10.001 ** (- 2.14)
MAIN_CRP	- 0.105 (- 1.50)
GOV_IN × MAIN_CRP	0.129 (1.30)
SIZE	1.910 ** (2.31)
LEV	- 0.021 (- 0.35)
ROA	- 0.438 ** (- 2.37)
CURRENT	- 0.002 (- 0.00)
LOSS	- 2.066 (- 0.63)
BIG4	- 9.800 *** (- 4.20)
TENU	- 0.178 (- 0.62)
AGE	- 0.130 (- 0.78)

续表

变量	DELAY
TOBIN's Q	0.290 (0.45)
行业固定效应	√
年度固定效应	√
Observations	525
R-squared	0.192

注：（1）置信度：＊$p<0.1$，＊＊$p<0.05$，＊＊＊$p<0.01$；（2）系数下括号内为 t 检验值。

4.8 本章小结

研究发现国家审计的确会提高注册会计师的审计质量，这种审计质量的提高是通过"顺风车"和"威慑力"作用来实现的。一方面，注册会计师年报审计中分享国家审计介入以及企业整改成果，利用国家审计的"知识溢出"提高年报审计质量，这凸显国家审计的"顺风车"作用，这一作用通过注册会计师审计客户年报的审计延迟缩短得以佐证；另一方面，基于国家审计的"威慑力"，注册会计师忌惮年报审计报告与未来国家审计结果存在差异引起的一系列风险，会在国家审计后基于"传染效应"谨慎地对待所有可能被国家审计抽中的客户，提高审计质量，"威慑力"作用通过目标事务所类似企业的审计质量提升得以佐证。

研究结论有两方面的意义：第一，明确国家审计如何影响注册会计师审计质量，即利用"顺风车"和"威慑力"的作用，以此协调运用国家审计和注册会计师审计，有利于构建高效统一的国有企业外部监督平台；第二，正视国家审计对注册会计师审计质量的作用，将其作为影响注册会计师审计质量的一股重要外部力量，在理论和实务中，更好地探索如何利用国家审计来促进注册会计师年报审计质量的提升，以此优化资本市场信息环境，促进资本市场健康发展。

根据已有文献推导，本章利用"审计延迟"来度量"顺风车"的作用，但这一度量可能存在争议。然而，鉴于数据可得性，我们能够获取的关于审计师投入的数据仅有审计延迟和审计费用，但审计费用与双方议价能力等其他因素密切相关，无法单纯度量本章提出的"顺风车"作用。因此，本章使用审计延迟来观察审计师是否搭了"顺风车"，我们期望未来能提出更加理想的度量方式，对文章进行进一步佐证。

第 5 章

国家审计对注册会计师审计的影响：
经济后果

5.1 研究问题

在对国家审计与注册会计师审计关系研究中，已有文献集中关注了国家审计与注册会计师审计的协作关系（许汉友，2004；鲍圣婴，2016），以及国家审计对注册会计师的影响（朱晓文和王兵，2016；李青原和马彬彬，2017；李晓慧和蒋亚含，2018）。无论是国家审计还是注册会计师审计，其根本目的均为监督经济发展。本章拟在二者关系的研究中，更进一步，考察国家审计对注册会计师审计影响产生的经济后果。

第4章的研究表明，国家审计会提高注册会计师的审计质量。在国家治理体系现代化要求各监督工具协调作用的大背景下，研究两种审计如何相互影响固然重要，但影响之后所能产生的经济后果同样值得关注。国有企业是国家审计和注册会计师审计的共同审计对象。虽然国家审计和注册会计师审计的具体目标和内容有所不同，但均需要对国有企业财务报表对公允性进行审计，并延伸对企业运营合规性及国有企业的廉洁等问题进行监督。基于二者审计监督的内容，本章主要检验的经济后果包括企业的合规性和廉洁程度。

国家审计通过"顺风车"和"威慑力"影响注册会计师审计，本章延续此思路，分别从两个途径分析影响的经济后果，即企业的合规性和廉洁程度。"顺风车"的影响主要指注册会计师利用国家审计揭示的问题及要求整改的成果，直接对企业的合规性和廉洁程度进行了规范。"威慑力"的影响主要指审计署作为监管机构，利用其公信力及权力对注册会计师审计形成了警示作用，使注册会计师提高了审计监督过程的谨慎性，间接提高国有企业行为规范和廉洁程度。

本章的主要贡献在于：

第一，首次考虑国家审计对注册会计师审计影响所造成的经济后果，补充了相关的理论。已有研究分别探讨了国家审计和注册会计师审计对于国有企业的监管效果，也探讨了国家审计与注册会计师审的关系即国家审计如何影响注册会计师审计，而尚未有文献关注二者关系所产生的经济后果。然而，无论是国家审计还是注册会计师审计，其根本是经济监督，因此监督的经济后果才是审计工具协同发挥作用的有效评价方式。

第二，本章关注了不同监督工具相互作用所造成的经济后果，为监管机构搭建综合监管平台提供了经验证据及发展方向。在审计监督全覆盖的背景下，各监管形式的协作成为互相补充资源、充实力量必不可少的方式。然而，综合监管、相互补充力量的前提是了解各工具之间的关系，及相互作用所能产生的经济后果。本章内容能为综合使用国际审计和注册会计师审计，提供进一步的启示。

5.2 理论分析和研究假设

5.2.1 国家审计对注册会计师审计的影响分析

根据第 4 章对审计结果公告的分析，国家审计对国有企业的审计监督除财务经营状况外，还对企业的合规情况和廉洁程度进行了监督。国家审计对注册会计师审计的影响，除了体现在直接的审计对象即财务报表外，也会延伸对企业的合规性和廉洁程度产生影响。合规性和廉洁程度，并非注册会计师审计的主要监督对象和目的，只是一种外部监督形式。国家审计对注册会计师审计质量的提高通过"顺风车"和"威慑力"两个途径。因此，本章讨论国家审计对注册会计师审计影响的经济后果时，也从这两个途径进行分析

（如图 5 - 1 所示）。

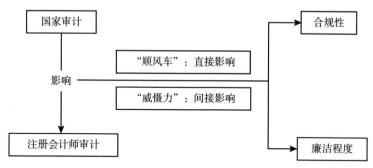

图 5 - 1   第 5 章逻辑思路

  "顺风车"途径的影响越大，注册会计师利用国家审计结果程度越高，将直接作用于企业的规范程度和廉洁程度。这可能是国家审计和注册会计师审计双方的原因。一方面，"顺风车"影响越大，国家审计对企业的直接规范程度越高，使注册会计师可利用的风险提示和整改结果更为丰富。这也必然会直接提高国有企业的合规性和廉洁程度。另一方面，"顺风车"影响越大，注册会计师能较好地利用国家审计结果，作用于注册会计师审计监督活动，提高监督的效率和准确性。其结果同样也导致了国有企业行为的规范和廉洁程度的提高。

  "威慑力"途径的影响越大，国家审计对注册会计师审计的警示作用越强，将间接作用于企业的合规性和廉洁程度。基于国家审计的公信力，当国家审计公布问题而注册会计师审计发布标准无保留意见时，资本市场相关利益方也会以审计署公告结果为参考，质疑注册会计师的审计结果。国家审计对注册会计师审计"威慑力"越大，注册会计师越谨慎，对国有企业的监督也会更加谨慎，从而间接提高国有企业行为的合规性和廉洁程度。

5.2.2　研究假设提出

5.2.2.1　企业合规性

  从"顺风车"的直接作用来看，国家审计对注册会计师审计的影响程度越高，表明注册会计师可利用国家审计的成果越多，而国家审计成果将对企业合规性起到直接的规范作用。一方面，国家审计直接揭示了更多的针对性问题，企业的不合规行为将会在国家审计监督下要求整改；另一方面，注册会计师在利用国家审计信息的过程中，获取了更多信息，有利于注册会计师实施更有效的监督，使企业的违规行为得到有效遏制。

从"威慑力"的间接作用来看，国家审计对注册会计师审计的影响程度越高，表明注册会计师受到的警示作用越强，会对企业违规行为实施更为严谨的监督。企业的违规行为受企业内部监督影响有限，但受外部监督影响显著。已有研究发现，在我国市场上，独立董事（郑春美和李文耀，2011）和上市公司审计委员会（谢永珍，2006）均对企业违规行为的影响有限，而外部监督如媒体（周开国等，2016）、注册会计师审计（魏志华等，2017）等对企业违规行为具有显著影响。由此可以发现，在其他条件一定的基础上，对企业违规行为的监督效果受监督人独立性的影响。注册会计师受到的"威慑力"影响越大，其独立程度也会提高，企业的违规行为也会相应降低。

据此，本章提出假设 H5 – 1：

H5 – 1：其他因素不变时，国家审计对注册会计师审计影响程度越高，被审企业越不可能发生违规行为。

5. 2. 2. 2　企业廉洁程度

企业的廉洁程度可以从多方面体现，而国家审计和注册会计师审计都以财务报表审计为主，主要揭露的问题为违规在职消费。

从"顺风车"的直接作用来看，注册会计师能利用的国家审计结果越多，相应地表明国家审计对企业在职消费揭示并要求整改的问题也越彻底，对企业廉洁问题的监督也更为有效。一方面，"顺风车"作用越大时，国家审计直接揭示并要求整改更多被审企业的廉洁问题，注册会计师相应地关注到更多的关于在职消费的财务问题。另一方面，"顺风车"作用越大时，注册会计师能发掘更多隐藏信息，更有效率地监督企业在职消费方面的问题。国家审计之所以能为注册会计师审计提供额外的信息，使注册会计师搭"顺风车"，是因为国家审计有更多的权限及行政权力，可以要求被审企业及利益相关者更高程度的配合。而注册会计师受限于审计权限，往往无法深入被审计单位，难以发现被审企业的隐藏信息。"顺风车"作用越大，即注册会计师利用了更多国家审计的审计成果，发掘了更多的信息，对企业廉洁程度的监督更为有效。

从"威慑力"的间接作用来看，注册会计师受到国家审计的警示作用越强，会更谨慎地执业，促使被审企业提高对企业廉洁程度的监督。国家审计作为监管机构，会通过两种方式对注册会计师形成威慑力：一种是通过移交重要违规违法案件到相关部门，审计署对注册会计师虽不直接进行惩处，但可以移交案件至证监会、财政部及相关司法机关。"威慑力"作用越强，注册会计师更加忌惮国家审计查处而其未披露的廉洁问题，从而会更为谨慎地对相关问题进行监督。另一种是通过声誉机制，国家审计结果公告中揭露出被审企业的重大廉洁问题（如在职消费等），而注册会计师却未能在财务报表的审计中发现明显问题，而出具了标准无保留意见，这会造成资本市场对注册会计师专业胜任能力和独立性的质疑。无论通过哪种方式，其"威慑力"都会促使注册会计师更加谨慎执业，导致被审企业的廉洁程度更高。

据此，本章以国家审计后在职消费的变化作为廉洁程度的替代变量。国家审计对注册会计师审计影响程度越高，被审企业的廉洁程度越高，即国家审计后，国家审计对注册会计师审计影响程度越高，在职消费增加越少（降低越多）。提出假设 H5 – 2：

H5 – 2：其他因素不变时，国家审计对注册会计师审计影响程度越高，在职消费增加越少（降低越多）。

5.3 研 究 设 计

5.3.1 数据选取和数据来源

本章的样本为 2010 ~ 2018 年审计署公告涉及的被审企业，对应的介入年份为 2009 ~ 2017 年[①]。样本选取方法同第 4 章。第一步，根据审计署 2010 ~

———————

① 公告年份和介入年份的界定详见 4.2 部分。

2018 年审计结果公告，9 年被审央企共 161 家，其中 52 家重复审计。第二步，结合 Csmar 和 Wind 数据库中信息，查找实际控制人和直接控制人为被审国有企业的 A 股上市企业，共得到 294 家企业。第三步，剔除 17 个金融类企业及数据缺失观测，共剩余 268 个观测。第四步，为了消除极端值对研究结果的影响，我们对所有连续变量进行了上下 1% 的 winsorize 处理。需要说明的是，在企业合规性的检验中，由于使用 probit 检验，损失了部分自由度，介入年份共剩余 226 个观测；在廉洁程度的检验中，由于在职消费数据披露不完整，在最大程度保留观测的原则下，介入年份共剩余 207 个观测。被审企业的数据通过手工搜集比对获取。其余数据来源于 Csmar、Wind 以及迪博数据库。具体细节处理办法同第 4 章。

5.3.2 模型与变量说明

5.3.2.1 企业违规行为（*Violation*）

企业违规度量包括各种类别的违规行为，企业在某一年（t 年）发生任意一种违规行为，*Violation* 取 1，反之为 0。本章整合了 Csmar 和迪博数据库关于企业违规行为的度量。对于两个数据库统计不一致的地方，本章抽取了部分，查阅违规公告源以核实数据准确性。数据公告来源包括证监会、地方证监局、交易所、财政部以及上市公司自行公告。违规类型以财务违规、股票操纵违规为主。

5.3.2.2 在职消费（*PERC*）

廉洁程度采用在职消费来度量。参考陈冬华等（2005）的度量方法，将如下八类费用项目加总得到在职消费：办公费、差旅费、业务招待费、通信费、培训费、董事会费、小车费和会议费。

为了突出国家审计的影响作用，文章主要使用在职消费的变化（Δ*PERC*）。Δ*PERC* 的计算方法为（当期在职消费 – 上一期在职消费）/上一期在职消费，表示当期增长的在职消费。根据理论推导，预测在国家审计对注册会计师审计影响越大，当期在职消费增加越少（或降低越多）。

5.3.2.3　国家审计对注册会计师审计的影响程度（*Influence*）

为了度量国家审计对注册会计师审计的影响，本章构造了外生变量 *Influence*。国家审计对注册会计师审计的影响，本章考虑了内生和外生两个方向的度量方法，最终采用相对客观的外生度量方法。内生度量是指国家审计后，注册会计师审计质量和费用的变化程度，可以通过变化程度的数值或回归模型的系数来表示。外生度量是指国家审计对注册会计师审计客观上的影响程度，采用当年该 CPA 事务所接受国家审计的客户数量，来度量当年 CPA 受到国家审计影响的程度。外生的度量方法不依赖于模型和变量的设置，而更类似于外部客观冲击。因此，本章选用该方法构成影响程度的主要度量，同时在稳健性检验中，使用内生的度量方法进行佐证。

国家审计对注册会计师审计的影响程度（*Influence*）的度量方法如下：第一步，确定每一年（*t*）接受国家审计各企业的会计师事务所；第二步，确定这些事务所的客户中，当年接受国家审计的客户数量；第三步，将客户数量作为影响程度 *Influence*1；第四步，为了规避每一年整体被审数量差异对 *Influence*1 的影响，将每年的 *Influence*1 按大小分为 3 组，形成分组变量 *Influence*2（1，2，3），*Influence*2 越高，影响程度越高。

5.3.2.4　控制变量

为了控制企业其他因素对企业违规行为的影响，本章还控制了财务信息、公司治理结构、审计等方面的因素，并控制了年度和行业的固定效应。具体控制变量包括企业规模（*SIZE*）、资产负债率（*LEV*）、第一大股东持股比例（*SHAHLD*）、现金流（*CF*）、企业是否亏损（*LOSS*）、企业是否"四大"承担审计（*BIG4*）、企业是否被出具非标审计意见（*MAO*）、审计师的任期（*TENU*）、企业董事会规模（*BOARD*）、企业成长性（*TOBIN's Q*）。针对廉洁程度，模型增加了资产报酬率（*ROA*）、相对薪酬（*SALARY*）和独立董事与上市公司工作地点一致性（*SLOCA*）[①]。具体度量方法见表 5 - 1。

---

① 根据 CSMAR 数据库解释，每家公司一般聘请多位独立董事，则请按照会计专业的独立董事工作所在地为准，判断同城/异地。如果一家公司中有两个会计专业的独立董事，则只要有一人与上市公司注册地不同就算异地。

表 5-1 第 5 章变量说明

变量	变量说明
Violation	企业是否违规，是为 1，反之为 0
ΔPERC	在职消费变化。(当期在职消费 - 上一期在职消费)/上一期在职消费。在职消费为办公费、差旅费、业务招待费、通信费、培训费、董事会费、小车费和会议费八项加总
*Influence*1	国家审计对注册会计师审计的影响程度。各会计师事务所当年被审客户数量总额
*Influence*2	国家审计对注册会计师审计的影响程度。各会计师事务所当年被审客户数量总额分组。3 为最高，1 为最低
SIZE	总资产的自然对数
LEV	资产负债率，总负债/总资产
SHAHLD	截止到资产负债表日，第一大股东持股比例
CF	经营活动产生的现金流量/年末总资产
LOSS	是否亏损，亏损为 1，反之为 0
BIG4	是否为四大审计，是为 1，反之为 0
MAO	是否被出具非标审计意见，是为 1，否则为 0
TENU	审计任期，即事务所为该企业的服务年限
BOARD	董事会规模，董事会当年总人数
TOBIN's Q	企业成长性。$TOBIN'S\ Q$ =（年末流通股市值 + 非流通股市值 + 负债总额）/总资产
ROA	资产报酬率。资产报酬率 = 税后净利润/总资产
SALARY	相对薪酬。董监高前三名薪酬/董监高薪酬总额
SLOCA	独立董事与上市公司工作地点一致性。地点一致为 1，地点不一致为 0

5.3.2.5 检验模型

为了检验受到不同影响的企业，发生违规行为的概率（假设 H5-1），本章利用 Probit 模型，构建了模型（5.1）。预期 *Influence* 的符号为负，国家审计对注册会计师审计的影响越大，这类企业越不可能发生违规行为。

$$
\begin{aligned}
Pr(Violation_{t=1}) = {} & \alpha_0 + \alpha_1 Influence_t + \alpha_2 SIZE_t + \alpha_3 LEV_t + \alpha_4 SHAHLD_t \\
& + \alpha_5 CF_t + \alpha_6 LOSS_t + \alpha_7 BIG4_t + \alpha_8 MAO_{t-1} + \alpha_9 TENU_t \\
& + \alpha_{10} BOARD_t + \alpha_{11} TOBIN's\ Q_t + \varepsilon
\end{aligned} \tag{5.1}
$$

为了检验假设 H5 - 2，本章参照已有文献，构建了模型（5.2）。预期 *Influence*（*Influence*1 和 *Influence*2）的符号为负，国家审计对注册会计师审计的影响越大，企业在职消费增加越少（降低越多）。

$$\Delta PERC_t = \alpha_0 + \alpha_1 Influence_t + \alpha_2 SIZE_t + \alpha_3 LEV_t + \alpha_4 ROA_t + \alpha_5 LOSS_t$$
$$+ \alpha_6 SHAHLD_t + \alpha_7 SALARY_t + \alpha_8 SLOCA_t + \alpha_9 TOBIN's\ Q_t + \varepsilon$$

$$(5.2)$$

5.4 实证检验结果

5.4.1 描述性统计

表 5 - 2 是本章主要变量的描述性统计。样本数 268 个，主要解释变量和控制变量的平均值和标准差如下。如前所述，在职消费数据披露有限，仅获取 207 个观测。但为了最大程度保留样本量，在检验假设 H5 - 1 时，保留 268 个观测，仅在检验假设 H5 - 2 时，使用 207 个观测。虚拟变量统计了为 0 和 1 的样本比例。被解释变量违规行为（*Violation*）显示 13.43% 的样本有违规行为。值得说明的是，$\Delta PERC$ 的平均值为正，表明在职消费平均意义上呈增加趋势，仅时间序列上数额绝对值的增加，未控制其他因素，因此，并不表示国家审计的影响作用。此外，本章着重探讨的是，在国家审计对注册会计师审计影响程度越深的情况下，对在职消费增加的数额可能有所扼制。

表 5 - 2　　　　　　　　　　　描述性统计

变量（Obs = 268）	MEAN	SD	DUMMY = 0	DUMMY = 1
VIOLATION			86.57%	13.43%
$\Delta PERC$（Obs = 207）	0.163	1.360		
*Influence*1	4.414	3.304		
*Influence*2	2.616	0.524		

续表

变量（Obs = 268）	MEAN	SD	DUMMY = 0	DUMMY = 1
SIZE	23.110	1.614		
LEV	54.001	20.668		
SHAHLD	42.318	15.510		
CF	0.046	0.072		
LOSS			89.55%	10.45%
BIG4			79.10%	20.90%
MAO			97.39%	2.61%
TENU	4.459	2.644		
BOARD	9.459	1.932		
TOBIN's Q	1.643	1.732		
ROA	4.864	5.328		
SALARY	0.427	0.130		
SLOCA			47.76%	52.24%

5.4.2 主要检验结果

5.4.2.1 企业是否违规

表 5 - 3 是对模型（5.1）的回归结果。第（1）列和第（2）列为介入年份样本的回归，第（3）列和第（4）列的样本是公告年份（即介入之后一年）的回归，本章延续观测这部分样本在两年的情况。介入年份的样本检验中，*Influence*1 的系数在 10% 的水平上显著为负（- 0.075*），*Influence*2 的系数在 5% 的水平上显著为负（- 0.441**）。而在公告年份的样本检验中，*Influence*1 和 *Influence*2 的系数均不显著。表明国家审计对注册会计师审计影响程度越高的被审企业，更不可能在介入年份出现违规行为，验证了假设 H5 - 1。然而，这种对违规行为的抑制作用仅局限在国家审计介入当年，并没有延续到公共年份。

表 5 - 3 企业违规行为检验

变量	介入年份		公告年份	
	$Violation_t$	$Violation_t$	$Violation_{t+1}$	$Violation_{t+1}$
Intercept	5. 419 * (1. 76)	7. 125 ** (2. 18)	7. 094 * (1. 91)	7. 389 * (1. 96)
Influence1	-0. 075 * (-1. 79)		-0. 026 (-0. 61)	
Influence2		-0. 441 ** (-2. 16)		-0. 145 (-0. 65)
SIZE	-0. 219 (-1. 56)	-0. 235 (-1. 64)	-0. 230 (-1. 48)	-0. 224 (-1. 45)
LEV	0. 009 (1. 05)	0. 008 (0. 98)	-0. 008 (-0. 92)	-0. 008 (-0. 93)
SHAHLD	-0. 020 * (-1. 94)	-0. 019 * (-1. 86)	-0. 017 * (-1. 76)	-0. 017 * (-1. 75)
CF	1. 106 (0. 50)	0. 788 (0. 35)	5. 197 ** (2. 24)	5. 092 ** (2. 21)
LOSS	-0. 395 (-0. 90)	-0. 378 (-0. 80)	1. 064 ** (2. 46)	1. 042 ** (2. 39)
BIG4	-0. 335 (-0. 71)	-0. 254 (-0. 53)	-0. 600 (-1. 09)	-0. 571 (-1. 04)
MAO	0. 047 (0. 07)	0. 085 (0. 12)	-1. 084 * (-1. 96)	-1. 016 * (-1. 85)
TENU	0. 040 (0. 80)	0. 037 (0. 75)	-0. 025 (-0. 46)	-0. 027 (-0. 50)
BOARD	-0. 093 (-1. 25)	-0. 093 (-1. 22)	-0. 188 ** (-2. 44)	-0. 186 ** (-2. 42)
TOBIN's Q	-0. 121 (-1. 04)	-0. 133 (-1. 09)	-0. 280 ** (-2. 27)	-0. 277 ** (-2. 29)
行业固定效应	√	√	√	√
年度固定效应	√	√	√	√
Observations	226	226	204	204
Ps R2	0. 247	0. 252	0. 213	0. 213

注：（1）置信度：* p < 0.1，** p < 0.05，*** p < 0.01；（2）系数下括号内为 t 检验值。

　　部分控制变量并不显著，这是因为样本均为中央国有企业，部分公司治理指标并无太多差异，因此可能并不影响企业是否违规。但我们通过测试发现，加入这部分指标可以增加模型的拟合系数，因此，保留了不显著的控制变量。

　　延续第 4 章的思路，我们进一步检验国家审计对注册会计师审计影响的传染效应。表 5 – 4 针对被审计企业的事务所审计的类似企业①，在介入年份和公告年份分别用模型 5 – 1 进行回归，用来观测国家审计对注册会计师审计影响的经济后果是否会传染至类似企业。第（1）列和第（2）列为介入年份，第（3）列和第（4）列为公告年份。发现无论是介入年份还是公共年份，Influence1 和 Influence2 的系数均不显著。国家审计对注册会计师审计影响程度越高，类似企业的违规行为并不会随之发生变化。检验表明国家审计对注册会计师审计的影响，对企业的违规行为并不具备传染效应，经济后果仅局限于被审企业本身。

表 5 – 4 　　　　　　　　　　　　类似企业违规行为检验

变量	介入年份		公告年份	
	$Violation_t$	$Violation_t$	$Violation_{t+1}$	$Violation_{t+1}$
Intercept	2.292 ** (2.20)	2.560 ** (2.42)	1.289 (1.24)	1.796 * (1.69)
Influence1	0.000 (0.02)		− 0.026 * (− 1.86)	
Influence2		− 0.103 (− 1.55)		− 0.205 *** (− 2.99)
SIZE	− 0.098 ** (− 2.31)	− 0.096 ** (− 2.25)	− 0.076 * (− 1.77)	− 0.073 * (− 1.72)
LEV	0.002 (1.04)	0.002 (0.99)	0.003 (1.22)	0.003 (1.19)

①　类似企业的定义同第 4 章，为被审企业的事务所（目标事务所）的类似客户，主要指中央国有企业及其控股企业。

续表

变量	介入年份		公告年份	
	$Violation_t$	$Violation_t$	$Violation_{t+1}$	$Violation_{t+1}$
CF	0.003 (1.05)	0.003 (1.05)	−0.001 (−0.18)	−0.001 (−0.25)
SHAHLD	−0.294 (−0.53)	−0.287 (−0.52)	0.347 (0.62)	0.344 (0.61)
LOSS	−0.118 (−0.95)	−0.124 (−1.00)	0.112 (0.93)	0.103 (0.85)
BIG4	−0.182 (−1.36)	−0.218 (−1.63)	−0.320 ** (−2.33)	−0.343 ** (−2.48)
MAO	0.434 ** (2.24)	0.448 ** (2.32)	0.314 (1.60)	0.338 * (1.72)
TENU	0.014 (0.92)	0.015 (1.02)	0.005 (0.33)	0.007 (0.45)
BOARD	−0.001 (−0.04)	−0.002 (−0.10)	0.001 (0.03)	−0.001 (−0.03)
TOBIN's Q	−0.046 (−1.49)	−0.045 (−1.46)	−0.015 (−0.51)	−0.015 (−0.51)
行业固定效应	√	√	√	√
年度固定效应	√	√	√	√
Observations	2038	2038	2015	2015
Ps R2	0.0773	0.0787	0.0820	0.0854

注：（1）置信度：* $p<0.1$，** $p<0.05$，*** $p<0.01$；（2）系数下括号内为 t 检验值。

5.4.2.2 企业的廉洁程度

表 5 – 5 是对模型（5.2）的回归结果，第（1）列和第（2）列为介入年份样本的回归，第（3）列和第（4）列为公告年份的回归。表 5 – 6 第（1）列中 Influence1 的系数在 10% 的水平上显著为负（−0.061*），Influence2 的系数在 5% 的水平上显著为负（−0.500**），表明国家审计对注册会计师审计影响程度越高的企业，在介入年份的在职消费增加越少（下降越多），廉

洁程度越高；第（3）列和第（4）列中 *Influence*1 和 *Influence*2 的系数不显著，表明国家审计对注册会计师审计的影响程度，在公告年份对企业的廉洁程度没有显著影响。因此，验证了假设 5-2，即其他因素不变时，国家审计对注册会计师审计影响程度越高，在职消费增加越少（降低越多）。

表 5-5　　　　　　　　　　　企业廉洁程度检验

变量	介入年份		公告年份	
	$\Delta PERC_t$	$\Delta PERC_t$	$\Delta PERC_{t+1}$	$\Delta PERC_{t+1}$
Intercept	2.889 (0.92)	3.908 (1.22)	1.792 (1.23)	1.927 (1.29)
*Influence*1	-0.061 * (-1.67)		-0.007 (-0.39)	
*Influence*2		-0.500 ** (-2.32)		-0.064 (-0.58)
SIZE	-0.060 (-0.55)	-0.059 (-0.55)	-0.103 * (-1.96)	-0.103 ** (-1.97)
LEV	-0.009 (-1.17)	-0.010 (-1.22)	-0.002 (-0.48)	-0.002 (-0.49)
ROA	0.066 ** (2.45)	0.074 *** (2.73)	-0.006 (-0.46)	-0.005 (-0.39)
LOSS	1.324 *** (3.21)	1.322 *** (3.23)	-0.221 (-1.09)	-0.218 (-1.07)
SHAHLD	-0.011 (-1.28)	-0.011 (-1.27)	0.005 (1.26)	0.005 (1.27)
SALARY	0.266 (0.30)	0.214 (0.24)	1.027 ** (2.26)	1.023 ** (2.25)
SLOCA	0.247 (1.11)	0.229 (1.04)	0.083 (0.74)	0.082 (0.73)
TOBIN's Q	-0.125 (-1.24)	-0.133 (-1.34)	-0.055 (-1.13)	-0.056 (-1.16)

续表

变量	介入年份		公告年份	
	$\Delta PERC_t$	$\Delta PERC_t$	$\Delta PERC_{t+1}$	$\Delta PERC_{t+1}$
行业固定效应	√	√	√	√
年度固定效应	√	√	√	√
Observations	207	207	230	230
R-squared	0.186	0.198	0.174	0.175

注：（1）置信度：＊p＜0.1，＊＊p＜0.05，＊＊＊p＜0.01；（2）系数下括号内为 t 检验值。

　　同样地，本章继续探索国家审计对注册会计师审计的影响，所导致的企业廉洁程度的变化，能否传导至事务所其他类似客户。针对被审计企业的事务所审计的类似企业，介入年份和公告年份分别用模型 5.2 进行回归，表 5-6 第（1）列和第（2）列为介入年份，第（3）列和第（4）列为公告年份。发现无论是介入年份还是公告年份，*Influence*1 和 *Influence*2 的系数均不显著。国家审计对注册会计师审计影响程度越高，类似企业的廉洁程度并不会随之发生变化。检验表明国家审计对注册会计师审计的影响，对企业廉洁程度并不具备传染效应。

表 5-6　　　　　　　　　　　　　类似企业廉洁程度检验

变量	介入年份		公告年份	
	$\Delta PERC_t$	$\Delta PERC_t$	$\Delta PERC_{t+1}$	$\Delta PERC_{t+1}$
Intercept	-0.529 (-0.26)	-0.607 (-0.30)	3.983 (1.40)	3.522 (1.23)
*Influence*1	0.001 (0.07)		0.026 (1.09)	
*Influence*2		0.024 (0.27)		0.176 (1.54)
SIZE	-0.031 (-0.51)	-0.031 (-0.51)	-0.096 (-1.33)	-0.096 (-1.33)

续表

变量	介入年份		公告年份	
	$\Delta PERC_t$	$\Delta PERC_t$	$\Delta PERC_{t+1}$	$\Delta PERC_{t+1}$
LEV	0.006 (1.56)	0.006 (1.56)	0.001 (0.36)	0.001 (0.35)
ROA	0.035 *** (2.79)	0.035 *** (2.79)	−0.049 *** (−3.27)	−0.049 *** (−3.28)
LOSS	0.413 * (1.89)	0.413 * (1.89)	0.055 (0.21)	0.059 (0.22)
SHAHLD1	0.001 (0.17)	0.001 (0.17)	0.003 (0.59)	0.003 (0.63)
SALARY	0.434 (0.91)	0.432 (0.91)	−0.659 (−1.14)	−0.673 (−1.17)
SLOCA	0.280 *** (2.70)	0.280 *** (2.70)	0.098 (0.81)	0.099 (0.81)
TOBIN's Q	−0.053 (−1.06)	−0.052 (−1.06)	0.151 *** (2.69)	0.152 *** (2.70)
行业固定效应	√	√	√	√
年度固定效应	√	√	√	√
Observations	1552	1552	1787	1787
R-squared	0.071	0.071	0.038	0.038

注：（1）置信度：* p < 0.1，** p < 0.05，*** p < 0.01；（2）系数下括号内为 t 检验值。

5.5 稳健性检验

正文检验中，为了使影响程度更为客观，使用了外生的度量方式，即会计师事务所当年被国家审计客户数量总额。为了佐证研究内容，在稳健性检验中，采用模型内生的度量方式，再次检验。

借用博奈姆等（Bonaime et al.，2018）的方法，利用影响回归系数来度量其影响程度。本章利用第4章的模型（4.2）①，提取注册会计师审计质量对国家审计的系数 β_1，作为影响程度的代理变量。具体计算方法为：第一步，对模型（4.2）进行 OLS 回归，确定各变量的系数估计值 β_j（$j = 0$，2，3…，9）；第二步，将各控制变量的系数估计值，控制变量和被解释变量带回原式，计算出各样本 i 的 β_{1i}；第三步，由于带回的各系数 β_{1i} 代表的是样本总量在平均意义上的估计系数，并不能代表影响程度的实际值，但 β_{1i} 的排序，可以反映影响程度的高低差异。因此，为了避免计算误差，本章将 β_{1i} 按高低顺序分为三组和十组，形成分组变量 $Inf1$（1，2，3）和 $Inf2$（1，2，3，4，5，6，7，8，9，10），$Inf1$ 和 $Inf2$ 越高，影响程度越高。

表5-7 报告了影响程度变量替换后的违规行为检验结果，在第（1）列，$Inf1$ 的系数在5%的水平上显著为负（-0.378**），$Inf2$ 的系数在10%的水平上显著为负（-0.100*）。检验结果与主检验一致，再次佐证了假设 H5-1。表5-8 报告了影响程度变量替换后的廉洁程度检验结果，在第（1）列，$Inf1$ 的系数在5%的水平上显著为负（-0.492**），$Inf2$ 的系数在1%的水平上显著为负（-0.175***）。检验结果与主检验一致，再次验证了假设 H5-2，结果稳健。

表5-7 **影响程度变量替换检验——违规行为**

变量	$Violation_t$	$Violation_t$
Intercept	6.678** (2.04)	6.322* (-1.96)
Inf1	-0.378** (-2.05)	
Inf2		-0.100* (-1.86)
SIZE	-0.245* (-1.70)	-0.239* (-1.66)

① 模型（4.2）$DA_t = \beta_0 + \beta_1 GOV\_IN + \beta_2 SIZE_t + \beta_3 LEV_t + \beta_4 CURRENT_t + \beta_5 LOSS_t + \beta_6 BIG4_t + \beta_7 TENU_t + \beta_8 AGE_t + \beta_9 TOBIN's\ Q_t + \varepsilon$

续表

变量	$Violation_t$	$Violation_t$
LEV	0.008 (0.94)	0.008 (−0.92)
CF	−0.018* (−1.84)	−0.018* (−1.85)
SHAHLD	−1.713 (−0.67)	−2.011 (−0.76)
LOSS	−0.633 (−1.30)	−0.669 (−1.35)
BIG4	−0.219 (−0.48)	−0.173 (−0.38)
MAO	0.063 (0.08)	0.095 (−0.12)
TENU	0.049 (0.92)	0.047 (−0.89)
BOARD	−0.081 (−1.08)	−0.077 (−1.04)
TOBIN's Q	−0.153 (−1.16)	−0.151 (−1.12)
行业固定效应	√	√
年度固定效应	√	√
Observations	226	226
Ps R2	0.253	0.25

注：（1）置信度：* $p < 0.1$，** $p < 0.05$，*** $p < 0.01$；（2）系数下括号内为 t 检验值。

表5-8 　　　　　　　　影响程度变量替换检验——廉洁程度

变量	(1) $\Delta PERC_t$	(2) $\Delta PERC_t$
Intercept	2.890 (0.93)	3.157 (1.02)

续表

变量	(1) $\Delta PERC_t$	(2) $\Delta PERC_t$
Inf1	−0.492 ** (−2.48)	
Inf2		−0.175 *** (−2.93)
SIZE	−0.010 (−0.09)	0.006 (0.06)
LEV	−0.010 (−1.22)	−0.011 (−1.40)
ROA	0.086 *** (3.06)	0.096 *** (3.35)
LOSS	1.187 *** (2.90)	1.142 *** (2.81)
SHAHLD	−0.010 (−1.16)	−0.010 (−1.10)
SALARY	0.285 (0.32)	0.133 (0.15)
SLOCA	0.221 (1.00)	0.237 (1.08)
TOBIN's Q	−0.102 (−1.04)	−0.116 (−1.18)
行业固定效应	√	√
年度固定效应	√	√
Observations	207	207
R-squared	0.205	0.216

注：（1）置信度：＊p＜0.1，＊＊p＜0.05，＊＊＊p＜0.01；（2）系数下括号内为 t 检验值。

5.6 本章小结

延续第 4 章的内容，集中探讨了国家审计对注册会计师审计的影响后果。通过分别分析"顺风车"和"威慑力"两条路径，本章认为国家审计对注册会计师审计的影响，会直接作用于企业的合规性和廉洁程度。研究发现：（1）国家审计对注册会计师审计影响程度越高，被审企业越不可能发生违规行为；（2）国家审计对注册会计师审计影响程度越高，被审企业的廉洁程度越好，主要表现为在职消费增加越少（降低越多）；（3）上述影响所产生的经济后果，仅限于被审企业自身，而并没有传染至"类似企业"。研究表明国家审计对注册会计师审计的影响，能促使企业提高合规性和廉洁程度，然而，影响的力量有限，尚不能作用于"类似企业"。

本章的研究从研究内容上，考虑了国家审计对注册会计师审计影响的经济后果，拓宽了研究的深度；从研究方法上，构造了国家审计对注册会计师审计影响的度量，为相关领域的研究提供了新的思路；从研究意义上，厘清了不同监督工具的相互作用及其后果，为监管机构搭建综合监管平台提供了经验证据及发展方向。

然而，本章存在两方面的不足：第一，探讨影响的经济后果，实验组和对照组均局限于被审企业，因此，研究样本较少。尽管从理论上来看，样本量已能够保障结果的稳健性，然而，无法进行更细分的研究。随着审计监督全覆盖，和数据透明度的逐步加强，有待在未来对该问题进行更细致的研究。第二，首次度量了国家审计对注册会计师审计的影响，度量方法可能会存在争议。本章为尽可能降低度量方法的不确定性，采用了相对客观的外生度量方法，同时参考权威文献，在稳健性检验中采用了内生度量方法进行佐证。然而，新的度量方法仍可能存在有待改进之处，将在未来的研究中继续论证和改进。

第 6 章

国家审计对注册会计师审计市场的影响

6.1 研究问题

在我国审计市场中，有两个有趣的现象：第一，尽管媒体多次诟病注册会计师行业的多头监管，但学术界的研究发现，各监管机构的行权均会局部地有利于注册会计师行业的发展，或提高审计质量，或提高审计需求。这主要是因为，我国注册会计师行业尚不能完全依靠行业自律来推动发展，且行业缺乏诉讼风险，需依靠监管风险来规范发展。第二，虽然从形式上，我国国有企业（尤其是大型国有企业和上市国有企业）均需年报审计，在资本市场融资（IPO，发行债券，再融资）时，也需要接受专项审计。但事实上，有不少学者证明发现，我国国有企业的实质审计需求①很弱。这主要是因为国有企业在资本市场上得天独厚的地位，使其缺乏向股东和债权人等利益相关者提供高质量鉴证报告的动力。

这两个现象共同将本书的研究引向了国家审计对注册会计师审计的影响。因为国家审计对注册会计师审计的监管，具备以下三个方面的特点。

第一，国家审计对注册会计师审计的监管内容，主要体现在核查国有企

---

① 本书所讨论的审计需求均指实质审计需求，是相对于形式审计需求的。形式审计需求是指上市企业为满足法律规定而提出年报审计委托，在中国，所有企业均因《公司法》规定而具有形式上的审计需求；实质审计需求是指企业为了取信股东（代理假说）、债权人（代理假说）、投资人（信息假说）以及管理潜在诉讼风险（保险假说）（薛祖云等，2004）的需要，对年报审计的依赖及依赖程度。

业审计的环节。《中华人民共和国国家审计准则》规定国家审计机构应"核查社会审计机构相关审计报告发现的问题，应当在审计报告中一并反映"。审计署及其派出机构，在对国有企业进行审计时，复核注册会计师审计结果并揭示。若监管有效，国家审计或能通过复核结果的威慑作用，局部改善国有企业的审计状况。在对其他监管机构的研究中，很难观测到仅针对国有企业审计状况的影响，而国家审计为该研究提供了机会。

第二，国家审计的职责范围不断扩大，与其他监管相比，国家审计对注册会计师审计的影响方式更加丰富。在 2014 年 10 月，国务院在《关于加强审计工作的意见》中提出"审计监督全覆盖"，要求审计署对政策措施落实情况、公共资金、国有资产、国有资源、领导干部经济责任履行情况均进行审计，扩大了审计署的职责范围。2018 年 3 月，中共中央印发了《深化党和国家机构改革方案》，其中第三十三条①明确指出将国家发改委、财政部、国资委的部分职责均划归于审计署，扩大了审计署的权力，以保证其更好地实施"审计监督全覆盖"。这意味着国家审计不仅可以作用于审计的供给方——注册会计师，还可以直接作用于审计对象——国有企业，以及审计的需求方——股东（政府）、债权人（银行等）等利益相关者。因此，国家审计对注册会计师的威慑力或许不如证监会和财政部直接，但可能会通过多方作用带来更深刻的影响。而这种丰富的影响方式，恰恰提供了研究的必要和探索的空间。

第三，国家审计对注册会计师审计来说，具有双重身份。国家审计与注册会计师审计不仅仅是监管与被监管的关系，二者还共同构成我国审计监督体系的重要部分。在审计署职责和权力扩大的同时，国家也在相关文件②中提出要优化改革现行审计体制，以构建统一高效审计监督体系。其中，国家审计充分利用注册会计师的人力优势和专业能力，是优化审计监督体系的重

---

① 2018 年 3 月，中国共产党第十九届中央委员会第三次全体会议通过《深化党和国家机构改革方案》。其中第三十三条为："优化审计署职责。将国家发展和改革委员会的重大项目稽察、财政部的中央预算执行情况和其他财政收支情况的监督检查、国务院国有资产监督管理委员会的国有企业领导干部经济责任审计和国有重点大型企业监事会的职责划入审计署，相应对派出审计监督力量进行整合优化，构建统一高效审计监督体系。不再设立国有重点大型企业监事会"。

② 例如 2015 年 12 月，国务院印发的《关于完善审计制度若干重大问题的框架意见》和《关于实行审计全覆盖的实施意见》。

要发展方向。对于国家审计来说，要更好地利用注册会计师审计，有必要先厘清国家审计将如何作用于注册会计师审计。因此，该研究并非仅仅是监管效果的检验，还将有助于我国构建统一、高效的审计监督体系。

研究的主要内容是探索国家审计如何作用于注册会计师审计。研究将从注册会计师审计市场的角度，分别探索国家审计如何影响注册会计师审计的供给、需求，及双方力量。研究将分为三个部分：

第一，探索国家审计如何影响注册会计师审计质量，这主要从审计供给方的角度，考察国家审计作为监管部门，如何影响到注册会计师审计。

这部分研究的有趣之处在于：不同于证监会和财政部等其他监管部门，国家审计对注册会计师审计具有双重身份，本章节试图探索这种特殊的身份，将带来怎样的监管效果。一方面，作为监管者，审计署对注册会计师只有监督权，而无处罚权。看似监管的威慑力会不如其他监管机构，但审计署会将发现的问题进行公告，这又会损害注册会计师的声誉，促进其提高审计质量挽回声誉。另一方面，同为审计监督体系的重要组成部分，注册会计师审计可以借用国家审计的公告结果，去优化自身的审计结果。

第二，考察国家审计如何影响国有企业的审计需求。这部分研究将从国有企业代理问题等角度出发，以国有企业的融资状况的变化为路径，探索国家审计对国有企业审计需求的影响。

这部分研究的有趣之处在于两点：其一，国家审计不包括非国有企业，这使本研究能剔除审计市场的其他因素，干净地观测到国有企业审计需求的变化。其二，通常审计需求是很难被观测到的，学者往往使用审计师的选择或审计费用来作为代理变量。但单单从行为结果来说明审计需求变化，很难排除其他影响因素。而国家审计的全面覆盖，使国有企业及其利益相关者（股东、债权人等）都能受到影响，这将很大程度地改变国有企业在资本市场的优势地位，尤其是其融资的环境。这迫使国有企业作出更加市场化的选择，用更高质量的审计服务去改善融资环境。这一特殊情景，使本研究可以以融资变化为路径，准确观测到国有企业审计需求的变化。

第三，基于国家审计对审计市场供需双方的影响，进一步考察如何影响市场供需双方的力量对比，具体体现在议价能力上。

这部分研究是前面两个部分的发展和总结，议价能力是审计市场上双方力量的集中体现，这也决定了审计独立性和最终的审计质量。本章在验证了国家审计对双方具体的影响后，也希望能进一步探索，这些影响会不会转换为审计市场上双方力量对比的变化。

该问题的研究具备以下理论和实践意义。

从理论和文献角度，该研究将在如下方面做出贡献：

第一，研究丰富了国家监管对审计市场作用的文献。已有研究多集中于证监会或财政部的处罚，如何影响审计市场。但国家审计的监管形式并非直接处罚，而是更为复杂的影响方式。因此，国家审计的双重身份，可以发掘我国监管机构除了通过处罚增加审计市场监管风险以外，还能通过不同作用形式，发挥更全面的积极作用。

第二，研究通过探索审计需求的影响渠道，丰富了审计需求的相关研究，使审计需求能被更准确地观测。已有研究多通过行为结果来观测审计需求，但缺乏直接证据观测到审计需求的变化。本书的研究将从审计需求的理论出发，通过影响融资需求的变化，尽可能地观测审计需求的变化。

第三，国家审计的特殊研究背景，为政府监管促进国有企业审计需求提供了进一步证据。已有研究发现我国国有企业存在审计需求较低的现象，而本书利用国家审计，探索了政府监管对这一现象的影响作用，该研究有助于提高审计市场的公平性。

第四，研究中关于国有企业融资需求的验证，为我国监管机构推进国有企业市场化的研究提供了进一步证据。

第五，与已有研究不同，本书综合考虑供给和需求两方面的因素，探讨对审计定价的影响。研究将审计作为商品，完整地探讨了商品定价如何受到市场供需双方的影响，丰富了关于审计定价的研究。

从现实角度，研究对于我国的监管政策和注册会计师行业发展，以及国有企业市场化发展均有积极意义。

首先，对于审计署来说，该研究有助于国家审计更有效地优化资源配置，安排监督工作，并领头完善我国审计监督体系。随着"审计监督全覆盖"的提出和审计署"扩权"，审计署职责和权力的日益扩大与审计监督人才和资源的不足，成为"审计监督全覆盖"推行过程中的主要矛盾。国家审计利用注册会计师审计成为必然的趋势。本书的研究能使审计署更深刻地理解国家审计对注册会计师审计市场的辐射作用，从而更有效地利用注册会计师的人力优势和专业能力，优化国家审计的资源配置。同时，国家审计对注册会计师审计市场的影响和优化作用，验证了"有形的手"对审计市场的有力推动，监管机构可以更有效地利用"有形的手"，加强审计市场的发展，从而构建更加完善的监管体系。

其次，针对注册会计师行业，该研究具有三个方面的作用：一是研究发现了监管机构如何更有效地提高注册会计师提高审计质量和独立性；二是针对我国国有企业的审计需求弱的独有特点，研究发现了国家审计能作用于该市场，优化国有企业审计市场的结构，提高注册会计师在国有企业审计中的独立性；三是研究发现在我国注册会计师行业现有发展阶段，多头监管作用并不一定会损害监管效率，反而可以从不同角度促进审计市场发展。

最后，针对国有企业，研究发现国家审计对融资状况的影响，有助于发现监管机构如何更有效地实施监管，以深化国有企业改革，从而使国有企业更加市场化。此外，发现了国家审计对国有企业审计需求的刺激作用，这有助于监管机构更有效地促进国有企业主动追求更高质量的会计和审计质量，完善国有企业的社会监管。

6.2　理论研究框架

本章节要研究的主要问题是国家审计如何作用于注册会计师审计。根据审计市场的不同参与方，将问题分为三个方面，分别在第4、第5、第6章提及。在对三个问题的具体内容进行阐述之前，先对研究将涉及的国家审计制度背景进行简单说明。

2014年10月，国务院就提出"审计监督全覆盖"①，确认扩大审计署的职责范围，要求审计署对政策措施落实情况、公共资金、国有资产、国有资源、领导干部经济责任履行情况均进行审计。但由于我国国家审计人力不足，对所有审计对象均采用抽查的方式。2015年12月，国务院印发的《关于实

---

① 2014年10月9日，国务院〔2014〕48号文件《关于加强审计工作的意见》，主要针对部署审计监督全覆盖。

行审计全覆盖的实施意见》中对抽查作出了具体的要求："对重点部门、单位要每年审计，其他审计对象一个周期内至少审计一次，对重点地区、部门、单位以及关键岗位的领导干部任期内至少审计一次，对重大政策措施、重大投资项目、重点专项资金和重大突发事件开展跟踪审计，坚持问题导向，对问题多、反映大的单位及领导干部要加大审计频次，实现有重点、有步骤、有深度、有成效的全覆盖"。

国家审计的具体实施者分为审计署和地方审计机构，而两者在审计对象和公布方式上又略有不同：（1）对于关系国计民生的重点国有企业，由审计署抽查审计并在审计署官方网站公开审计结果；（2）对于部分地方国有企业，由地方审计机构审计，审计结果并非直接公开，但根据《中华人民共和国政府信息公开条例》第十三条①，公民可申请获取部分信息；（3）对于各地区公共部门、领导干部以及关键项目的审计结果及其处罚，部分会在审计署官方网站公布，部分可通过信息公开条例申请取得，部分可从《中国审计年鉴》中获取。

本书根据国家审计对注册会计师审计的影响路径，以及审计结果公开的特点，将主要关注三个层次的国家审计：

第一层次为审计覆盖率，是指国家审计对各地区的审计覆盖率，其中包括国家审计对某地区的审计力度及查处问题的严重程度；第二层次为审计署国家审计，是审计署直接对重大国有企业的审计，这部分信息会在审计署官方网站直接公开；第三层次是地方审计机构国家审计，是地方审计机构对当地国有企业的审计，这部分信息不会直接公开，但可获取。

第一层次的国家审计将对某一地区的审计程度产生影响，会直接影响到注册会计师审计的各方利益相关者；第二层次和第三层次的国家审计均是针对国有企业，其中最主要的区别在于是否直接公开，这为探索不同公开形式的监管影响提供了机会。

---

① 第十三条：除本条例第九条、第十条、第十一条、第十二条规定的行政机关主动公开的政府信息外，公民、法人或者其他组织还可以根据自身生产、生活、科研等特殊需要，向国务院部门、地方各级人民政府及县级以上地方人民政府部门申请获取相关政府信息。

6.2.1 注册会计师审计供给的视角

6.2.1.1 "知识溢出"和威慑力的共同作用

基于国家审计的双重身份，国家审计可以从两个方面影响注册会计师审计的质量。一方面，同为审计监督体系的组成部分，注册会计师审计通过"知识溢出"效应利用国家审计结果，优化审计质量；另一方面，作为注册会计师审计的监管部门，国家审计复核注册会计师审计结果，会对注册会计师审计造成威慑力。

无论是审计署还是地方审计机构执行的国家审计，都能深入国有企业，揭示企业业务经营、风险管理和内部控制方面的问题，并敦促企业积极整改。注册会计师会借鉴国家审计对企业的认知和判断，更加充分地了解企业，更加有效地识别出企业财务报表重大错报风险，这将有助于提高注册会计师的审计质量。具体分析，首先，国家审计的介入，会直接为注册会计师提供风险提示，促进注册会计师更有效率地甄别和应对风险，从而显著提高审计质量；其次，国家审计要求企业整改，企业会在注册会计师的协助下，规范财务报表编制并提高财务报表质量。因此，无论是审计署公告的被审国有企业，还是被地方审计机构审计的国有企业，其注册会计师审计质量都会在国家审计后显著提高。

作为监管者，国家审计的复核结果，会对注册会计师审计构成一定的威慑力。若国家审计的结果和注册会计师年报审计结果存在差异，例如注册会计师审计国有企业年报且发表无保留意见的审计报告，而国家审计却查出该企业存在问题。一方面，针对审计署公告，基于国家审计的公信力，人们会因此质疑注册会计师，甚至会处罚承办该项业务的会计师事务所；另一方面，即使地方审计机构审计并不会直接公开审计结果，但事务所依然有被惩处的风险。基于会计师事务所声誉和监管风险的考虑，注册会计师会对被审企业更加谨慎执业，从而提高注册会计师的审计质量。

综合国家审计双重身份带来的"知识溢出"效应和威慑力，本书认为，无论是审计署还是地方审计机构进行的国家审计，都会促进注册会计师审计质量的提高。故当其他因素一致时，与非被审企业相比，国家审计后，审计署公告的被审国有企业，注册会计师审计质量更高。当其他因素一致时，与非被审企业相比，国家审计后，被地方审计机构审计的国有企业，注册会计师审计质量更高。

6.2.1.2　威慑力的辐射作用

为了更好地从供给方——即注册会计师的行为来讨论国家审计的影响，本章节将聚焦注册会计师的行为。

在受到国家审计的威慑力之下，注册会计师对被审企业的谨慎性，因"传染效应"扩大到对待事务所其他客户的审计。注册会计师会因忌惮国家审计导致的责任追究和声誉影响，在审计潜在被审企业时（将来有可能被国家审计抽中的企业），会表现得更加谨慎。本章进一步观测目标事务所在审计潜在被审企业时的表现。

本章将目标事务所定义为被审企业在国家审计介入年份聘请的事务所，这里的国家审计，包括审计署和地方审计机构执行的国家审计。这些事务所在公告年份，正在经历国家审计公告所带来的影响，对国家审计的"威慑力"有更为清晰的感知。目标事务所的客户中，还有其他的国有企业及其控股企业，这些企业尚未被国家审计抽中，但在未来有被抽中的可能性。已有研究（Francis and Michas，2013）发现事务所会基于传染效应，在一定年份所有客户的审计中，均表现出系统性的审计问题。这种传染效应也会体现在目标事务所对其他国有企业的审计中。迫于国家审计"威慑力"，事务所会更加谨慎对待被审计企业，基于"传染效应"，事务所对其他国有企业的审计也会采用系统一致性的谨慎行为。

为了更好地对比，本研究先将目标事务所的其他客户分为国有企业和非国有企业，客户中的国有企业即尚未被国家审计抽中，但将来有可能被抽中的潜在被审企业。观测目标事务所是否会基于对国家审计的忌惮，在审计国有企业时更加谨慎。进一步，对比目标事务所和其他事务所，观察同样是审计国有企业，目标事务所是否会体现出比其他事务所更谨慎的态度。因此，当其他因素一致时，在经历国家审计后，与目标事务所审计的非国有企业相比，目标事务所审计的国有企业审计质量更高。当其他因素一致时，在经历国家审计后，与其他事务所相比，目标事务所审计的国有企业审计质量更高。

6.2.1.3 审计覆盖率的影响

国家审计每一年对各省的公共部门、国有企业以及重点项目会进行抽查，并会公开审计结果，并要求各地区及时整改。抽查的覆盖程度和查处的违规行为在各省每一年均不相同，这会导致各省每年受国家审计的影响不同。研究发现地区的制度环境会影响注册会计师的行为（Seetharaman et al.，2002），那么不同的覆盖程度和惩罚程度，也会对注册会计师的行为造成不同的影响。鲁桂华（2003）构建了国家审计博弈模型和序列博弈模型，分析发现，审计处罚强度与审计覆盖率之间存在替代关系。本研究认为审计覆盖率越高时，该省份的监督环境较严厉，此时，若注册会计师经历了国家审计对项目的抽查，必定会更加谨慎，更倾向去提高审计质量。由此，提出假设：

当其他因素一致时，被审企业所处省份当年审计覆盖率越高，对其事务所的威慑力更大，上述现象更加显著。具体表现为：当其他因素一致时，被审企业所处省份当年审计覆盖率越高，与目标事务所审计的非国有企业相比，目标事务所审计的国有企业审计质量更高；当其他因素一致时，被审企业所处省份当年审计覆盖率越高，与其他事务所相比，目标事务所审计的国有企业审计质量更高。

6.2.2 国有企业审计需求的视角

根据上文对国家审计三个层次的分析，本研究认为不同层次的国家审计会带来不同的影响范围和形式。因此，本研究分别从审计覆盖率，审计署国家审计和地方审计机构国家审计三个层次来深入分析。

6.2.2.1 国有企业审计需求理论分析

我国国有企业的实质审计需求低于非国有企业，具体表现为国有企业会更倾向于本地小事务所（Wang et al.，2008），国有企业审计费用更低（刘霞和刘峰，2013）。这里所指的审计需求均是指企业实质审计需求，而非形式审计需求。形式审计需求是指上市企业为满足法律规定而提出年报审计委托，在中国，所有企业均因《中华人民共和国公司法》规定而具有形式上的审计需求；实质审计需求是指企业为了取信股东（代理假说）、债权人（代理假说）、投资人（信息假说）以及管理潜在诉讼风险（保险假说）（薛祖云等，2004）的需要，对年报审计的依赖及依赖程度，通常用是否选择高质量会计师事务所（如"四大"）作为代理变量（Fan and Wong，2005；王芳和周红，2015）。

企业的审计需求主要源于三个假说（Wallace，2004；陈汉文，2012）：代理假说、信息假说和保险假说。本书将从三个假说开始逐一分析我国国有企业审计实质需求较低的原因：

第一，代理假说。代理假说认为，注册会计师审计作为一种约束机制，保证股东和债权人充分获取信息，以保障他们的权益。从股东角度分析，国有企业的大股东是国资委及其国有持股公司，有其独特的手段了解国有企业经营信息，并具备以行政手段对经理人进行约束的能力。因此，与普通上市企业相比，国有企业的大股东对企业外部审计鉴证信息的依赖程度较低。从债权人角度分析，国有企业拥有政府背书，使其在银行贷款等方面具备先天优势，债权人对审计鉴证信息的要求也会相应较低。

第二，信息假说。信息假说认为，审计为企业的声誉背书，给现有的和潜在的投资者提供财务信息的可靠保证。我国国有企业的独特地位决定了其声誉较好，且国有企业上市企业融资约束低，他们往往更在乎能否满足证券监管机构的程序性需求，而非真正有求于投资者（雷光勇等，2009）。

第三，保险假说。无论是国有企业还是非国有企业，基于保险理论的审计需求均较弱。保险假说认为，根据"深口袋"理论[①]，注册会计师能够在审计失败时向投资者提供赔偿，因此，企业可以通过接受审计服务，转移潜在的诉讼风险。这一假说在美国市场多次被验证。伍丽娜等（2010）通过《关于审理证券市场因虚假陈述引发的民事赔偿案件的若干规定》颁发后的市场反应和审计收费，证明了我国审计也开始具备了一定的保险功能。然而，我们依然很难观测到审计失败后，审计师为投资者提供赔偿的案例。

通过三个假说分析发现，国有企业审计需求较低的原因，主要是其在资本市场中具有得天独厚的优势。这种优势主要表现在股东和债权人的信任，

---

① 任何看上去拥有经济财富的都可能受到起诉，不论其应当受到惩罚的程度如何，又称为"保险理论"。在审计中，多指无论实际责任如何，比起客户，审计师总是更容易被诉讼。

从而较易获取融资。因此，我们将从国有企业融资的变化这一路径，考察国家审计如何影响国有企业实质审计需求。

6.2.2.2 国家审计对国有企业实质审计需求的影响

从代理假说来看，国家审计后，国有企业的股东和债权人会意识到企业的财务规范性存在问题，增强风险意识。从信息假说来看，国家审计公告向公众发布以后，被审计国有企业的声誉会受到损害，降低股东和债权人的信任程度。因此，这两个理论都表明国家审计会对国有企业的融资状况造成影响，从而增强国有企业的审计需求。然而，国家审计的作用范围和形式的不同，会对该路径产生更复杂的影响。

（1）审计覆盖率与国有企业审计需求。

审计覆盖率是评价一个省份在某年份受到国家审计影响的程度。国家审计不仅会影响到国有企业本身，还会影响到其利益相关者，如国有企业的股东——政府部门，国有企业的债权人——银行等。已有研究（江伟和李斌，2006）发现，相对于非国有企业，我国国有企业更容易获得债务融资，但监管和制度环境会对此进行一定约束。国家审计的广泛影响，将优化该省份的监管环境，同时降低政治关联在该地区资本市场的作用，从而使国有企业的融资更加市场化。从债权人和小股东的角度来看，当国家审计发现国有企业，甚至国有企业背后的政府机关受到更严格的监管，甚至被查处时，国有企业的政府背书作用会被弱化。因此，当国有企业进行债务融资或股权融资时，债权人和小股东会对国有企业表现出更加谨慎的态度，导致国有企业的融资约束会增加，融资成本会提高。

当其他因素一致时，企业所处省份的审计覆盖率越高，该省份国有企业的融资约束越强，融资成本越高。

当国有企业融资约束增强时，根据审计需求理论，企业有更强的动力去利用高质量审计服务，以缓解与股东和债权人之间的代理冲突，同时向资本市场传递正面信号。范和王（Fan and Wong，2005）发现，企业融资越频繁时，越依赖于小股东，此时的审计需求更强，更倾向于选择高质量审计师。在我国资本市场上，也发现代理冲突会带来高质量审计需求（王艳艳和陈汉文，2006）。由此，我们可以假设，当审计覆盖率使某地区国有企业融资成本增加时，会促使企业增强审计需求，表现为改聘更高质量的注册会计师。

当其他因素一致时，某省份某年的审计覆盖率越高，该省份国有企业更倾向改聘高质量注册会计师；国有企业融资成本增加越多，倾向更显著。

（2）审计署审计与国有企业审计需求。

我们关注的第二层次国家审计，是审计署对国有企业的抽查。这类国家审计只会直接影响到国有企业本身，但审计结果的公开会对国有企业的债权人和股东进行直接的风险提示。李小波和吴溪（2013）已经发现国家审计公告会引起股价的负面反应，表明国家审计会影响资本市场对企业的判断。因此，我们可以预期，审计署的公告也会在当年影响到国有企业的整体融资状况，表现为融资约束增强，融资成本提高。

当其他因素一致时，与其他国有企业相比，审计署公告后，被审国有企业的融资约束增强，融资成本提高。

为了挽回声誉，缓解国家审计带来的融资约束，国有企业会希望通过高质量审计向市场传递正面信息。辛尼特等（Simnett et al.，2009）发现企业会基于建立声誉的目的，寻求审计鉴证服务，而我国学者刘笑霞和刘明辉（2013）发现，监管处罚造成的声誉损毁，会直接促使企业的审计师变更。因此，我们认为国家审计影响企业融资状况时，企业同样会倾向于改聘高质量审计师。由此提出：当其他因素一致时，与其他国有企业相比，审计署公告后，被审国有企业更倾向改聘高质量注册会计师；被审企业融资成本增加越多，倾向更显著。

（3）地方审计机构国家审计与国有企业审计需求。

第三个层次的国家审计是地方审计机构执行的国家审计。地方审计机构的国家审计与审计署实施的国家审计不同，地方审计机构的国家审计并不会直接公开，因此不会对债权人和股东进行风险提示，从而不会直接影响到国有企业的融资。若不会影响到企业融资，那么根据审计需求理论，本书认为，在这种公开形式下的国家审计，并不会直接作用于企业的审计需求，因此也不会观测到注册会计师的变更。由此提出以下两种可能性：当其他因素一致时，与该省份其他国有企业相比，被地方审计机构审计的国有企业融资约束无显著变化，融资成本也没有显著变化。当其他因素一致时，与该省份其他国有企业相比，被地方审计机构审计的国有企业无显著变更注册会计师的倾向。

6.2.3 供需双方议价能力的视角

该部分研究是以上两部分的延续，在分别验证了国家审计如何影响注册会计师审计的供给方和需求方后，我们需要进一步考察双方力量变化如何体现在审计定价上，以挖掘更多的经济含义。

6.2.3.1 审计覆盖率与审计定价

从供给方来说，某年份审计覆盖率越高的省份，其社会监督效应更强，注册会计师所受到的威慑力也越大，审计独立性也会相应提高。宋衍蘅（2011）提出在我国审计市场中，监管风险是主要的风险。而国家审计的高覆盖正好提高了该地区的监管风险。因此，注册会计师的议价能力会相应上升，要求更高的风险回报。从需求方来说，国有企业在国家审计全覆盖的环境下，融资约束增强，审计需求增加，这会降低需求方的议价能力。两者结合提出：当其他因素一致，企业所处省份的审计覆盖率越高，该省份所有国有企业的审计费用更可能提高。

6.2.3.2 审计署国家审计与审计定价

从供给方来说，审计署的公告会有两方面作用：一是通过"知识溢出"效应为注册会计师审计提供了审计结果，这会减少注册会计师审计的风险和投入，降低审计收费；二是通过威慑力迫使注册会计师提高谨慎程度，这会增加审计投入，提高审计收费。李青原和马彬彬（2017）已经证明，其中威慑力的作用更强，审计费用会在国家审计公告后提高。从需求方来说，审计署的公告直接损害到被抽查企业的声誉，提高审计需求，这会导致国有企业的议价能力削弱，从而提高审计定价。由此提出：当其他因素一致，与其他国有企业相比，被审计署抽中的国有企业的审计费用更可能提高。

进一步，由于前面已经证明，国家审计的威慑力具有辐射作用，因此我们认为这种辐射作用会影响到目标事务所对其他国有企业审计项目的定价。由此提出：当其他因素一致时，与其他事务所相比，目标事务所在承接其他国有企业业务时，审计费用更高。

6.2.3.3　地方审计机构国家审计与审计定价

从供给方来说，地方审计机构的国家审计，跟审计署的国家审计相同，会以"知识溢出"和威慑力作用共同影响注册会计师审计。但从需求方来说，根据我们的推断，地方审计机构的国家审计由于不公开审计结果，并不会影响到国有企业的审计需求。因此，本书认为存在两种可能性：若威慑力的影响足够强大，事务所要求对监管风险进行补偿，那么被地方审计机构审计的国有企业审计费用也会提高；若威慑力的影响不足，而国有企业依然保持强有力的议价能力，那么审计定价将无法提高。由此，提出对立的可能性：当其他因素一致时，与其他国有企业相比，被地方审计机构审计的国有企业的审计费用更可能提高。当其他因素一致时，与其他国有企业相比，被地方审计机构审计的国有企业的审计费用没有显著变化。

6.2.4　研究框架落实思路

6.2.4.1　数据来源

研究的主要解释变量是国家审计，如前所述，三个层次的国家审计公开形式各有不同。因此，数据来源也各异，主要包括：审计署及各级地方审计机构网站公开信息；按《中华人民共和国政府信息公开条例》向各级地方政府申请得到的信息；《中国审计年鉴》中的信息。数据均需手工整理。

企业财务信息和年报审计信息来自于国泰安数据库和万得数据库。企业公开发行债券的财务数据和审计信息，来自中国货币网和中国债券信息网，部分内容需手工整理；企业公开进行再融资的财务数据和审计信息，数据来源于万得数据库。

关键变量度量如下。

（1）审计覆盖率。本章衡量的审计覆盖率，是指国家审计在该地区的覆盖程度，对该地区的威慑和影响程度。审计覆盖率将综合关注国家审计对某一地区的经济责任审计、重点项目审计、机关部门审计和国有企业审计，同时也将考虑由国家审计惩罚或移交司法机关的决策。程军和刘玉玉（2018）衡量的经济责任审计覆盖率，是各级审计机关实际审计人数与审计对象总数的比值；杨贺和郑石桥（2015）衡量审计覆盖率，采用审计机关数与机关法人、事业法人和国有企业单位数的比值，这主要是针对机关部门审计。本书拟借鉴以上两种思路，结合可获取数据，综合考虑以下各部分，得到覆盖率的值：①各省实际被审计党政领导人数比；②各省重大项目被审比，或重大项目被查处金额与当年 GDP 之比；③各省实际被审机关数比；④各省实际被审国有企业比；⑤各省被查处并移交司法机关的案件数。具体计算和标准化方法，拟于全部数据获取完整后再确定。

（2）审计质量。参考审计质量相关文献，采用操纵性应计盈余作为审计质量的代理变量，文章先用调整后的 Jones 模型计算出残差，作为操纵性应计盈余值，用 da 表示。

（3）融资约束。卡普兰和辛格斯（Kaplan and Zingales，1997）构建了 KZ 指数来划分企业融资约束程度，随后怀特和吴（Whited and Wu，2006）延续此思想构建了 WW 指数。按照经典衡量方法的思想，结合我国实际，本章将借用我国学者（王彦超，2009）的变量选取，构建融资约束衡量指标。

首先，根据企业的规模，将全部样本分为高融资约束组和低融资约束组，分别用 FC = 1 和 FC = 0 表示；其次，选取最终控制人性质，所处市场发展程度，资产负债率，市场价值和账面价值比例，息税前利润与总资产的比值等变量，与 FC 构建二元回归模型；最后，根据回归系数，计算出每个样本的融资约束程度。

（4）由于本书是考虑国家审计对各方的影响，因此本章想分开探究股权融资成本和债权融资成本。

股权融资成本。我国学者（陆正飞和叶康涛，2004；徐浩萍和吕长江，2007；肖珉和沈艺峰，2008）均延续 GLS 模型（Gebhardt et al.，2001）进行衡量。本书结合我国公开数据，主要使用陆正飞和叶康涛（2004）的股权融资成本模型：

$$P_t = B_t + \frac{FROE_{t+1} - r_e}{(1 + r_e)} B_t + \frac{FROE_{t+2} - r_e}{(1 + r_e)^2} B_{t+1} + \frac{FROE_{t+3} - r_e}{(1 + r_e)^3} B_{t+2} + TV$$

通过模型计算出 r_e，即为股权融资成本。其中，P_t 为股票增发或配股价格。B_t 为第 t 期每股净资产。

$FROE_{t+i}$ 为第 $t+i$ 期的预测净资产收益率，陆正飞和叶康涛（2004）当时限于没有中介机构发布相关信息，使用了实际的 ROE 替代。但近年来，随着分析师行业发展，该预测值已可获取，因此我们使用实际分析师预测的一致值缺失年份使用实际 ROE 替代。

$B_{t+i} = B_{t+i-1} + EPS_{t+i} - DPS_{t+i}$，$DPS_{t+i} = k \times EPS_{t+i}$，其中 k 为当期股利支付率。

TV 为终值，计算公式：$TV = \sum_{i=4}^{T-1} \dfrac{FROE_{t+i} - r_e}{(1+re)^i} B_{t+i-1} + \dfrac{FROE_{t+T} - r_e}{r_e (1+re)^{T-1}} B_{t+T-1}$。

债务融资成本综合考虑不同类别的债务利息（包括银行贷款、债券等），所以本书参考皮特曼和福丁（Pittman and Fortin，2004）的方法，债务融资成本等于利息总支出/长短期债务总额平均值。

由于本书是考虑融资途径导致的审计需求变化，因此，本研究不仅要考虑年报审计的注册会计师变更，还会考虑债券发行和再融资的注册会计师变更。

参考相关文献，通常认为国际"四大"会提供更专业的审计服务，本土"十大"其次。因此，我们将注册会计师变更按照三个等级分为升级变更和降级变更。按本土小所，本土"十大"，国际"四大"顺序变更被认定为升级变更；按国际"四大"，本土"十大"，本土小所顺序变更被认定为降级变更。

根据研究假设，本书需要考察在涉及国家审计的特定年份，企业是否会改聘更高质量的注册会计师，即升级变更。若发生升级变更，该变量为 1，否则为 0。根据我们的样本，我们将进行三次检验。首先，针对年报审计，注册会计师若发生升级变更，该变量为 1；其次，进一步，观测针对融资的发债审计和融资审计时，注册会计师是否发生升级变更，由于企业并非每一年都有股权融资审计和债务融资审计，因此只要与此前以任何目的聘用的事务所相较，发生升级变更，则均设置为 1。

6.2.4.2 研究设计

（1）国家审计对注册会计师审计质量的影响：注册会计师审计供给的视角。

此部分设计类似第 4 章，但此处强调审计供给视角。为检验国家审计如何提高注册会计师审计质量，设定模型（6.1）。假设 1a 要验证审计署公告的被审国有企业，注册会计师审计质量更高；假设 1b 要验证被地方审计机构审计的国有企业，注册会计师审计质量更高。

因此设置主要解释变量 $govaud\_c$ 和 $govand\_l$，分别表示是否为审计署的被审企业和是否为地方审计机构的被审企业。被解释变量 da 为操纵性应计盈余值，用作审计质量的代理变量，da 值越小，审计质量越高。由于国有企业本身财务报表质量更高，为了减少样本的固有差异，我们使用 PSM 配对方法，为被审企业进行最近邻匹配。同时，为减少企业个体特征对审计质量的影响，我们参考相关文献，从企业的财务状况、业务复杂程度、事务所情况和公司治理结构四个方面对模型进行控制，具体变量说明见表 6 - 1。此外，由于每年的审计重点不同，我们还控制了年份的固定效应。由于行业的差异会导致审计程序上的不同，也会影响到审计质量，因此我们也控制了行业的固定效应。根据理论推导，预期 $govaud\_c$ 和 $govand\_l$ 的系数均显著为负。即无论是被审计署抽中的国有企业，还是被地方审计机构抽中的国有企业，在国家审计介入后，审计质量均更高。

$$da = \alpha_0 + \alpha_1 govaud\_c/govaud\_l + \alpha_2 size + \alpha_3 cfo + \alpha_4 roa$$
$$+ \alpha_5 loss + \alpha_6 current + \alpha_7 big4 + \alpha_8 cr1 + \alpha_9 board$$
$$+ \alpha_{10} indep + \alpha_{11} super + \sum year_i + \sum ind_j + \varepsilon \qquad (6.1)$$

表 6 - 1　　　　　　　　　　　第 6 章变量说明表 1

变量类型	模型	变量符号	变量定义
被解释变量		da	审计质量，操纵性应计盈余
解释变量	模型（6.1）	$govaud\_c$	是否为审计署抽中的被审企业，是为1，否则为0
	模型（6.1）	$govaud\_l$	是否为地方审计机构抽中的被审企业，是为1，否则为0
	模型（6.2）& （6.4）	$soe\_audfirm$	是否为目标事务所的国有企业客户，是为1，否则为0
	模型（6.2）& （6.3）	$govaud$	是否为国家审计后，是为1，否则为0
	模型（6.3）& （6.5）	$govaudfirm$	是否为目标事务所，是为1，否则为0
	模型（6.4）& （6.5）	$audcover$	审计覆盖率

续表

变量类型	模型	变量符号	变量定义
控制变量		size	总资产的自然对数
		cfo	经营活动产生的现金流量/年末总资产
		roa	净利润/年末总资产
		loss	是否亏损
		current	流动比率
		big	是否"四大"
		tenu	审计任期,即事务所为该企业的服务年限
		cr1	截止到资产负债表日,第一大股东持股比例(小数)
		board	董事会规模
		indep	独立董事比例
		super	监事会规模
		ind	行业效果哑变量
		year	年度效果哑变量

（2）威慑力的辐射作用。

在验证国家审计提高注册会计师审计质量的基础上，进一步验证这种作用的传染效应。辐射作用要验证在经历国家审计后，与目标事务所审计的非国有企业相比，目标事务所审计的国有企业审计质量更高；或者验证在经历国家审计后，与其他事务所相比，目标事务所审计的国有企业审计质量更高。

因此，实验组均为被审企业的会计师事务所，对照组分别为目标事务所的其他非国有企业和其他事务所的国有企业。我们在检验辐射作用的一种推导时，构建模型（6.2），将目标事务所的客户分为国有企业（$soe\_audfirm = 1$）和非国有企业（$soe\_audfirm = 0$）。为了避免国有企业和非国有企业的固有差异，我们使用 DID 模型，对比国有企业和非国有企业，在事务所经历国家审计后变化的幅度，国家审计后（$govaud = 1$），之前 $govaud = 0$。检验辐射作用的另一种推导时，构建模型（6.3），将企业的事务所分为目标事务所

（$govaudfirm = 1$）和其他事务所（$govaudfirm = 0$）。同样，我们使用 DID 模型。

$$
\begin{aligned}
da = {} & \alpha_0 + \alpha_1 soe\_audfirm + \alpha_2 govaud + \alpha_3 soe\_audfirm \times govaud \\
& + \alpha_4 size + \alpha_5 cfo + \alpha_6 roa + \alpha_7 loss + \alpha_8 current + \alpha_9 big4 \\
& + \alpha_{10} cr1 + \alpha_{11} board + \alpha_{12} indep + \alpha_{13} super + \sum year_i \\
& + \sum ind_j + \varepsilon
\end{aligned} \tag{6.2}
$$

$$
\begin{aligned}
da = {} & \alpha_0 + \alpha_1 govaudfirm + \alpha_2 govaud + \alpha_3 govaudfirm \times govaud \\
& + \alpha_4 size + \alpha_5 cfo + \alpha_6 roa + \alpha_7 loss + \alpha_8 current + \alpha_9 big4 \\
& + \alpha_{10} cr1 + \alpha_{11} board + \alpha_{12} indep + \alpha_{13} super + \sum year_i \\
& + \sum ind_j + \varepsilon
\end{aligned} \tag{6.3}
$$

（3）审计覆盖率的影响。

考虑审计覆盖率的影响，需要对比在被审当年，审计覆盖率（$audcover$）越高时，目标事务所的表现。根据供需双方议价能力的推导，要验证被审企业所处省份当年审计覆盖率越高，与目标事务所审计的非国有企业相比，目标事务所审计的国有企业审计质量更高；或者要验证被审企业所处省份当年审计覆盖率越高，与其他事务所相比，目标事务所审计的国有企业审计质量更高。

为此，构建模型（6.4）。将目标事务所的客户分为国有企业（$soe\_audfirm = 1$）和非国有企业（$soe\_audfirm = 0$），但由于我们只考虑当年的差异程度，又需要剔除国有企业和非国有企业的固有差异，因此我们需要使用 PSM 为国有企业匹配规模和财务报表质量类似的非国有企业。类似，我们构建模型（6.5），将事务所分为目标事务所（$govaudfirm = 1$）和其他事务所（$govaudfirm = 0$）。

$$
\begin{aligned}
da = {} & \alpha_0 + \alpha_1 soe\_audfirm + \alpha_2 audcover + \alpha_3 soe\_audfirm \times audcover \\
& + \alpha_4 size + \alpha_5 cfo + \alpha_6 roa + \alpha_7 loss + \alpha_8 current + \alpha_9 big4 \\
& + \alpha_{10} cr1 + \alpha_{11} board + \alpha_{12} indep + \alpha_{13} super + \sum year_i \\
& + \sum ind_j + \varepsilon
\end{aligned} \tag{6.4}
$$

$$da = \alpha_0 + \alpha_1 govaudfirm + \alpha_2 audcover + \alpha_3 govaudfirm \times audcover$$
$$+ \alpha_4 size + \alpha_5 cfo + \alpha_6 roa + \alpha_7 loss + \alpha_8 current + \alpha_9 big4$$
$$+ \alpha_{10} cr1 + \alpha_{11} board + \alpha_{12} indep + \alpha_{13} super + \sum year_i$$
$$+ \sum ind_j + \varepsilon \tag{6.5}$$

（4）国家审计对注册会计师变更的影响：国有企业审计需求的视角。

该部分分别从审计覆盖率、审计署国家审计和地方审计机构国家审计三个方面，考察与国有企业审计需求的关系。三个推导分别考察三个层次的国家审计，是否会增强相关国有企业的融资约束和融资成本。由此，我们设计模型（6.6）和模型（6.7），被解释变量分别为融资约束指数（$index\_fc$）、融资成本，融资成本分为股权融资成本（$equcost$）和债务融资成本（$debtcost$）。第一个层面关注的是审计覆盖率，解释变量为 $audcover$；第二个层面关注审计署国家审计，解释变量为 $govaud\_c$；第三个层面关注地方审计机构国家审计，解释变量为 $govaud\_l$。参考相关文献，被解释变量为融资约束指数时，选择企业规模 $size$，企业成长机会 $Tobin's~Q$，资产负债率 lev，非现金营运资本增加额 Δnwc 作为控制变量，同时控制行业和年度的固定效应。被解释变量为股权融资成本或债务融资成本时，选择企业规模 $size$，净资产收益率 roe，自由现金流 cfo，主营业务收入增长率 $salesgrowth$，第一大股东持股比例 $cr1$ 为控制变量，同时控制行业和年度的固定效应。由于国有企业与非国有企业存在固有的差异，我们选择的对照组均为国有企业。根据假设，在模型（6.6）和模型（6.7）中，$audcover$ 和 $govaud\_c$ 系数应显著为正；$govaud\_l$ 系数应不显著。

$$index\_fc = \alpha_0 + \alpha_1 audcover/govaud\_c/govaud\_l + \alpha_2 size + \alpha_3 tobin'sq$$
$$+ \alpha_4 lev + \alpha_5 \Delta nwc + \sum year_i + \sum ind_j + \varepsilon \tag{6.6}$$

$$equcost/debtcost = \alpha_0 + \alpha_1 audcover/govaud\_c/govaud\_l + \alpha_2 size$$
$$+ \alpha_3 roe + \alpha_4 cfo + \alpha_5 salesgrowth + \alpha_6 cr1$$
$$+ \sum year_i + \sum ind_j + \varepsilon \tag{6.7}$$

进一步考察涉及国家审计的国有企业是否会更倾向改聘高质量注册会计师，且融资成本增加越多，倾向是否会更显著。如前所述，被解释变量 $switch1$、$switch2$ 和 $switch3$，分别针对年报审计、股权融资审计和债务审计，若审计师发生升级变更，即由普通国内事务所，国内"十大"，国际"四大"顺序变更的企业为1，否则为0。由于变更决策具有滞后性，我们考察国家审计后一年。解释变量同上，分别为 $audcover$，$govaud\_c$ 和 $govaud\_l$。此外，为了观察融资成本的影响，还分别设置股权融资成本增加额（$\Delta equcost$）和债务融资成本增加额（$\Delta debtcost$），以及融资成本增加额和国家审计的交互项。参考相关文献，设置上一期审计意见 $opinion$，第一大股东持股比例 $cr1$，企业规模 $size$，盈利能力 roa，是否亏损 $loss$，资产负债率 lev 为控制变量，同时控制行业和年度的固定效应。需要说明的是，依然选择国有企业为对照组。具体模型如下：根据假设，预期 $audcover$ 和 $govaud\_c$ 系数显著为正，且与融资成本增加额的交互项显著为正；$govaud\_l$ 的系数，以及与融资成本的交互项均不显著。

$$
\begin{aligned}
switch1/2/3 = {} & \alpha_0 + \alpha_1 audcover/govaud\_c/govaud\_l + \alpha_2 \Delta equcost/\Delta debtcost \\
& + \alpha_3 \alpha_1 audcover/govaud\_c/govaud\_l \times \Delta equcost/\Delta debtcost \\
& + \alpha_4 opinion + \alpha_5 cr1 + \alpha_6 size + \alpha_7 roe + \alpha_8 loss + \alpha_9 lev \\
& + \sum year_i + \sum ind_j + \varepsilon
\end{aligned} \tag{6.8}
$$

本章变量说明表见表6-2。

表6-2 第6章变量说明表2

变量类型	模型	变量符号	变量定义
被解释变量	模型（6.6）	$index\_fc$	融资约束指数
	模型（6.7）	$equcost$	股权融资成本
	模型（6.7）	$debtcost$	债权融资成本
	模型（6.8）	$switch1$	年报审计事务所是否变更，变更为1，否则为0
	模型（6.8）	$switch2$	股权融资审计事务所是否变更，变更为1，否则为0
	模型（6.8）	$switch3$	债务融资审计事务所是否变更，变更为1，否则为0

续表

变量类型	模型	变量符号	变量定义
解释变量	模型（6.6）& 模型（6.7）& 模型（6.8）	*audcover*	审计覆盖率
	模型（6.6）& 模型（6.7）& 模型（6.8）	*govaud_c*	是否为审计署抽中的被审企业，是为 1，否则为 0
	模型（6.6）& 模型（6.7）& 模型（6.8）	*govaud_l*	是否为地方审计机构抽中的被审企业，是为 1，否则为 0
	模型（6.8）	Δ*equcost*	股权融资成本增加额，当年股权融资成本减去上一年股权融资成本
	模型（6.8）	Δ*debtcost*	债务融资成本增加额，当年债务融资成本减去上一年债务融资成本
控制变量	模型（6.6）& 模型（6.7）& 模型（6.8）	*size*	总资产的自然对数
	模型（6.6）& 模型（6.7）& 模型（6.8）	*tobin's Q*	（年平均股价 × 年末股本总数 + 年末公司负债）/年末公司总资产
	模型（6.6）& 模型（6.8）	*lev*	资产负债率
	模型（6.6）& 模型（6.7）& 模型（6.8）	Δ*nwc*	非现金营运资本增加额
	模型（6.7）	*roe*	净利润/所有者权益
	模型（6.7）	*cfo*	经营活动产生的现金流量/年末总资产
	模型（6.7）	*salesgrowth*	主营业务收入增长率，当年主营业务收入减去上一年主营业务收入
	模型（6.7）& 模型（6.8）	*cr1*	截止到资产负债表日，第一大股东持股比例（小数）
	模型（6.8）	*opinion*	上一年审计意见，若为非标审计意见，则为 1，否则为 0
	模型（6.8）	*roa*	净利润/年末总资产
	模型（6.8）	*loss*	是否亏损
		ind	行业效果哑变量
		year	年度效果哑变量

（5）国家审计对注册会计师审计定价的影响：供需双方议价能力的视角。

为检验供需双方议价能力的推导，本书构造了 DID 模型（6.9），考察与其他国有企业对比下，涉及国家审计的国有企业的审计费用变化。被解释变量是 lnFee，为审计费用的自然对数。解释变量分别为 $audcover$、$govaud\_c$ 和 $govaud\_l$，分别代表审计覆盖率、被审计署抽中的国有企业和被地方审计机构抽中的国有企业三个层次（见表 6 – 3）。$post$ 为是否是公告年份之后的虚拟变量，1 为公告年份之后，0 为公告年份之前。对照组为 PSM 配对的其他国有企业。因为审计费用还会受到审计业务本身复杂程度，事务所的专业程度等多方面影响，因此我们控制了企业财务状况、业务复杂程度、审计事务所及审计意见、公司治理结构等基本情况。同时，我们也控制了行业和年度固定效应。根据理论推导，DID 分组后，预期 $audcover \times post$ 和 $govaud\_c \times post$ 的系数显著为正；但同时 $govaud\_l \times post$ 既有可能更高（H4a），也有可能不显著（H4b）。

$$
\begin{aligned}
lnFee = &\ \alpha_0 + \alpha_1 audcover/govaud\_c/govaud\_l + \alpha_2 post \\
&+ \alpha_3 audcover/govaud\_c/govaud\_l \times post + \alpha_4 size \\
&+ \alpha_5 cfo + \alpha_6 roa + \alpha_7 rec + \alpha_8 current + \alpha_9 lev + \alpha_{10} loss \\
&+ \alpha_{11} big4 + \alpha_{12} biglocal + \alpha_{13} mod + \alpha_{14} tenu + \alpha_{15} mshr \\
&+ \alpha_{16} board + \alpha_{17} indep + \alpha_{18} super + \sum year_i + \sum ind_j \\
&+ \varepsilon
\end{aligned} \tag{6.9}
$$

表 6 – 3   第 6 章变量说明表 3

变量类型	变量符号	变量定义
被解释变量	lnFee	审计费用的自然对数
解释变量	audcover	审计覆盖率
	govaud_c	是否为审计署抽中的被审企业，是为 1，否则为 0
	govaud_l	是否为地方审计机构抽中的被审企业，是为 1，否则为 0
控制变量	size	总资产的自然对数
	cfo	经营活动产生的现金流量/年末总资产
	roa	净利润/年末总资产

续表

变量类型	变量符号	变量定义
控制变量	rec	应收账款总额/年末总资产
	current	流动比率
	lev	资产负债率
	loss	是否亏损
	big4	是否国际四大会计师事务所，是为1，否则为0
	biglocal	是否本地十大会计师事务所，是为1，否则为0
	mod	是否非标审计意见，是为1，否则为0
	tenu	审计任期，即事务所为该企业的服务年限
	mshr	高管持股比例
	board	董事会规模
	indep	独立董事比例
	super	监事会规模
	ind	行业效果哑变量
	year	年度效果哑变量

为了验证传染效应，即与其他事务所相比，被审计署审计抽查过的企业的事务所，在承接其他国有企业业务时，审计费用更高。该检验也同样使用模型（6.9），被解释变量是 $govaud\_c$，对照组是目标事务所的其他国有企业客户。

6.3 国家审计对年报审计市场的影响
——供需双方力量变化的视角

基于对年报审计市场中供给方和需求方的分析，我们考察了国家审计如何作用于供需双方力量，从而影响审计市场，具体体现在审计费用的变化上。本书使用 2010~2016 年国家审计公告，以被审国有企业及其类似非被审国有企业为样本，发现国家审计不但能够提升被审国有企业的审计费用，还会提高市场中其他类似非被审国有企业的审计费用；且由于机会主义的存在，后者的审计费用提高幅度更大。研究还发现，在国家审计公告后，被审国有企业的审计费用已经与非国有企业没有显著差异。验证了国家审计对资本市场的监督作用，即有助于缓解资本市场中国有企业审计供需关系的不平衡，有利于提升审计质量、提升资本市场审计费用的市场化程度，维护审计市场的健康发展。

6.3.1 问题的提出

在我国年报审计市场上，国有上市公司的审计费用会显著低于民营上市公司（刘霞和刘峰，2013）。造成这一现象的原因主要来自供需双方力量的不对等，注册会计师倾向于承揽国有企业审计业务，在审计供过于求的情况下，国有企业拥有了相对更多的话语权。具体分析，从供给方（注册会计师）来看，其定价决策往往基于风险和投入的评估。当投入一定时，风险则是事务所考虑的主要因素，那么有政府声誉担保的国有企业，就成为事务所更愿意承接业务的对象。从需求方来看，与非国有企业相比，国有企业凭其先天优势，享有债权人和投资者的信任，融资约束较低，实质审计需求也相应较弱（Wang et al.，2008）。这种供需双方力量不平衡的局面，对提升审计质量构成压力，不利于审计市场健康发展。

审计署每年根据监管需要，选取若干个国有企业进行国家审计，并以审计公告的形式披露发现的问题及其整改要求。这一举措使国家审计成为年报审计市场强有力的外生冲击，可能会调节年报审计影响供需双方力量，打破市场现有均衡，进而影响年报审计市场的定价。具体影响路径如下：从供给方来说，国家审计对注册会计师审计的双重身份，均有可能促使注册会计师更加深入地了解和认识企业风险和审计风险，据此要求更高的风险补偿，提高审计费用。第一重身份是指，国家审计是注册会计师的监管者之一，国家审计凭这个身份会对注册会计师已审的年报进行复核验证，并对发现的问题予以公示，这会对注册会计师产生一定的威慑，促使注册会计师更加谨慎执业，提高审计费用。第二重身份是指，国家审计与注册会计师审计都是我国审计监督体系的重要组成部分，两者可以互相利用工作结果，注册会计师虽然有可能利用国家审计结果，降低审计投入成本，从而降低审计费用；但也可能利用国家审计的风险提示，洞察到以前未发现的风险领域，要求更高的风险补偿，提高审计费用。从需求方来说，国家审计发现问题后，责令企业整改并公示，这在某种程度上会影响到国有企业声誉，从而影响企业融资等。企业为了挽回声誉，会从实质上需要注册会计师提供专业服务，这将有助于提升注册会计师审计议价能力，提高审计费用。当国有企业实质审计需求上升时，国有企业愿意花费更多审计费用，使国有企业的审计费用与非国有企业趋于一致，从而提高审计市场的公平性和市场化程度。

本书首先从国家审计的双重身份出发，分析其对年报审计供给方（即注册会计师）的影响；其次，根据审计需求理论，分析国家审计如何影响年报审计需求方（国有企业）；再次，在此基础上，考虑国家审计对年报审计市场的辐射作用，考察对其他非被审国有企业审计的影响；最后，基于国家审计对国有企业供需双方力量的影响，考察这种影响，是否已经缩小了审计市场上国有企业和非国有企业审计费用的差距。

本书的研究意义在于：第一，把审计类比商品，研究供求关系的变动，完整地探讨了商品定价如何受到市场供需双方的影响，丰富了关于审计费用的研究；第二，从审计需求假说出发，分析国有企业实质审计需求较低的原因，以及政府监管如何影响这些原因；第三，针对年报审计市场，考察了非被审国有企业，在国家审计后的审计费用变化，以此对国家审计的辐射作用进行了探讨，这拓展了国家审计在资本市场上监督作用的研究，也为政策制定提供了参考；第四，针对我国审计市场中，国有企业和非国有企业审计费用存在差距这一现象，利用国家审计这一特殊的监管背景，验证了国家审计对促进市场发展、提高市场化程度的作用。

本书与类似文献的主要区别在于：第一，李青原和马彬彬（2017）从供给方讨论了国家审计对注册会计师的"警示"作用，从而提高了被审国有企业的审计费用。本书与其存在重大不同：我们关注的是国家审计对整个市场的影响，包括其他国有企业和非国有企业，而并非仅仅讨论国家审计对被审国有企业的影响；我们利用他们的研究结论，拓展研究审计供给方和需求方力量变化引起审计费用的变化。第二，朱晓文和王兵（2016）在进一步研究中提到，国家审计整体上不会影响事务所对"二次审计"企业的审计收费，但会影响"非十大"事务所的收费。这与本书的研究对象、侧重点、理论逻辑均不同，但同样给予我们启示，即审计市场会针对国家审计作出反应。

6.3.2 假设推导

自 2010 年起，审计署开始连续系统地公布国家审计结果报告，报告包括企业基本情况、审计发现的问题，以及对企业的限时整改要求等。根据我们对国家审计公告的观察，公告内容都以披露问题为主，而非对其财务状况和经营情况的认可和背书。审计署介入往往滞后于会计年度一年，审计署公告滞后于会计年度两年。

6.3.2.1 国家审计对年报审计供给方的影响

基于国家审计的双重身份，国家审计可以从两方面影响注册会计师年报审计市场供需双方力量。

国家审计作为整个国民经济发展主要监管力量，每年抽取一定的国有企业进行审计，复核注册会计师审计结果，并把发现的问题发布到审计公告中。当国家审计的结果和注册会计师年报审计结果存在差异时，审计署虽无直接处罚权，但往往会把问题移交至相关部门予以追查。这时，资本市场相关利益方也会以审计署公告结果为参考，质疑注册会计师的审计结果，这不仅对注册会计师产生一定程度的威慑，促使注册会计师更加谨慎执业，也使注册会计师不得不要求更高的风险补偿而提高审计费用。另外，在我国审计市场，监管风险是主要的风险，政府监管能提高注册会计师的议价能力（宋衍蕻，2011），同样，国家审计会提升注册会计师在国有企业年报审计中的议价能力。

在国家审计、注册会计师和内部审计"三足鼎立"共同构成的社会审计监督平台中，注册会计师审计可以利用国家审计公告，更深入地了解被审企业。一方面，注册会计师审计可以利用国家审计结果，减少审计投入，降低审计费用；另一方面，注册会计师也可以利用审计署公告的风险提示，洞察到以前审计没有发现的风险领域，从而要求风险补偿，提高审计费用。李青原和马彬彬（2017）认为其中风险提示的作用更强，国家审计公告后被审企业审计费用会提高。

因此，我们认为，国家审计通过增强年报审计供给方（注册会计师）的风险意识和议价能力，提高了注册会计师对国有企业的审计费用。

6.3.2.2 国家审计对年报审计需求方的影响

从需求方分析，企业的审计需求主要源于三个假说（Wallace，2004；陈汉文，2012）：代理假说、信息假说和保险假说。本书主要从代理假说和信息假说来分析我国国有企业实质审计需求较低的原因，以及国家审计如何改变这一状况。

代理假说认为，注册会计师审计作为一种约束机制，保证股东和债权人获取充分信息，以保障他们的权益。从股东方面来看，国有企业的大股东是国资委及其国有持股公司，有其独特的手段了解国有企业经营信息，并具备以行政手段对经理人进行约束的能力。因此，与普通上市企业相比，国有企业的大股东对企业外部审计信息的依赖程度较低。而国家审计后，国有企业的股东会意识到企业的财务规范性存在问题并亟待解决，会要求国有企业在注册会计师的专业协助下，完成整改并提升财务报表的可信赖程度。从债权人方面来看，国有企业拥有政府背书，使其在银行贷款等方面具备先天优势，债权人对审计信息的要求也相应较低（江伟和李斌，2006；方军雄，2007）。当国有企业的债权人在审计公告中看到国家审计发现的问题，意识到国有企业存在的风险和问题时，会降低对国有企业的信赖程度。在以上两方力量促动下，国有企业要想继续获取相关利益人的信任，会提高实质审计需求，即国有企业需要注册会计师的专业服务，提升股东和债权人对企业的信任程度。

信息假说认为，审计为企业的声誉背书，给现有的和潜在的投资者提供财务信息的可靠保证。我国国有企业的独特地位决定了其声誉较好，且国有企业上市企业融资约束低，他们往往更在乎能否满足证券监管机构的程序性需求，而非真正有求于投资者（雷光勇，2009）。国家审计公告向公众发布以后，被审国有企业的声誉会受到损害。辛姆内特（Simnett et al.，2009）发现企业会基于建立声誉的目的，寻求审计鉴证服务。为了挽回声誉，被国家审计的国有企业愿意支付更高的成本，让审计师为其财务报告质量进行背书，以获取潜在投资者的信任。

因此，在国家审计公告之后，被审国有企业实质审计需求会显著提高，注册会计师审计议价能力相对提升。

综合以上两部分的分析，我们提出假设 H6 – 1：

H6 – 1：当其他因素一致，国家审计公告后，注册会计师（供给方）相对于国有企业（需求方）的审计议价能力会提高，表现为审计费用的上升。

6.3.2.3　国家审计对年报审计市场上其他国有企业的影响

国家审计对注册会计师审计的影响并不局限于被审国有企业。从供给方分析，国家审计对注册会计师的威慑力，会影响到其他类似的非被审国有企业。审计署揭示被审企业的风险后，会对年报审计市场整体上起到警示作用。其他类似非被审国有企业的注册会计师，会尽力避免陷入同样的境地。他们在承接该类企业时，会忌惮潜在的来自国家审计的监管风险，会更为严谨地对风险进行判断与应对，要求更高的风险回报。

从需求方分析，基于代理假说和信息假说，那些与被审国有企业类似的非被审国有企业，也会提高其实质审计需求。具体分析，一方面，非被审国有企业同样在未来被国家审计抽中并揭示问题的可能性，为了减少未来声誉损害的风险，维持债权人和潜在投资者的信任，企业会提高其实质审计需求；另一方面，被审国有企业在国家审计公告中被披露的问题，可能同样存在于与之对应的非被审国有企业，这些问题会因为国家审计公告的披露而引起债权人和潜在投资者的注意，这时，这些类似的非被审国有企业有强烈的需求想通过审计报告传递正面信息，因此，实质审计需求提高。据此，我们提出假设 H6 – 2：

H6 – 2：当其他因素一致，国家审计公告后，针对那些与被审国有企业基本情况类似的非被审国有企业，注册会计师（供给方）相对于国有企业（需求方）的审计议价能力也会提高，表现为审计费用的上升。

进一步分析审计公告后，针对被审国有企业和类似的非被审国有企业，注册会计师（供给方）相对于国有企业（需求方）的审计议价能力均会提高，审计费用都会提高，但后者提高的幅度可能会更大。这主要是因为机会主义：从供给方来说，已被审企业的问题已被揭示，即使依然有再次被抽中的风险，但大致情况已经了解，注册会计师面临的监管风险相对减低；从需求方来说，被审国有企业虽然会基于挽回声誉的需求，而寻求注册会计师审计提升财报的可信赖程度，但刚经历过审计署抽查，所以相对安全（宋达和郑石桥，2014）。为此，我们提出假设 H6 – 3：

H6 – 3：当其他因素一致，与被审国有企业相比，国家审计公告后，针对类似的非被审国有企业，注册会计师（供给方）的审计议价能力提高程度更大，表现为审计费用提高幅度会更大。

6.3.2.4 国家审计对年报审计市场上"国有"与"非国有"差距的影响

我国年报审计市场上，"国有企业"和"非国有企业"的审计费用存在差距（刘霞和刘峰，2013）。我们关注国家审计提高国有企业审计费用后，是否会缩小该差距，提高审计市场的市场化程度。从供给方分析，国家审计提高了对国有企业风险的认知和应对，若增加到一定程度，注册会计师在评估国有企业和非国有企业的审计风险时，将使用统一的标准，不会观测到显著的差异；从需求方分析，被国家审计后的国有企业审计需求会提高，若需求提高到一定程度，被审国有企业的审计费用将与非国有企业没有显著差异。因此，我们选择与被国家审计的国有企业基本情况相似的非国有企业来作为控制组，在控制其他因素后，我们提出假设 H6 – 4：

H6 – 4：当其他因素一致，国家审计公告后，国有企业的审计费用与非国有企业没有显著差异。

6.3.3 研究设计

6.3.3.1 样本选择与数据来源

本书选择的样本为 2010 ~ 2016 年国家审计公告的被审国有企业及其控股的上市公司。结合 Csmar 和 Wind 数据库中信息，查找实际控制人和直接控制人为被审国有企业的 A 股上市企业。当数据库中信息与企业官方公开信息不一致时，结合工商总局企业信息公示平台公布信息进行判断。剔除金融类企业及数据缺失观测，7 年共剩余 228 个观测，其中 70 个观测涉及二次审计①。

由于被审国有企业大多为行业中龙头企业，因此其审计费用会与其他企业有系统性差异，因此我们先用 PSM 配对方法，找到基本情况相似的控制组样本，然后再进行检验。根据假设，需要两个不同的控制组：（1）假设 H6 – 1、假设 H6 – 2 和假设 H6 – 3 需要对比被审国有企业和非被审国有企业国家审计公告前后的变化，因此，实验组为被审国有企业，控制组为与被审企业基本情况相似的非被审国有企业。（2）假设 H6 – 4 需要对比被审国有企业和基本情况相似的非国有企业，因此，控制组为与被审企业基本情况相似的非国有企业。采用 PSM 方法，对企业财务状况、业务复杂程度、事务所信息和公司治理结构等基本情况进行配对，分别得到两个控制组。具体配对变量见表 6 – 4。样本不包括金融类观测和缺失观测。

表 6 – 4 　　　 2010 ~ 2016 年审计署公告中被审非金融国有企业观测数统计

公告年份	被审国有企业及其 控股 A 股上市企业观测数	其中二次审计企业观测数
2010	10	0
2011	32	0
2012	45	0
2013	19	5
2014	32	15
2015	46	24
2016	44	26
总计	228	70

6.3.3.2　模型与变量

为检验假设，我们构造了 DID 模型。被解释变量是 $lnFee$，为审计费用的自然对数。审计费用为供需双方力量的代理变量。审计费用越高，表明注册

---

① 指自审计公告发布以来，某企业第二次被审计署抽中进行审计。

会计师（供给方）相对于国有企业（需求方）的议价能力越高，反之则越低。

在假设 H6 - 1、假设 H6 - 2 和假设 H6 - 3 的检验中，$govaud$ 是虚拟变量，$govaud$ 为 1 表示是被国家审计的企业，0 表示控制组企业，即 PSM 配对的非被审国有企业。$post$ 为是否是公告年份之后的虚拟变量，1 为公告年份之后，0 为公告年份之前。模型用来对比被审国有企业和非被审国有企业，考察在国家审计公告前后两者审计费用变化情况。根据假设 H6 - 1，预期 $govaud \times post$ 的系数显著为正，即被审国有企业在国家审计公告后，审计费用显著更高；根据假设 H6 - 2，预期 $post$ 的系数显著为正，表明非被审国有企业，在国家审计公告后，审计费用也会显著更高；根据假设 H6 - 3，预期非被审国有企业在审计公告前后对审计费用回归的系数差额，大于被审国有企业在审计公告前后对审计费用回归的系数差额，表明非被审国有企业在审计公告后，审计费用提高程度更高。

在 H6 - 4 的检验中，$govaud$ 是虚拟变量，$govaud$ 为 1 表示被国家审计的国有企业，0 表示控制组企业，即 PSM 配对的基本情况相似的非国有企业。$post$ 同假设 H6 - 1 和假设 H6 - 2，为是否国家审计公告之后的虚拟变量。对比被审企业在国家审计公告后，审计费用是否与非国有企业审计费用有差异。根据假设 H6 - 4，预期 $govaud \times post$ 的系数不显著，即国家审计通过增强国有企业的审计需求，已经使国有企业和非国有企业审计费用没有显著差别。

因为审计费用除了受到审计需求的影响，还会受到审计业务本身复杂程度，事务所的专业程度等多方面影响，因此我们控制了企业财务状况、业务复杂程度、审计事务所及审计意见、公司治理结构等基本情况，变量参考以往文献设置，具体变量说明见表 6 - 5。同时，我们也控制了行业和年度固定效应。

$$
\begin{aligned}
\ln Fee = {} & \alpha_0 + \alpha_1 govaud + \alpha_2 post + \alpha_3 govaud \times post + \alpha_4 size + \alpha_5 cfo \\
& + \alpha_6 roa + \alpha_7 rec + \alpha_8 current + \alpha_9 lev + \alpha_{10} loss + \alpha_{11} big4 \\
& + \alpha_{12} biglocal + \alpha_{13} mod + \alpha_{14} tenu + \alpha_{15} mshr + \alpha_{16} board \\
& + \alpha_{17} indep + \alpha_{18} super + \sum year_i + \sum ind_j + \varepsilon
\end{aligned}
$$

表 6 - 5 第 6 章变量说明表 4

变量类型	假设	变量符号	变量定义
被解释变量		ln*Fee*	审计费用的自然对数
解释变量	假设 H6 - 1、假设 H6 - 2、假设 H6 - 3	*govaud*	是否为被国家审计的国有企业，是为 1，否则为其配对国有企业
	假设 6 - 4	*govaud*	是否为国有企业，是为 1，否则为其配对非国有企业
控制变量		*size*	总资产的自然对数
		cfo	经营活动产生的现金流量/年末总资产
		roa	净利润/年末总资产
		rec	应收账款总额/年末总资产
		current	流动比率
		lev	资产负债率
		loss	是否亏损
		big4	是否国际四大会计师事务所，是为 1，否则为 0
		biglocal	是否本地十大会计师事务所，是为 1，否则为 0
		mod	是否非标审计意见，是为 1，否则为 0
		tenu	审计任期，即事务所为该企业的服务年限
		mshr	高管持股比例
		board	董事会规模
		indep	独立董事比例
		super	监事会规模
		year	年度效果哑变量
		ind	行业效果哑变量

6.3.4 实证结果及分析

6.3.4.1 描述性统计

根据被审国有企业公告年份的数据，分别匹配了其他国有企业和非国有企业。具体匹配包括企业财务状况、业务复杂程度、事务所信息和公司治理结构等方面的共 10 个指标，变量说明参见表 6-6。

表 6-6 被审国有企业与其他国有企业 PSM 配对样本 T 检验

变量	Mean		t-test	
	Treated	Control	t	p > t
size	23.005	23.189	-0.45	0.654
cfo	0.041	0.052	-0.52	0.604
roa	4.032	2.624	1.10	0.277
loss	0.056	0.167	-1.05	0.302
current	1.540	1.402	0.64	0.527
*big*4	0.222	0.222	-0.00	1.000
mshr	0.001	0.007	-1.35	0.187
board	9.333	9.111	0.32	0.754
indep	0.357	0.348	0.69	0.492
super	4	3.944	0.14	0.888

表 6-6 是被审国有企业和其他国有企业的 PSM 配对样本 T 检验，可以发现，配对后的实验组和控制组样本的 10 个指标均无显著差异，表明实验组和控制组已无系统性差异。

表 6-7 为配对后两组样本，在公告前后的描述性统计。我们将样本分为四组，分别为：公告年份之前的非被审企业（$post=0$，$govaud=0$）；公告年份以前的被审企业（$post=0$，$govaud=1$）；公告年份以后的非被审企业（$post=1$，$govaud=0$）；公告年份以后的被审企业（$post=1$，$govaud=1$）。观测发现：（1）在公告年份前后，被审企业的审计费用均值提高了 0.43；（2）在公告年份前后，非被审企业的审计费用均值提高了 0.45；（3）在公告年份之前（$post=0$），被审企业的审计费用略高于非被审企业（0.08）；在公告年份之后（$post=1$），被审企业的审计费用依然略高于非被审企业（0.06）。观测结果初步证明假设 H6-1、H6-2、H6-3，即审计公告后，无论是被审企业还是非被审企业，审计费用均显著提高，且非被审国有企业的

审计费用提高程度略高于被审国有企业。

表 6-7 被审国有企业与配对国有企业配对分组描述性统计

变量	总样本		post = 0 govaud = 0		post = 0 govaud = 1		post = 1 govaud = 0		post = 1 govaud = 1	
	N	mean	N	mean	N	mean	N	mean	N	mean
ln*Fee*	1713	13.88	484	13.63	420	13.71	336	14.08	473	14.14
size	1713	22.74	484	22.42	420	22.56	336	22.94	473	23.07
cfo	1713	0.05	484	0.05	420	0.05	336	0.05	473	0.06
roc	1713	0.10	484	0.08	420	0.10	336	0.10	473	0.11
roa	1713	5.65	484	6.04	420	6.06	336	5.69	473	4.85
rec	1713	0.09	484	0.08	420	0.10	336	0.07	473	0.11
inv	1713	0.15	484	0.18	420	0.14	336	0.14	473	0.14
current	1713	1.67	484	1.67	420	1.88	336	1.43	473	1.67
lev	1713	52.08	484	52.24	420	50.86	336	52.69	473	52.56
loss	1713	0.10	484	0.06	420	0.09	336	0.11	473	0.13
big4	1713	0.15	484	0.11	420	0.11	336	0.15	473	0.21
biglocal	1713	0.46	484	0.43	420	0.49	336	0.43	473	0.47
mod	1713	0.02	484	0.01	420	0.03	336	0.01	473	0.02
tenu	1713	2.65	484	2.87	420	2.82	336	2.58	473	2.34
mshr	1713	0.00	484	0.01	420	0.00	336	0.00	473	0.00
board	1713	9.67	484	9.47	420	10.03	336	9.30	473	9.82
indep	1713	0.37	484	0.36	420	0.36	336	0.38	473	0.37
super	1713	4.28	484	4.26	420	4.29	336	4.34	473	4.23

表 6-8 是针对假设 4 的样本 T 检验，是被审国有企业与非国有企业的 PSM 配对样本 T 检验。配对后的实验组和控制组样本的 10 个指标均无显著差异，表明实验组和控制组已无系统性差异。

表6-8 被审国有企业与非国有企业 PSM 配对样本 T 检验

变量	Mean		t-test	
	Treated	Control	t	p > t
size	23.005	23.048	-0.110	0.910
cfo	0.041	0.030	0.540	0.593
roa	4.032	3.991	0.050	0.962
loss	0.056	0.000	1.000	0.324
current	1.540	1.448	0.430	0.669
big4	0.222	0.111	0.880	0.386
mshr	0.001	0.000	1.010	0.320
board	9.333	8.778	1.170	0.251
indep	0.357	0.374	-1.110	0.273
super	4.000	3.500	1.410	0.168

表6-9 为配对后的两组样本，在公告前后的描述性统计。与表6-7类似，我们将样本分为四组，分别为：非被审企业，公告年份之前（post=0，govaud=0）；被审企业，公告年份以前（post=0，govaud=1）；非被审企业，公告年份以后（post=1，govaud=0）；被审企业，公告年份以后（post=1，govaud=1）。这里的非被审企业，指针对假设 H6-3 的非国有企业。观测发现：（1）在公告年份之前（post=0），被审企业的审计费用略高于非国有企业（0.1），这与以往研究（刘霞和刘峰，2013）中结论不符。但我们认为这是因为我们配对仅以公告当年数据配对，而在公告前全部年份中，两组样本的规模等因素仍可能有细微差别，所以在回归分析中，将其他因素控制后，我们发现结论与之前研究一致。（2）在公告年份之后（post=1），被审企业的审计费用高于非被审企业（0.27），远高于公告年份之前的0.1。这一观察结论说明被审国有企业在公告年份后，审计费用提高程度高于非国有企业，但是否与非国有企业无显著差异，需要我们控制其他变量后进一步分析。

表6-9　　　　　　　被审国有企业与配对非国有企业配对分组描述性统计

变量	总样本		post = 0 govaud = 0		post = 0 govaud = 1		post = 1 govaud = 0		post = 1 govaud = 1	
	N	mean	N	mean	N	mean	N	mean	N	mean
ln*Fee*	1952	13.840	469	13.540	412	13.640	445	13.880	626	14.150
size	1952	22.590	469	22.130	412	22.440	445	22.470	626	23.110
cfo	1952	0.045	469	0.031	412	0.047	445	0.042	626	0.055
roc	1952	0.078	469	0.036	412	0.086	445	0.069	626	0.110
roa	1952	5.541	469	6.095	412	6.111	445	5.697	626	4.640
rec	1952	0.114	469	0.124	412	0.106	445	0.115	626	0.109
inv	1952	0.162	469	0.202	412	0.149	445	0.172	626	0.134
current	1952	1.884	469	1.921	412	1.985	445	2.115	626	1.625
lev	1952	50.070	469	50.590	412	49.530	445	46.120	626	52.860
loss	1952	0.100	469	0.087	412	0.095	445	0.088	626	0.121
*big*4	1952	0.121	469	0.051	412	0.100	445	0.103	626	0.201
biglocal	1952	0.480	469	0.412	412	0.498	445	0.530	626	0.482
mod	1952	0.025	469	0.030	412	0.027	445	0.023	626	0.021
tenu	1952	2.662	469	2.631	412	2.755	445	2.730	626	2.577
mshr	1952	0.004	469	0.005	412	0.003	445	0.007	626	0.003
board	1952	9.467	469	9.194	412	9.932	445	8.867	626	9.791
indep	1952	0.366	469	0.364	412	0.363	445	0.370	626	0.367
super	1952	3.986	469	3.723	412	4.301	445	3.613	626	4.2

6.3.4.2　相关性分析

本章对主要变量之间的相关性进行了初步分析，表6-10为各变量相关关系，表6-11为各变量相关关系。可以发现：（1）主要解释变量 *govaud* × *post* 在表6-10和表6-11中均显著为正，表明无论与哪个对照组相比较，被审国有企业在公告年份后的样本，均在99%的置信水平上与审计费用显著相关。（2）*govaud* 在表6-10和表6-11中也都与审计费用显著正相关，表明被审企业与其他企业相比，审计费用均显著更高。这是因为我们配对仅用

表 6 – 10 被审国有企业和非被审国有企业匹配样本主要变量相关性分析

	lnFee	govaud	post	Govaud × post	size	cfo	roa	rec	inv	current	lev	loss	big4	biglocal	mod	tenu	mshr	board	indep	super
lnFee	1																			
govaud	0.064*	1																		
post	0.231*	0.092*	1																	
Govaud × post	0.167*	0.560*	0.666*	1																
size	0.824*	0.069*	0.183*	0.142*	1															
cfo	0.122*	0.039	0.047	0.051	0.109*	1														
roa	0.075*	-0.043	-0.076*	-0.088*	0.074*	0.396*	1													
rec	-0.136*	0.144*	0.004	0.098*	-0.176*	-0.201*	-0.006	1												
inv	-0.096*	-0.082*	-0.095*	-0.066*	-0.051	-0.372*	-0.103*	0.0611	1											
current	-0.230*	0.050	-0.051	-0.002	-0.314*	-0.020	0.116*	0.058	0.053	1										
lev	0.277*	-0.016	0.025	0.014	0.457*	-0.139*	-0.302*	-0.024	0.212*	-0.590*	1									
loss	-0.054	0.045	0.073*	0.060	-0.053	-0.148*	-0.530*	-0.056	0.023	-0.056	0.191*	1								
big4	0.632*	0.056	0.106*	0.113*	0.530*	0.169*	0.117*	-0.093*	-0.089*	-0.131*	0.049	-0.091*	1							
biglocal	-0.122*	0.048	-0.008	0.013	-0.097*	-0.095*	-0.041	0.121*	-0.016	0.024	0.001	0.052	-0.377*	1						
mod	-0.058	0.056	0.002	0.016	-0.099*	-0.048	-0.163*	-0.053	0.004	-0.021	0.083*	0.210*	-0.052	0.035	1					
tenu	0.082*	-0.049	-0.105*	-0.102*	0.080*	0.056	-0.035	-0.105*	-0.038	-0.048	0.014	0.003	0.155*	-0.087*	-0.004	1				
mshr	-0.079*	-0.029	-0.042	0.005	-0.101*	0.007	0.151*	0.081*	-0.009	0.185*	-0.110*	-0.031	-0.073*	0.062	-0.020	-0.017	1			
board	0.203*	0.127*	-0.031	0.045	0.260*	0.082*	0.042	-0.120*	-0.125*	-0.050	0.073*	-0.019	0.130*	0.029	-0.046	0.032	-0.055	1		
indep	0.233*	-0.052	0.072*	-0.021	0.223*	-0.008	0.030	0.005	0.006	-0.036	0.076*	-0.006	0.150*	-0.040	-0.014	-0.009	0.010	-0.279*	1	
super	0.232*	-0.013	-0.001	-0.022	0.288*	0.132*	0.096*	-0.119*	-0.148*	-0.112*	0.072*	-0.022	0.189*	-0.029	-0.027	0.063*	-0.075*	0.348*	-0.048	1

注: * $p < 0.01$。

表6-11 被审国有企业和非国有企业匹配样本主要变量相关性分析

	lnFee	govaud	post	Govaud×post	size	cfo	roa	rec	inv	current	lev	loss	big4	biglocal	mod	tenu	mshr	board	indep	super
lnFee	1																			
govaud	0.140*	1																		
post	0.256*	0.089*	1																	
Govaud×post	0.250*	0.614*	0.637*	1																
size	0.827*	0.191*	0.199*	0.251*	1															
cfo	0.136*	0.112*	0.079*	0.104*	0.093*	1														
roa	0.031	-0.060*	-0.091*	-0.110*	0.036	0.338*	1													
rec	-0.147*	-0.056	-0.019	-0.028	-0.180*	-0.123*	0.067*	1												
inv	-0.094*	-0.158*	-0.089*	-0.129*	-0.0124	-0.340*	-0.073*	-0.045	1											
current	-0.248*	-0.059*	-0.029	-0.085*	-0.306*	-0.014	0.136*	0.017	0.021	1										
lev	0.361*	0.076*	-0.001	0.093*	0.506*	-0.089*	-0.231*	-0.032	0.192*	-0.597*	1									
loss	-0.041	0.039	0.028	0.049	-0.064*	-0.127*	-0.543*	-0.068*	0.0020	-0.042	0.118*	1								
big4	0.563*	0.129*	0.132*	0.168*	0.445*	0.181*	0.101*	-0.150*	-0.117*	-0.126*	0.077*	-0.051	1							
biglocal	-0.121*	0.019	0.050	0.004	-0.094*	-0.034	-0.054	0.089*	-0.004	0.031	-0.009	0.056	-0.357*	1						
mod	-0.049	-0.010	-0.022	-0.017	-0.091*	-0.054	-0.119*	-0.062*	0.005	-0.035	0.111*	0.179*	-0.059*	0.040	1					
tenu	0.160*	-0.009	-0.013	-0.033	0.131*	0.035	-0.024	-0.105*	-0.057	-0.073*	0.044	-0.002	0.121*	-0.028	-0.002	1				
mshr	-0.075*	-0.064*	0.014	-0.037	-0.088*	-0.005	0.112*	0.078*	-0.039	0.210*	-0.132*	-0.035	-0.063*	0.045	-0.025	-0.024	1			
board	0.257*	0.208*	-0.034	0.114*	0.329*	0.040	-0.018	-0.111*	-0.055	-0.094*	0.182*	-0.022	0.149*	-0.035	-0.079*	0.045	-0.063*	1		
indep	0.120*	-0.017	0.052	0.013	0.096*	0.001	0.027	-0.025	-0.021	0.021	-0.004	0.037	0.069*	0.010	0.031	0.040	0.007	-0.321*	1	
super	0.235*	0.240*	-0.005	0.141*	0.267*	0.118*	0.069*	-0.108*	-0.126*	-0.104*	0.090*	-0.010	0.150*	-0.035	-0.036	0.076*	-0.070*	0.384*	-0.128*	1

注：* $p<0.01$。

公告年份的数据为基准，两组样本的规模等因素在长期来看，仍可能有细微差别，而被审企业多为行业的龙头企业，其复杂程度较高，规模较大，从审计费用的绝对值来看显著高于其他企业。因此，需要我们使用回归分析，将其他因素控制后进行进一步观测。（3） *post* 在表 6 – 10 和表 6 – 11 中也都与审计费用显著正相关，这表明所有企业的审计费用在公告年份后都较高，但具体是否情况需要用 DID 模型去进一步探究。（4）观察控制变量，我们发现部分控制变量之间存在显著的相关性，但是相关系数并不高，因此，我们可以排除严重多重共线的可能性。综上，相关系数的显著性和符号均符合我们的假设。

6.3.4.3　实证结果及分析

为了检验国家审计对国有企业审计需求的影响，我们首先对比被审国有企业（实验组），和非被审国有企业（控制组）。如前所述，我们用是否为被审企业（*govaud*）和是否为国家审计公告以后（*post*）将样本分为四组，用 DID 模型进行回归。

表 6 – 12 对四组样本进行了两两的独立 T 检验，观察四组样本的审计费用是否有显著差异。首先，被审国有企业在审计公告后，审计费用显著更高（p > t：0.000），均值提高了 0.43，证明了 H6 – 1。其次，非被审国有企业在审计公告后，审计费用也显著更高（p > t：0.000），均值提高了 0.45，证明了 H6 – 2。此外，我们还发现非被审国有企业审计费用均值提高幅度略高于被审国有企业，证明了 H6 – 3。最后，对比国家审计公告前后，被审国有企业和非被审国有企业的差异，发现均没有显著差异（p > t：0.182，p > t：0.390）。

表 6 – 12　　　被审国有企业与非被审国有企业在公告前后的两两独立 T 检验

	govaud = 0	*govaud* = 1	*ttest*
post = 0	N = 484	N = 420	p > t：0.182
	mean = 13.63	mean = 13.71	
post = 1	N = 336	N = 473	p > t：0.390
	mean = 14.08	mean = 14.14	
	p > t：0.000	p > t：0.000	

表 6 - 13 第（1）列为针对假设 H6 - 1、H6 - 2、H6 - 3 的 DID 回归结果，我们对比被审国有企业和非被审国有企业，在公告前后审计费用的变化情况。我们发现：（1）在审计公告前，被审国有企业（$post = 0$，$govaud = 1$）对审计费用的回归系数为 0.07；在审计公告后，被审国有企业（$post = 1$，$govaud = 1$）对审计费用的回归系数为 0.095（$0.07 + 0.12 - 0.095 = 0.095$）。表明在审计公告后，被审国有企业的审计费用显著提高，证明了 H6 - 1。（2）在审计公告前后，非被审国有企业对审计费用的系数显著提高了 0.12，表明在审计公告后，非被审国有企业的审计费用显著提高，证明了 H6 - 2。（3）对比发现，被审国有企业在审计公告前后，系数显著提高了 0.025（$0.095 - 0.07 = 0.025$），而非被审国有企业在审计公告前后，系数显著提高了 0.12，表明在审计公告后，非被审国有企业的审计费用提高幅度更大，证明了 H6 - 3。

表 6 - 13   DID 回归结果

变量	(1)	(2)
	ln*Fee*	ln*Fee*
govaud	0.070 ** (2.11)	- 0.055 * (- 1.72)
post	0.120 *** (3.13)	0.045 (1.30)
govaud × *post*	- 0.095 ** (- 2.06)	0.010 (0.24)
size	0.461 *** (35.07)	0.448 *** (39.67)
cfo	- 0.121 (- 0.62)	0.202 (1.25)
roa	- 0.004 (- 1.44)	- 0.002 (- 1.03)
rec	0.340 * (1.95)	0.115 (0.94)
current	0.005 (0.60)	- 0.001 (- 0.12)

续表

变量	（1）	（2）
	lnFee	lnFee
lev	−0.001 （−1.31）	−0.001 （−0.72）
loss	−0.039 （−0.86）	−0.001 （−0.04）
big4	0.734*** （16.77）	0.681*** （17.67）
biglocal	0.070*** （2.70）	0.067*** （3.03）
mod	0.200** （2.15）	0.224*** （3.35）
tenu	0.010 （1.52）	0.025*** （4.27）
mshr	0.718 （1.12）	0.113 （0.27）
board	0.008 （1.19）	0.002 （0.33）
indep	0.840*** （3.30）	0.691*** （3.01）
super	−0.009 （−0.90）	0.011 （1.17）
年度固定效应	控制	
行业固定效应	控制	
Observations	1713	1952
Adj R-squared	0.774	0.765

注：*** $p < 0.01$，** $p < 0.05$，* $p < 0.1$。

假设 6-4 对比被审国有企业和与之匹配的非国有企业，观测国家审计后，被审国有企业的审计费用是否与非国有企业趋同。表 6-13 第（2）列为被审国有企业和与之匹配的非国有企业在审计公告前后的 DID 回归结果。

研究发现，首先，在控制了相关影响因素后，被审国有企业的审计费用显著低于非国有企业，这与以往研究的结论一致。其次，$govaud \times post$ 的系数并不显著，表明在审计公告后，被审国有企业与非国有企业的审计费用并没有显著差异，证明了 H6-4。

6.3.4.4 稳健性检验

（1）平衡公告前后年份检验。

在主回归中，我们用了 2009~2016 年的数据，为了数据的完整性，并没有保持公告前后年份的平衡。例如公告年份为 2011 年的企业，公告前数据就只有 2 年，而公告后数据有 6 年。为了消除这种不平衡的影响，我们仅用公告前后两年的数据重新检验主回归。如表 6-14 所示，$post$ 和 $govaud \times post$ 均在 90% 的置信区间上显著，非被审国有企业在公告后两年对审计费用回归的系数，显著增加了 0.097；被审国有企业在公告后审计费用系数也显著为正（0.043），表明被审国有企业在公告后审计费用也显著提升。佐证了主假设。

表 6-14　　　　　　　　　公告前后两年样本检验

变量	(1)
	lnFee
$govaud$	0.059
	(1.29)
$post$	0.097 *
	(1.95)
$Govaud \times post$	-0.113 *
	(-1.90)
$size$	0.449 ***
	(26.02)
cfo	-0.362
	(-1.34)
roa	-0.003
	(-0.82)

续表

变量	(1)
	lnFee
rec	0.454 * (1.96)
current	− 0.005 (− 0.51)
lev	− 0.002 (− 1.33)
loss	− 0.034 (− 0.56)
big4	0.780 *** (13.29)
biglocal	0.055 (1.62)
mod	0.341 *** (2.59)
tenu	0.014 * (1.76)
mshr	1.710 (1.51)
board	0.020 ** (2.11)
indep	0.634 * (1.94)
super	0.004 (0.31)
年度固定效应	控制
行业固定效应	控制
Observations	1022
Adj R-squared	0.753

注： *** $p < 0.01$， ** $p < 0.05$， * $p < 0.1$。

（2）区分时间趋势效应和国家审计作用。

我们主假设研究发现，国家审计公告后，无论是被审国有企业还是非被审国有企业，审计费用都有提升。然而，这种审计费用的上升，也有可能是受到审计费用趋势性增长的影响。尽管我们已经控制了影响审计费用的各因素和年度固定效应，为了更加稳健，我们用其他年份替代国家审计报告公告年份，考察其他年份前后的审计费用是否会有同样的变化。表 6 – 15 从第（1）列到第（4）列，分别以公告前两年，公告前一年，公告后一年，公告后两年替代公告年份，$post = 1$ 分别表示上述定义年份后的年份。如第（1）列的 $post = 1$，为公告前两年之后的数据，$post = 1$ 为公告前两年之前的数据。以下四列结果的主要解释变量均不显著，表明以其他年份为界，并不会存在审计费用提升的现象，从而排除时间趋势效应的竞争性假说。

表 6 – 15　　　　　　　　　　其他年份替代公告年份的检验

变量	(1)	(2)	(3)	(4)
	lnFee	lnFee	lnFee	lnFee
_2gov	0.041 (0.65)			
_1gov		0.071 (1.19)		
gov1			− 0.029 (− 0.31)	
gov2				− 0.369 (− 1.44)
post	0.032 (0.96)	0.023 (0.73)	0.025 (0.73)	0.036 (0.72)
gov × post	− 0.065 (− 0.85)	− 0.083 (− 1.14)	− 0.055 (− 0.51)	0.412 (1.56)
size	0.439 *** (37.53)	0.506 *** (44.21)	0.475 *** (38.87)	0.494 *** (28.44)
cfo	− 0.407 ** (− 2.30)	0.117 (0.64)	− 0.292 (− 1.59)	0.122 (0.51)

变量	(1)	(2)	(3)	(4)
	ln*Fee*	ln*Fee*	ln*Fee*	ln*Fee*
roa	−0.003	−0.007 **	−0.010 ***	−0.001
	(−1.33)	(−2.54)	(−3.55)	(−0.29)
rec	−0.289 *	0.341 **	−0.050	0.511 **
	(−1.85)	(2.15)	(−0.32)	(2.36)
current	−0.009	−0.015 **	−0.012	0.011
	(−1.11)	(−2.49)	(−1.62)	(1.17)
lev	0.001	−0.002 **	−0.002 **	0.002 **
	(1.24)	(−2.17)	(−2.12)	(2.05)
loss	−0.055	−0.039	−0.017	−0.043
	(−1.38)	(−0.86)	(−0.40)	(−0.80)
*big*4	0.761 ***	0.674 ***	0.711 ***	0.574 ***
	(17.73)	(17.04)	(16.59)	(10.94)
biglocal	0.075 ***	0.038	0.066 ***	0.047
	(3.09)	(1.55)	(2.61)	(1.37)
mod	0.033	0.243 ***	0.179 ***	0.129
	(0.53)	(2.79)	(2.61)	(1.57)
tenu	0.009	0.015 **	0.021 ***	0.012
	(1.40)	(2.42)	(3.34)	(1.63)
mshr	0.279	0.073	−0.896	2.416 *
	(0.49)	(0.11)	(−0.95)	(1.95)
board	0.008	0.004	0.000	0.017 *
	(1.16)	(0.65)	(0.03)	(1.86)
indep	−0.114	0.890 ***	0.308	0.058
	(−0.50)	(3.72)	(1.22)	(0.17)
super	−0.023 **	−0.014	−0.020 **	−0.034 ***
	(−2.42)	(−1.53)	(−2.12)	(−2.59)
年度固定效应	控制			
行业固定效应	控制			
Observations	1718	1820	1655	944
Adj R-squared	0.783	0.794	0.791	0.796

注：*** $p<0.01$，** $p<0.05$，* $p<0.1$。

6.4　本章小结

　　本章研究发现：第一，国家审计会分别影响国有企业年报审计的供给方和需求方，引起审计双方议价力量的变化，有助于提升审计费用；第二，非被审国有企业的审计费用也会由于辐射作用发生显著的提升，且这种提升幅度会高于被审国有企业，这主要是由于机会主义的存在；第三，我们发现在国家审计公告后，被审国有企业的审计费用已经与非国有企业没有显著差异，这表明国家审计促进了年报审计市场供求关系正常化。

　　从理论上，我们从供需双方讨论了审计费用问题，丰富了审计费用的相关研究，并细化证实了国家审计在资本市场中的监督作用，为国家审计促进审计费用市场化发展提供证据支持。

　　从实践上，长期以来，国有企业在年报审计委托关系上拥有绝对的话语权，在一定程度上扭曲了审计供求关系，不利于审计职能的发挥。在资本市场诸多监管力量和方式中，国家审计作为其中一种监督方式，能够改变审计供给方和需求方的力量，在一定程度上减缓了国有企业拥有绝对审计话语权而导致供需关系扭曲的现象，有利于审计供需关系的正常化，这既有利于提升审计质量，也深化了资本市场上国家审计监督作用的发挥，提升资本市场审计费用的市场化程度，有助于维护审计市场健康发展。

第7章

注册会计师审计对国家审计的影响：
方式和路径

7.1 研究问题

在对国家审计与注册会计师审计的关系研究中，已有文献关注了国家审计如何影响注册会计师审计（朱晓文和王兵，2016；李青原和马彬彬，2017；李晓慧和蒋亚含，2018），而较少涉及反方向影响路径的研究，即注册会计师审计对国家审计的影响。主要原因有如下几点：第一，从研究内容来看，对于国家审计的执行效果而言，注册会计师审计的影响并非首要考虑因素。而对于注册会计师审计来说，国家审计基于其公信力和强制执行力带来的影响，显然更为直接。第二，从研究方法来看，国家审计的审计过程保密程度高，研究者往往无法确定在国家审计过程中注册会计师是否或如何产生影响，缺乏案例或数据来支撑研究。而反过来，注册会计师审计的公开信息相对充分，其与国家审计发生交集的时间和范围也较明确，数据量足够支撑进行相关分析。第三，从研究意义来看，国家审计规范程度高，利用注册会计师审计的形式和范围相对固定，研究注册会计师审计如何影响国家审计，可能无法针对固有形式提出建设性意见。而国家审计对注册会计师审计的影响方式及经济后果，则可以明确地为注册会计师审计执行和监管提供相应的启发。

然而，在国家审计全覆盖和完善国家监督体系的背景下，国家审计需要整合审计资源，与各审计监督工具协作。2015 年国务院办公厅发布了《关于完善审计制度若干重大问题的框架意见》①，要求"到 2020 年，基本形成与国家治理体系和治理能力现代化相适应的审计监督机制"。同时，还提出了实施审计监督全覆盖，并要求"统筹整合审计资源，创新审计组织方式和技术方法"，建立适合审计监督全覆盖的工作机制。党的十九届四中全会也再次强调坚持和完善党和国家监督体系。体系的建立，要求包括国家审计和注册会计师审计在内的各审计监督工具协调发挥作用。因此，在新的审计时代，国家审计的工作无法独立于注册会计师审计而存在，而是与注册会计师审计共同作为审计监督体系的一个部分，进行协作监督。这也为本章研究注册会计师审计对国家审计的影响提供了重要性和必要性。

对应上述理由，对新审计时代下本章研究的重要性和必要性进行说明：从研究内容来说，虽然注册会计师审计并非影响国家审计的首要因素，但当前为了更好地协作，亟须厘清各监督工具相互作用的方式和路径；从研究方法来看，尽管无法通过大样本或多案例的方法进行实证研究，我们依然可以通过相关资料分析，总结出注册会计师审计对国家审计影响的方式和路径；从研究意义来看，在国家治理体系现代化建设下，对国家经济监督工作提出了新的要求，因此，国家审计如何利用其他监督工具、与其他监督工具协作的相关研究，可以为新形势下的国家审计提供新的思路，也为审计监督全覆盖、落实审计监督结果等重要环节，提供更加适合的审计工作机制。

本章根据国家审计执业的阶段，将注册会计师审计对国家审计的影响分为事前影响、事中影响和事后影响，研究影响的方式和路径，并试图构建注册会计师审计对国家审计的影响体系。事前影响指审计机关在审计前，利用注册会计师审计已完成的工作及结果，从而影响国家审计机关的审计实施方案和审计效率；事中影响指审计机关利用政府购买服务，使用注册会计师审计力量，从而影响国家审计的项目人员配置，保障审计全覆盖；事后影响指注册会计师在日常审计中，督促企业整改，从而影响国家审计结果的落实效果，促进国家审计功能的实现。

针对三个阶段的影响，本章的研究内容包括：首先，从制度上厘清注册会计师审计影响国家审计的方式和途径，确立影响体系构建的制度基础；其

---

① 2015 年 12 月 8 日，中国政府网公布中共中央办公厅、国务院办公厅印发的《关于完善审计制度若干重大问题的框架意见》。该《意见》分总体要求、主要任务、加强组织领导三部分。

次，阐述目前注册会计师审计影响国家审计的具体情况，以此作为影响体系的实践基础，也确定了影响体系发挥作用的可能性；最后，以各阶段的影响方式和途径为基础，构建注册会计师审计对国家审计的影响体系。

本章内容可能有如下贡献：第一，已有研究中，较少关注注册会计师审计对国家审计的影响，本章内容弥补了该领域研究的空缺。第二，已有研究在讨论注册会计师审计和国家审计的协作时，多集中在审计执行过程，而本书分为了事前、事中和事后三个阶段，完整地讨论了二者在审计整个执行过程的协作。第三，本章构建注册会计师审计对国家审计的影响体系，试图为国家审计的执业过程中如何利用其他审计力量，提供一定的启发，也构成了审计监督体系的重要一环。

7.2 注册会计师审计对国家审计影响的制度基础

7.2.1 注册会计师审计对国家审计影响方式和路径：三个阶段

国家审计和注册会计师审计的主体、范围以及审计形式不尽相同，因此，本书拟从二者审计工作的交集中，找到注册会计师审计影响国家审计的三个阶段。注册会计师参与到国家审计的工作，主要通过两种方式。第一种是国家审计购买审计服务，聘请注册会计师直接参与国家审计工作；第二种是审计对象实体重合时，注册会计师审计结果为国家审计提供基础，且在国家审计结束后，注册会计师实施对被审计单位的持续监督，落实国家审计结果。

据此，我们总结两种方式，并按国家审计的过程，将注册会计师审计对国家审计的影响分为三个阶段：事前影响、事中影响和事后影响。图 7-1 概括了三个阶段分别可能产生影响的方式和路径，以及影响的后果。（1）事前影响阶段，国家审计机关在实施审计前，会通过注册会计师工作底稿、审计报告等资料，了解被审计单位的情况，并根据所了解的情况来制定审计实施方案。因此，该阶段对注册会计师审计的利用，直接影响了国家审计实施方案中审计方向和审计重点的安排，并提高了国家审计机关了解被审计单位的效率。（2）事中影响阶段，国家审计机关会在审计人员不足，或需要相关专家意见时，购买注册会计师审计服务，使其参与到国家审计项目。该阶段直接影响到国家审计项目中人力资源的调配，保障审计全覆盖的实现，并提高审计效率和质量。（3）事后影响阶段，当国家审计和注册会计师审计的被审计单位重合时，注册会计师会在国家审计结束后，持续对企业进行监督，督促企业完成国家审计结果中要求的整改，落实国家审计结果。注册会计师对企业的持续监督和督促，影响了国家审计结果落实的效果，促进了审计功能的实现。

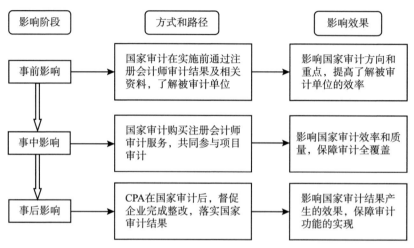

图 7-1　注册会计师审计对国家审计的三个影响阶段

三个阶段的影响从理论上来说，均可以实现，并有效提高国家审计的效能。然而，实践中，并未充分发掘利用这三种影响的力量。因此，下文将分别阐述三个阶段影响的制度基础，论述国家审计在三个阶段利用注册会计师审计力量，提高协作效能的可能性。

7.2.2　事前阶段的制度基础

注册会计师审计对国家审计的事前影响，主要指审计机关在审计前，利用注册会计师审计已完成的工作及结果，以迅速了解被审计单位的基本情况，并以此制定审计实施方案。《审计法》第三十一条中明确提到，审计机关有权要求被审计单位提供社会审计机构出具的审计报告。《国家审计基本准则》①（以下简称《准则》）的审计实施方案部分，明确指出审计人员在制定审计实施方案前，需从各方面了解被审计单位情况。其中包括向社会审计机构了解，且《准则》第二十三条明确提到，审计人员可以利用经核实确认后的社会审计机构的审计结果。

法律法规确定了国家审计在审计实施前，利用注册会计师审计的形式。审计制度的设置，也为这种影响形式发挥其作用提供了可能性。针对同一被审计单位的审计，基于注册会计师审计与国家审计内容和目标的相似性，注册会计师可以为国家审计提供有效的信息，加速国家审计机关及审计人员对被审计单位的了解，提高审计效率。具体而言：

第一，国家审计与注册会计师审计共同审计对象的实体主要是国有企业。根据财政部《国有企业年度会计报表注册会计师审计暂行办法》②，注册会计师会持续对国有企业进行年报审计。国家审计中企业审计、经济责任审计及部分专项审计，都会涉及国有企业。企业审计主要针对中央国有资本占控股或主导地位企业，经济责任审计对象实体包括国有企事业单位主要领导人员。企业审计和经济责任审计均以抽查审计为主，注册会计师则会持续获取企业相关信息，并对其发表意见。尽管国家审计拥有远超于注册会计师的权限，可以获取被审计单位的详尽信息，但注册会计师掌握了服务年限内被审计单位的持续动态信息，这是无法完全通过被审计单位的书面信息了解的。因此，在国家审计介入时，可以利用注册会计师已有成果，加速对被审计单位的了解。

第二，国家审计与注册会计师审计共同审计内容是与财政财务收支有关的经济活动及其经济效益，其载体为财务报表。根据《党政主要领导干部和国有企业领导人员经济责任审计规定》③，针对国有企业领导人员的经济责任审计主要内容包括三个方面：（1）企业财务收支的真实、合法和效益情况；

---

① 2003 年，审计署根据《中华人民共和国审计法》及其实施条例制定，2010 年有所更新。

② 1998 年，财政部颁发《国有企业年度会计报表注册会计师审计暂行办法》（财经字〔1998〕114 号）。

③ 2010 年 10 月，中共中央办公厅、国务院办公厅印发的《党政主要领导干部和国有企业领导人员经济责任审计规定》。

（2）内部控制制度的建立和执行情况；（3）履行国有资产出资人经济管理和监督职责情况。国家审计中企业审计的主要职责为审计国有企业的资产、负债和损益以及财务收支。而上述内容，均为注册会计师审计的主要内容。注册会计师财务审计的主要目标包括确认以下两个方面信息：（1）财务报表是否按照适用的会计准则和相关会计制度的规定编制；（2）财务报表是否在所有重大方面公允反映被审计单位的财务状况、经营成果和现金流量。注册会计师内部控制审计主要目标是检查并评价内部控制的合法性、充分性、有效性及适宜性。二者的审计内容和目标存在相同和类似的地方，注册会计师能为国家审计提供一定的专业审计信息，这是从被审计单位和其他利益相关者处无法获取的信息。因此，在国家审计介入时，利用注册会计师审计结果，能一定程度上直接了解到与其审计目的相关的信息，提高审计效率。

7.2.3 事中阶段的制度基础

注册会计师审计对国家审计的事中影响，主要指国家审计机关利用政府购买服务，使用注册会计师审计力量，从而影响国家审计的项目人员配置。这种情况主要发生在国家审计及其派出机构人手不足，或需要专业领域审计协助时，审计机关会通过公开招标形式，购买会计师事务所或注册会计师的个人服务。

这种影响一方面为国家审计提供了专业审计人才。因为会计师事务所业务范围广泛，人才培养体系完善，往往会在某一些专项审计中具备其独特优势。一直以来，国家审计专业队伍的建设以及审计技术的创新，都是我国国家审计急需解决的问题。注册会计师审计事务所具备专业的业务培训体系以及系统的动态学习体系，有助于审计人员的快速成长和学习。因此，注册会计师审计能在协助国家审计的过程中，为国家审计队伍输入创新的审计理念，有助于国家审计专业性的建设。另一方面，弥补了国家审计人力资源的空缺。随着"审计监督全覆盖"工作的推进，对审计范围的广度、深度和频率都提高了要求，因此，注册会计师审计的加入会缓解国家审计的资源覆盖压力。随着"审计监督全覆盖"的提出和审计署"扩权"，审计署职责和权力的日益扩大，而审计监督人才和资源却不足。因此，协调利用各种审计资源，发挥注册会计师审计在国家审计中的专业和资源优势成为必然的趋势。

相较于其他的政府购买行为，国家审计利用注册会计师审计的力量是一种补充性的购买。普通政府购买行为，如政府部门购买设备、技术等，购买内容均属政府本身业务范围之外。例如，水利局购买计算机设备，计算机设备的生产并非水利局自身业务。又如，交通部门购买审计服务，审计服务并非交通部门的自有业务。国家审计购买审计服务，执行的是国家审计自有业务，是一种补充性的购买。站在国家监督体系的角度，补充性购买可以通过监督体系协作的形式固定和规范化，从而更好地发挥其效能。

7.2.4 事后阶段的制度基础

注册会计师审计对国家审计的事后影响，主要指注册会计师在年度审计中，督促企业整改并实施持续监督。这种影响充分发挥了注册会计师审计持续动态监督的优势，有效促进了国家审计结果的落实。

两种审计频率的区别，为注册会计师审计对国家审计的事后影响提供了制度基础和实施机会。国家审计提出整改要求后，虽然会要求企业出具整改情况说明，但难以持续跟踪审计企业的整改情况。通常只能等到再次抽查审计该企业时，才会对整改情况进行详细核查。而根据《国有企业年度会计报表注册会计师审计暂行办法》和《企业内部控制审计指引》①，国有企业每个会计年度均需聘请会计师事务所进行财务审计和内部控制审计。

为了进一步说明这种影响存在的可能性和必要性，举例说明现行国家审计结果公告及其整改的制度和执行情况。

针对国有企业的国家审计结果公告中，均会要求企业进行整改，且自行公布整改情况。通常，企业为了避免审计结果公告对企业造成负面影响，会在审计结果公告的同时，公布整改公告。然而，实际整改情况如何，审计署只能在下一次抽中该企业进行审计时才能发现。表 7 – 1 手工搜集了 2015 ~ 2017 年，审计结果公告中包含"以前年度未整改事项"的企业。表中企业均

---

① 2010 年 4 月 15 日，财政部会同证监会、审计署、银监会、保监会制定了《企业内部控制应用指引第 1 号——组织架构》等 18 项应用指引、《企业内部控制评价指引》和《企业内部控制审计指引》，要求 2012 年 1 月 1 日起执行。

在几年前曾接受过国家审计，并被要求整改公告中提及的问题。然而，表中企业并没有完全完成整改，几年后被再次审计时，依然有1~4个问题未整改完全。观察表7-1最后一列可以发现，国家审计的两次审计时间间隔较长，最短为2年，最长达到6年。这向我们传递了两个信息：第一，在国家审计间隔时间段内，国家审计对企业缺乏监督；第二，即使企业公布了整改报告或说明，也并不能代表国家审计结果得到了切实的落实。

表 7 - 1　　　　　　　2015 ~ 2017 年查出未整改国有企业汇总

公告时间（年）	公告内容	未整改问题数（个）	以前年度公告时间（年）	以前年度公告内容	间隔时间（年）
2017	A 集团公司 2015 年度财务收支审计结果	4	2012	2010 年度财务收支审计结果	5
2017	B 集团公司 2015 年度财务收支审计结果	4	2013	2011 年度财务收支审计结果	4
2017	C 集团公司 2015 年度财务收支审计结果	1	2014	2012 年度财务收支审计结果	3
2017	D 集团公司 2015 年度财务收支审计结果	1	2011	2009 年度财务收支审计结果	6
2016	E 集团有限公司 2014 年度财务收支审计结果	2	2012	2010 年度财务收支审计结果	4
2016	F 集团公司 2014 年度财务收支审计结果	1	2010	2008 年度财务收支审计结果	6
2016	G 集团公司 2014 年度财务收支审计结果	1	2012	2010 年度财务收支审计结果	4
2016	H 集团公司 2014 年度财务收支审计结果	1	2012	2010 年度财务收支审计结果	4
2015	I 集团公司 2013 年度财务收支审计结果	1	2013	2011 年度财务收支审计结果	2
2015	J（集团）总公司 2013 年度财务收支审计结果	3	2011	2009 年度财务收支审计结果	4

续表

公告时间（年）	公告内容	未整改问题数（个）	以前年度公告时间（年）	以前年度公告内容	间隔时间（年）
2015	K 集团公司 2013 年度财务收支审计结果	7	2012	2010 年度财务收支审计结果	3
2015	L 有限责任公司 2013 年度财务收支审计结果	1	2010	2008 年度财务收支审计结果	5
2015	M 集团公司 2013 年度财务收支审计结果	1	2011	2009 年度财务收支审计结果	4
2015	N 集团公司 2013 年度财务收支审计结果	1	2013	2011 年度财务收支审计结果	2
2015	O 有限责任公司 2013 年度财务收支审计结果	1	2011	2009 年度财务收支审计结果	4
2015	P 集团公司 2013 年度财务收支审计结果	1	2011	2009 年度财务收支审计结果	4

资料来源：根据审计署官网信息手工搜集汇总。

　　进一步，本书以 B 集团公司为例，观察两次被审后，企业出具的整改说明。2013 年，审计署发布"2013 年第 × 号公告：B 集团公司 2011 年度财务收支审计结果"后，B 集团迅速作出了反应。B 集团在同一天发布了整改报告，并发布了"关于 2011 年度财务收支审计结果的说明"。该说明中提到财务收支等有关问题已全部进行整改。然而，在 2017 年审计署的公告中，发现审计署 2013 年公告中指出的问题，仍然有 4 个尚未整改到位。这进一步表明：第一，企业自我认定整改完成，并发出了整改说明，事实上却并没有完成；第二，国家审计在这四年中并没有针对整改情况进行检查，国家审计结果并未落实。

　　在现行制度下，国家审计基于审计资源安排等问题，无法跟踪复核，而注册会计师审计却能在日常审计中实现持续监督。注册会计师每年会对企业进行财务审计和内部控制审计，能及时发现企业的问题，并跟踪确认企业的整改情况。注册会计师审计通过持续监督企业，可以对国家审计结果进行落实。

7.3 注册会计师审计对国家审计影响的实践基础

由于协作体系尚未完善，同时也受限于信息公开程度，目前在实践中，仅能观测到注册会计师审计对国家审计的事中影响。注册会计师审计对国家审计的事中影响，即国家审计购买注册会计师审计服务，目前发展较为成熟规范。本章将详细阐述该阶段的实践基础，为其他阶段影响的规范化发展提供一定启示，也为注册会计师审计对国家审计影响体系的构建提供实践经验。

购买审计服务，为国家审计产生如下两方面影响：一方面，为国家审计提供了专业的服务。因为会计师事务所业务范围广泛，人才培养体系完善，往往会在某一些专项审计中具备其独特优势。另一方面，弥补了国家审计人力资源的空缺。随着"审计监督全覆盖"工作的推进，对审计范围的广度、深度和频率都提高了要求，因此，注册会计师审计的加入会缓解国家审计的资源覆盖压力。下文将以具体案例的形式，对两个方面的影响进行阐述。

7.3.1 注册会计师提供专业服务——国外贷援款项目

为了说明注册会计师如何在国家审计过程中发挥影响，本书采用具体案例说明国家审计购买注册会计师审计服务的详细过程。国家审计机关在需要专业技术支持时，向社会公开招标，采购社会审计服务。国家审计在某个项目中，需要专项审计服务时，往往会以具体项目招标的方式，聘用会计师事务所。本书选择审计署 2019 年度为"国外贷援款项目"公开购买社会审计服务的案例。

7.3.1.1 购买社会审计服务项目描述

根据《中华人民共和国采购法》①，审计署国外贷援款项目审计服务中

---

① 2002 年 6 月 29 日，第九届全国人民代表大会常务委员会第二十八次会议通过《中华人民共和国采购法》，2014 年 08 月 31 日，第十二届全国人民代表大会常务委员会第十次会议修正。

心，拟聘请会计师事务所派出审计人员，参与执行2019年度国外贷援款项目审计工作。审计署国外贷援款项目审计服务中心是审计署直属机构，其委托代理招标的机构为中钢招标有限责任公司。

国外贷援款项目审计对象为我国贷款项目和无偿援助项目财务收支和项目执行情况，其中贷援款具体指世界银行、亚洲开发银行等国际金融组织和外国政府对我国的贷款或援助款。会计师事务所的服务内容为：会计师事务所派出专业人员（注册会计师），于2019年×月至2020年×月，按审计署的统一组织和分工，承担审计署安排的具体工作。具体审计内容包括国外贷援款项目财务收支真实情况、项目资金、资产使用和管理情况；项目执行的质量和效果；上一年度审计发现问题的整改情况等。

审计署国外贷援款项目审计服务中心要求各供应商（会计师事务所）提供至少1名高级审计人员、2名中级审计人员、2名普通审计人员。派出人员（注册会计师）要求职业道德良好。在项目审计档案整理完成后，要求派出人员删除项目资料及留存资料，不得将资料用于其他用途。此外，审计署的购买服务中还要求被派出的注册会计师在审计项目期间，不得从事与审计项目无关的其他业务活动。

7.3.1.2 购买社会审计服务过程

购买社会审计服务过程如图7-2所示。

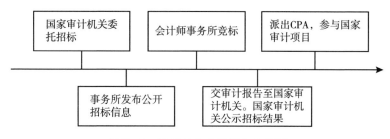

图 7-2 购买社会审计服务流程图

国家审计机关在委托招标后，就会委托招标公司发布公开的信息。信息包括招标公告、技术需求、合同主要条款、评分标准等。这是会计师事务所了解招标项目情况及要求的主要依据。

会计师事务所决定竞标后，将根据要求提交相应的响应文件，审计机关会严格按照事先提到的评分准则选择该项目的会计师事务所。以上述案例为例，审计署拟择优选择不多于 10 家审计服务单位作为供应商。评分标准包括商务部分和技术及服务部分，其中技术及服务部分的分值占比更高。具体评分细则如表 7 -2 所示。

表 7 -2　　　　　　　2019 年度国外贷援款项目审计服务招标评分表

评分标准	评审因素	分值	评分说明
商务部分 （20 分）	供应商履约能力	5	
	响应文件编制质量、对竞争性磋商文件的响应程度	5	
	相关工作经验	10	
技术及服务部分 （65 分）	服务方案	4	工作目标
		4	工作范围
		4	工作内容
		4	审计策略
		4	重点难点分析
	人员配备	5	人员安排和结构
		15	高级审计人员符合要求情况
		12	中级审计人员符合要求情况
		9	普通审计人员符合要求情况
	服务承诺	4	

资料来源：根据公开招标文件整理。

根据上述标准评分后，国家审计机关最终确定供应商（会计师事务所），并公布入选信息，包括入选事务所名称及费用。案例中项目最终确定成交的供应商如表 7 -3 所示，成交费用主要指支付给审计人员的劳务费，按照不同类型的审计人员支付不同的费用。根据公示信息可以发现，由于不同事务所竞标时提供的材料及报价不同，审计人员的个人资历也不同，不同事务所派出的同一等级的审计人员费用也不同。

表 7 – 3　　　　　　　2019 年度国外贷援款项目审计服务供应事务所

序号	成交供应商名称	成交金额（元人民币/人天）		
		高级审计人员	中级审计人员	普通审计人员
1	北京兴华会计师事务所（特殊普通合伙）	880.00	704.00	528.00
2	中兴华会计师事务所（特殊普通合伙）	700.00	560.00	420.00
3	致同会计师事务所（特殊普通合伙）	960.00	780.00	560.00
4	北京添宝行税务师事务所有限责任公司	800.00	640.00	600.00
5	天职国际会计师事务所（特殊普通合伙）	800.00	700.00	500.00
6	北京兴中海会计师事务所有限公司	1000.00	800.00	600.00
7	北京中永信会计师事务所有限公司	980.00	780.00	580.00
8	北京中天恒会计师事务所有限责任公司	960.00	760.00	560.00
9	大华会计师事务所（特殊普通合伙）	980.00	784.00	588.00
10	中审亚太会计师事务所（特殊普通合伙）	950.00	750.00	550.00

案例数据来源：根据审计署公示文件整理。

　　招标结束后，各事务所依照要求派出注册会计师，按审计署的统一组织和分工，承担项目工作。基于各项保密条款，无法从公开渠道获取具体工作内容，但可以根据双方公开合同中的权利义务部分了解注册会计师如何在国家审计中发挥作用。合同中要求注册会计师在参与审计的过程中必须做到以下几点：第一，按照审计署的要求及时完成交办工作，并保证审计工作质量。这一点具体要求注册会计师要在审计署派出审计组长的领导下工作，严格执行审计程序，收集审计证据、编制工作底稿、归集审计档案并提交给审计署。第二，不得违反审计组执行的"四严禁"和"八不准"①。该项规定要求注册

---

　　①　审计署于 2018 年 7 月 25 日印发了《审计"四严禁"工作要求》和《审计"八不准"工作纪律》。"四严禁"包括严禁违反政治纪律和政治规矩，不严格执行请示报告制度；严禁违反中央八项规定及其实施细则精神；严禁泄露审计工作秘密；严禁工作时间饮酒和酒后驾驶机动车。"八不准"包括不准由被审计单位和个人报销或补贴住宿、餐饮、交通、通信、医疗等费用；不准接受被审计单位和个人赠送的礼品礼金，或未经批准通过授课等方式获取报酬；不准参加被审计单位和个人安排的宴请、娱乐、旅游等活动；不准利用审计工作知悉的国家秘密、商业秘密和内部信息谋取利益；不准利用审计职权干预被审计单位依法管理的资金、资产、资源的审批或分配使用；不准向被审计单位推销商品或介绍业务；不准接受被审计单位和个人的请托干预审计工作；不准向被审计单位和个人提出任何与审计工作无关的要求。

会计师在协助国家审计工作时，按照国家审计人员的标准执行工作。第三，未经审计署同意不能进行业务转包和分包。第四，派出的注册会计师在审计过程中发现被审计单位存在重大舞弊、缺陷和违法违规问题时，应及时并如实向审计组织报告，不得隐瞒发现的问题和线索。这要求注册会计师在执业过程中保持独立性和客观性。第五，派出的注册会计师严格遵守保密规定，签订保密协议，不得泄露在执业过程中知悉的被审计单位商业秘密和审计署单位秘密。第六，派出的注册会计师应在合同终止前，在审计署审计组监督下删除销毁工作底稿及相关资料。第七，服从审计署组长现场统一管理。

根据上述案例，本书获取关于注册会计师审计对国家审计影响的几点信息：第一，注册会计师为国家审计项目提供了专业、客观、独立的工作；第二，注册会计师审计全程受到了国家审计机关的监督，因此，审计服务质量可靠，为国家审计的质量和效率带来了正向的影响；第三，审计机关对如何通过购买审计服务，利用注册会计师审计工作，已形成一套完善、规范的工作机制。

7.3.2　注册会计师提供人力资源——云南省审计全覆盖

2015 年 12 月 8 日，中共中央办公厅、国务院办公厅印发的《关于实行审计全覆盖的实施意见》中提到，要求"对公共资金、国有资产、国有资源和领导干部履行经济责任情况实行审计全覆盖"，且对具体的审计广度、深度和频率都提出了要求。然而，国家审计人员严重不足，专业队伍的建设尚未完成，远不足以完成国家审计的全覆盖。在此背景下，借用注册会计师审计的力量势在必行。

本书以地方审计力量和任务的对比为例来说明。表 7 - 4、表 7 - 5 和表 7 - 6 报告了 2014 ~ 2016 年地方审计机关审计的工作统计情况，其中包括审计机关人数、其中在编人员、当年该机关共完成审计单位的个数，以及人均审计单位数，并按人均审计单位数对各审计机关进行了排名。可以发现，人均审计单位数最高可达到 40 个左右，大多地方审计机关人均审计单位数集中在 10 ~ 30 个。根据实际情况来看，每一个审计项目要求多人来完成，那就意味着每个人参与的审计项目数量更多。按此工作量，本书认为，国家审计难以满足细致、全面、深入的要求。

表 7-4   2014 年地方审计机关审计工作统计

排序	地方审计机关名称	审计机关人数	审计机关在编人员	共审计单位个数	人均审计单位数（共审计单位个数/审计机关人数）	在编人均审计单位数（共审计单位个数/审计机关在编人员）
1	云南省审计厅	269	261	10838	40.29	41.52
2	四川省审计厅	245	211	9491	38.74	44.98
3	河南省审计厅	175	172	6531	37.32	37.97
4	湖北省审计厅	161	158	5156	32.02	32.63
5	江西省审计厅	219	189	6847	31.26	36.23
6	陕西省审计厅	271	59	8444	31.16	143.12
7	山东省审计厅	319	272	9837	30.84	36.17
8	甘肃省审计厅	240	221	6869	28.62	31.08
9	安徽省审计厅	204	188	5736	28.12	30.51
10	新疆生产建设兵团审计局	28	26	699	24.96	26.88
11	广西壮族自治区审计厅	216	203	5085	23.54	25.05
12	湖南省审计厅	287	267	6137	21.38	22.99
13	江苏省审计厅	223	178	4416	19.80	24.81
14	辽宁省审计厅	205	186	3935	19.20	21.16
15	内蒙古自治区审计厅	203	184	3694	18.20	20.08
16	吉林省审计厅	120	118	2177	18.14	18.45
17	河北省审计厅	144	138	2275	15.80	16.49
18	贵州省审计厅	217	167	3272	15.08	19.59
19	新疆维吾尔自治区审计厅	281	258	3987	14.19	15.45
20	浙江省审计厅	197	199	2664	13.52	13.39
21	黑龙江省审计厅	219	210	2855	13.04	13.60
22	山西省审计厅	368	335	4584	12.46	13.68
23	广东省审计厅	357	—	4273	11.97	—
24	重庆市审计局	312	281	3653	11.71	13.00

排序	地方审计机关名称	审计机关人数	审计机关在编人员	共审计单位个数	人均审计单位数（共审计单位个数/审计机关人数）	在编人均审计单位数（共审计单位个数/审计机关在编人员）
25	福建省审计厅	251	234	2693	10.73	11.51
26	青海省审计厅	147	131	1351	9.19	10.31
27	海南省审计厅	115	118	925	8.04	7.84
28	宁夏回族自治区审计厅	151	141	657	4.35	4.66
29	上海市审计局	379	—	813	2.15	—
30	北京市审计局	595	—	784	1.32	—
31	天津市审计局	379	272	421	1.11	1.55
32	西藏自治区审计厅	120	101	71	0.59	0.70

注：其中新疆生产建设兵团审计局，由于其特殊性按惯例与省级审计机关一同列示。
资料来源：根据《中国审计年鉴》整理统计。

表 7-5   2015 年地方审计机关审计工作统计

排序	地方审计机关名称	审计机关人数	审计机关在编人员	共审计单位个数	人均审计单位数（共审计单位个数/审计机关人数）	在编人均审计单位数（共审计单位个数/审计机关在编人员）
1	云南省审计厅	270	260	11717	43.40	45.07
2	湖北省审计厅	156	154	6667	42.74	43.29
3	四川省审计厅	245	211	9910	40.45	46.97
4	陕西省审计厅	271	260	8711	32.14	33.50
5	甘肃省审计厅	242	225	7754	32.04	34.46
6	安徽省审计厅	204	188	6486	31.79	34.50
7	山东省审计厅	321	269	9716	30.27	36.12
8	江西省审计厅	218	192	6073	27.86	31.63
9	广西壮族自治区审计厅	220	207	5921	26.91	28.60
10	新疆生产建设兵团审计局	33	26	762	23.09	29.31
11	江苏省审计厅	223	191	4920	22.06	25.76

续表

排序	地方审计机关名称	审计机关人数	审计机关在编人员	共审计单位个数	人均审计单位数（共审计单位个数/审计机关人数）	在编人均审计单位数（共审计单位个数/审计机关在编人员）
12	湖南省审计厅	288	267	6152	21.36	23.04
13	辽宁省审计厅	206	192	4004	19.44	20.85
14	河南省审计厅	331	284	6271	18.95	22.08
15	吉林省审计厅	133	118	2420	18.20	20.51
16	内蒙古自治区审计厅	222	173	3728	16.79	21.55
17	黑龙江省审计厅	245	230	3517	14.36	15.29
18	重庆市审计局	313	287	4409	14.09	15.36
19	贵州省审计厅	217	171	3053	14.07	17.85
20	广东省审计厅	316	—	4243	13.43	—
21	浙江省审计厅	216	192	2856	13.22	14.88
22	新疆维吾尔自治区审计厅	281	245	3696	13.15	15.09
23	山西省审计厅	366	320	4600	12.57	14.38
24	河北省审计厅	228	214	2734	11.99	12.78
25	福建省审计厅	245	235	2864	11.69	12.19
26	青海省审计厅	147	135	1333	9.07	9.87
27	海南省审计厅	116	119	886	7.64	7.45
28	宁夏回族自治区审计厅	153	137	727	4.75	5.31
29	上海市审计局	359	—	931	2.59	—
30	北京市审计局	570	—	752	1.32	—
31	天津市审计局	412	329	512	1.24	1.56
32	西藏自治区审计厅	120	114	77	0.64	0.68

注：其中新疆生产建设兵团审计局，由于其特殊性按惯例与省级审计机关一同列示。
资料来源：根据《中国审计年鉴》整理统计。

表 7 - 6   2016 年地方审计机关审计工作统计

排序	地方审计机关名称	审计机关人数	审计机关在编人员	共审计单位个数	人均审计单位数（共审计单位个数/审计机关人数）	在编人均审计单位数（共审计单位个数/审计机关在编人员）
1	云南省审计厅	263	253	13142	49.97	51.94
2	四川省审计厅	248	215	9329	37.62	43.39
3	湖北省审计厅	157	154	5863	37.34	38.07
4	河南省审计厅	191	177	6748	35.33	38.12
5	陕西省审计厅	279	244	9539	34.19	39.09
6	甘肃省审计厅	244	216	8084	33.13	37.43
7	山东省审计厅	322	271	9668	30.02	35.68
8	安徽省审计厅	207	196	5898	28.49	30.09
9	广西壮族自治区审计厅	220	208	5557	25.26	26.72
10	辽宁省审计厅	182	171	3980	21.87	23.27
11	湖南省审计厅	288	276	6171	21.43	22.36
12	吉林省审计厅	134	119	2847	21.25	23.92
13	河北省审计厅	135	142	2727	20.20	19.20
14	江苏省审计厅	223	201	4471	20.05	22.24
15	新疆生产建设兵团审计局	33	27	656	19.88	24.30
16	重庆市审计局	300	286	5067	16.89	17.72
17	江西省审计厅	216	188	3345	15.49	17.79
18	黑龙江省审计厅	240	225	3700	15.42	16.44
19	山西省审计厅	366	316	5259	14.37	16.64
20	内蒙古自治区审计厅	219	177	3013	13.76	17.02
21	广东省审计厅	323	—	4443	13.76	—
22	新疆维吾尔自治区审计厅	272	246	3551	13.06	14.43
23	浙江省审计厅	216	193	2771	12.83	14.36
24	福建省审计厅	243	231	3093	12.73	13.39
25	贵州省审计厅	217	173	2641	12.17	15.27
26	海南省审计厅	119	123	1079	9.07	8.77

续表

排序	地方审计机关名称	审计机关人数	审计机关在编人员	共审计单位个数	人均审计单位数（共审计单位个数/审计机关人数）	在编人均审计单位数（共审计单位个数/审计机关在编人员）
27	青海省审计厅	147	136	1259	8.56	9.26
28	宁夏回族自治区审计厅	143	135	718	5.02	5.32
29	上海市审计局	360	318	920	2.56	2.89
30	天津市审计局	410	330	600	1.46	1.82
31	北京市审计局	562	——	815	1.45	——
32	西藏自治区审计厅	165	118	146	0.88	1.24

注：其中新疆生产建设兵团审计局，由于其特殊性按惯例与省级审计机关一同列示。

资料来源：根据《中国审计年鉴》整理统计。

因此，购买注册会计师审计服务是一种必然的选择，注册会计师审计能有效缓解国家审计人力资源不足的压力，从而更好地实现国家审计监督。

为了更好地说明注册会计师审计有效缓解了国家审计的压力，本书拟进一步统计数据，表明国家审计基于人力资源压力购买注册会计师审计服务。中国政府采购网①是政府采购信息唯一发布平台，虽然本书仍不能完全排除其他省份通过其他渠道公布信息的可能性，但本书结论仅以中国政府采购网的公告为基础。中国政府采购网的信息表明，除市县级审计机关购买审计服务外，本书发现云南省是近几年来以省审计厅名义购买审计服务最多的省份，且购买数量庞大。

表 7-7 报告了云南省审计厅 2019 年审计服务购买项目，包括国有企业审计、项目跟踪审计和金融机构审计等。购买的注册会计师审计服务项目多，且包含大量重要板块的审计项目，甚至一次性将十四家国有企业的审计交给注册会计师审计。2019 年云南省审计厅共花费了 672.88 万元，用于购买注册会计师审计服务。结合四张表可以发现，云南省审计厅大量购买注册会计师审计服务，主要目的并非寻求部分专业技术协助，而是用于弥补国家审计

---

① 中国政府采购网（http://www.ccgp.gov.cn/）是财政部唯一指定政府采购信息网络发布媒体。

人员的大量短缺。

表 7-7　　　　　　　　　云南省审计厅 2019 年审计服务购买项目

供应事务所	审计项目
昆明博扬会计师事务所有限公司	世行贷款昆明市城市轨道交通项目（7 万元）；省属国有企业 2016~2018 年资产负债损益情况审计项目（26 万元）；楚雄（广通）大理高速公路建设项目阶段性跟踪审计（34.6 万元）；弥勒至玉溪高速公路建设项目阶段性跟踪审计（34.6 万元）
昆明精诚会计师事务所有限责任公司	省属国有企业十二 2016~2018 年资产负债损益情况审计项目（11.5 万元）
昆明旭坤会计师事务所有限责任公司	曲靖市车马碧水库建设项目阶段性跟踪审计（22 万元）
昆明亚太会计师事务所有限责任公司	世界银行贷款云南公路资产管理项目（14.5 万元）
立信会计师事务所（特殊普通合伙）	省属国有企业二 2016~2018 年资产负债损益情况审计项目（27.6 万元）
瑞华会计师事务所（特殊普通合伙）	亚行贷款云南农业综合开发项目（9 万元）；省属国有企业一 2016~2018 年资产负债损益情况审计项目（27.5 万元）
上会会计师事务所（特殊普通合伙）	省属国有企业八 2016~2018 年资产负债损益情况审计项目（13 万元）
天健会计师事务所（特殊普通合伙）	世界银行贷款云南学前教育发展实验示范项目（9.8 万元）；省属国有企业十四 2016~2018 年资产负债损益情况审计项目（13.6 万元）；玉溪至楚雄高速公路建设项目阶段性跟踪审计（34.91 万元）
天职国际会计师事务所（特殊普通合伙）	省属国有企业四 2016~2018 年资产负债损益情况审计项目（24.8 万元）；省属国有企业十 2016~2018 年资产负债损益情况审计项目（12.4 万元）
信永中和会计师事务所（特殊普通合伙）	重点产业基金审计（15 万元）
云南帮克会计师事务所（普通合伙）	丽江至香格里拉高速公路建设项目阶段性跟踪审计（32 万元）
云南方瑞会计师事务所	云南交通职业技术学院利用德国促进贷款改善办学条件建设项目（13.5 万元）

供应事务所	审计项目
云南耕耘会计师事务所有限公司	墨江至临沧高速公路建设项目阶段性跟踪审计（29.75 万元）
云南平云会计师事务所有限公司	省属国有企业六 2016～2018 年资产负债损益情况审计项目（22 万元）；省属国有企业十三 2016～2018 年资产负债损益情况审计项目（12 万元）
云南永盛会计师事务所	省属国有企业五 2016～2018 年资产负债损益情况审计项目（27.4 万元）；省属国有企业十一 2016～2018 年资产负债损益情况审计项目（13.7 万元）
云南云岭天成会计师事务所有限公司	昆明柴石滩水库灌区工程阶段性跟踪审计（24 万元）
云南中立会计师事务所有限公司	亚行贷款云南可持续道路养护（行业）项目（8.9 万元）；保山至泸水高速公路建设项目阶段性跟踪审计（30.7 万元）
中审众环会计师事务所（特殊普通合伙）	华丽高速公路大理连接线建设项目阶段性跟踪审计（25 万元）；滇中引水工程建设项目跟踪审计（35 万元）；省属国有企业三 2016～2018 年资产负债损益情况审计项目（22.08 万元）；省属国有企业九 2016～2018 年资产负债损益情况审计项目（11.04 万元）
众华会计师事务所（特殊普通合伙）	华坪至丽江高速公路建设项目阶段性跟踪审计（28 万元）

资料来源：根据中国政府购买采购网手工搜集整理。

7.4 注册会计师审计对国家审计影响体系构建

目前注册会计师审计对国家审计的影响，已具备其制度基础和实践基础，本书拟在此基础上，构建影响体系，在国家审计执业过程中，有针对性地、高效地利用注册会计师审计的力量。

图 7-3 为本书搭建的注册会计师审计对国家审计影响体系，影响体系在国家审计和注册会计师审计有共同的审计对象时发挥作用。图中以国家审计过程为主线，进入被审计单位后，审计人员了解被审计单位，根据所了解情况制定审计实施方案，随后实施审计方案，最终出具审计结果，并要求企业整改，分别对应了事前、事中和事后阶段。国家审计过程结束后，至下一次

审计，中间通常有不确定的间隔时间。具体各阶段对应了对注册会计师审计的利用。

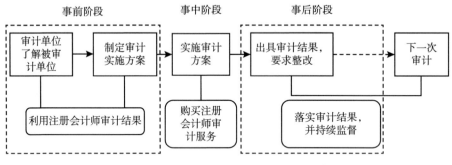

图 7-3　注册会计师审计对国家审计的影响体系

注册会计师审计对国家审计的影响体系作为审计监督体系的重要一环，其主要运用场景，是国家审计与注册会计师审计的审计对象重合时二者的协作。国家审计在介入被审计单位时，首先利用注册会计师审计结果，加速对被审计单位的了解，提高效率，以此为基础制定审计实施方案。其次，在实施审计的过程中，通过购买注册会计师审计服务的形式，借用注册会计师的力量，缓解国家审计实施的人力资源压力。最后，当国家审计出具审计结果，向被审计单位提出整改意见，直到下一次国家审计进入的期间内，注册会计师审计作为持续监督力量，继续深入被审计单位，督促其落实国家审计结果，并对被审计单位进行持续监督。

目前，该体系已具备实现的制度基础和实践基础，但尚未发挥影响体系的作用。究其原因，可能有如下几个方面：

第一，国家审计机关在利用注册会计师审计结果时，会对结果存在质疑。我国注册会计师审计质量尚且有待提高，尤其对于国有企业的注册会计师审计，审计师相对话语权较低，因此出具的审计结果信服力有限。且国家审计本身具有核查注册会计师审计的职权，因此相较于利用审计结果，更可能的是对注册会计师审计结果持有质疑态度。国家审计在核查注册会计师审计报告时，发现多处注册会计师未查出或查出但未报告的事项。

第二，在事后影响阶段，目前虽然注册会计师审计能够实现跟踪落实，但并不构成其重要的工作内容。首先，注册会计师审计与国家审计目的不同，即使注册会计师发现企业存在某些问题，若与财务审计和内部控制审计无直接关系，且在合理风险范围内时，注册会计师审计并不会要求企业整改。其次，注册会计师审计与国家审计权限不同，即使可以持续监督企业，也仅在一定范围，在与企业沟通要求其整改缺陷时，也缺乏强制执行力。因此，目前注册会计师对落实国家审计结果的影响，仅属于注册会计师执业过程中的附带行为，取决于注册会计师的独立性和专业胜任能力，而不构成制度性要求。

7.5　讨论与进一步思考

本章通过剖析注册会计师审计对国家审计影响的制度基础和实践基础，构建了影响体系，为国家审计的执业过程中如何利用注册会计师审计的力量，提供了系统性思路，也为审计监督体系发挥作用提供了启发。

注册会计师审计对国家审计的影响体系，是审计监督体系的重要部分。当影响体系发挥预期作用时，国家审计可以在审计全过程中，充分利用注册会计师审计，将其作用纳入国家审计工作机制之中，优化审计资源的配置，充分发挥协作效应，实现审计监督体系在国民经济监督中的作用。

若影响体系充分实现，可能有如下运用场景：（1）在国家审计制定具体审计方案，甚至制订年度审计计划、选择审计对象时，以注册会计师审计结果为考虑基础。而在实施审计时，仅选择注册会计师审计无法触及的问题，利用国家审计的强制力和公信力，对相关审计进行查漏补缺。此时，二者将自身优势最大化，互为补充，提高了审计监督的效能。（2）国家审计后，注册会计师审计持续监督被审计对象，反馈国家审计结果的落实情况。此时，注册会计师利用自身持续监督的审计模式和广泛的审计资源，协助国家审计实现了持续监督。

然而，目前影响体系的作用仍有待实现，相关基础尚未完善。

第一，目前法律法规尚未针对上述协作形式，出台明确的规范或操作方法。例如，在国家审计后，注册会计师审计在持续监督的过程中，协助被审计单位落实国家审计结果。虽然目前注册会计师审计能够实现跟踪落实，但落实国家审计结果并不构成其重要的工作内容。法律法规并未要求注册会计师审计协助国家审计落实审计结果，并持续监督其整改效果。同样地，也并未要求国家审计机关提供给注册会计师审计更多要求整改的细节，以便注册会计师更好地落实。因此，将注册会计师审计影响国家审计的具体环节，完整地纳入审计监督体系内的法律法规，从制度上保障国家审计能充分利用注册会计师审计的力量，是审计监督体系未来的发展要求。

第二，目前注册会计师审计质量，尚不能支撑其对国家审计的预期作用。国家审计利用注册会计师审计结果的前提是，注册会计师审计有效且信息质量高。当注册会计师审计有效且可信任时，国家审计甚至可以减少对该企业的审计资源分配，直接在注册会计师审计的基础上，进行补充审计即可。而我国注册会计师在面对国有企业客户时，往往话语权较小，难以在审计过程中保持独立性和客观性。随着审计市场的不断完善，监管职能的不断加强，注册会计师的独立性和客观性也会随之逐步推进。国家审计对审计结果的利用和复核，也有效提高了注册会计师对国有企业的审计质量。因此，综合利用各种手段，有效提高注册会计师审计质量，是影响体系发挥作用的重要条件。

本章的探讨，对于研究注册会计师对国家审计的影响来说，仅仅只是一个开端。受限于数据的公开程度，本章内容尚无法通过实证检验对每一个阶段的影响进行验证，随着数据的进一步公开，将在未来的研究中逐步完善。本书的第 7 章尝试用实证方法检验了注册会计师对国家审计结果落实情况的影响现状，为该领域研究的继续深入提供一个思路。

第8章

注册会计师审计对国家审计的影响：
审计结果落实

8.1 研究问题

国家审计对国有企业的监督作用，不仅在于事前的威慑力，更为关键的是事后对审计结果的落实情况。审计署每年选取部分国有企业进行审计，审计后会在官方渠道公布审计结果并要求企业自行整改。审计结果通常会指出企业财务管理、经营管理和廉洁建设三个方面的问题。针对审计署指出的问题，企业首先需要针对财务问题调整会计账目和财务报表，但更为重要的是，企业需要对审计结果"深加工"，挖掘问题背后的制度漏洞。因此，国家审计结果能否得到落实，关键体现在企业如何通过已有问题，发掘并整改内部控制，以防止类似问题再次出现。

落实国家审计结果，需要审计监督体系的综合作用。作为国家治理体系现代化的重要组成部分，审计监督体系的完善一方面要求与司法、纪检等各类监督部门的相互协作，另一方面也要求充分挖掘审计监督体系内部各部分的相互促进作用。审计监督体系由国家审计、注册会计师审计和内部审计共同组成，三者之间存在相互影响的复杂关系，而识别并利用各部分间的相互关系，则是审计监督体系更好地发挥作用的关键所在。

注册会计师审计对国家审计的影响分为事前、事中和事后三个阶段。第一个阶段是事前，即审计机关在审计前，利用注册会计师审计过的财务报表、底稿等资料。第二个阶段是事中，即审计机关利用政府购买服务，使用注册会计师审计力量。第三个阶段是事后，即注册会计师在日常内控审计中，督促企业整改内部控制，落实国家审计结果。本章所研究的主要内容，集中于第三个阶段，即国家审计结果的落实。利用国家审计后，注册会计师监督企业内部控制整改作为代理变量，来观察国家审计结果落实情况。

注册会计师的内控审计有助于国家审计后，落实国家审计结果。然而，目前注册会计师对落实国家审计结果的影响，仅属于注册会计师执业过程中的自发行为，而不构成制度性要求。本书拟讨论，在缺乏外界强制监督的情况下，注册会计师是基于何种机制，考虑国家审计对企业的整改要求，并影响到审计结果的落实情况。

基于此，本书的检验分为三个步骤：首先，对注册会计师进行"四大"和"非四大"的区分，考察具备较好声誉和专业胜任能力的"四大"，是否会更有利于国家审计结果的落实；其次，按专业胜任能力对注册会计师进行进一步区分，考虑在国家审计结果落实过程中，究竟是更依靠注册会计师的声誉机制，还是专业胜任能力；最后，在进一步检验中，考察注册会计师在国有企业审计结果落实影响的持续时间，为目前二者在国家审计结果落实中的协作情况进行揭示。

本章研究贡献主要有以下三点：

第一，首次使用实证研究方法探索注册会计师审计对国家审计的影响，补充了审计监督体系的相关文献。随着审计监督体系在国家经济监管中的作用日益重要，学者们试图厘清审计监督体系各组成部分的相互作用关系（傅黎瑛，2008；朱晓文和王兵，2016；鲍圣婴，2016；李晓慧和蒋亚含，2018、2019），以更好地发挥审计监督的作用。然而，限于数据可得性和观测局限性，注册会计师审计对国家审计作用的研究尚未涉及。

第二，从审计结果落实的角度，探索不同审计工具的相互影响关系，拓宽了研究审计监督体系协作的边界。已有研究集中探讨在审计过程中，审计工具之间的相互影响关系。但审计过程中查处的问题只是监督的一部分，而落实审计结果，进行相应整改，才是监督的目的。本章将审计结果落实纳入审计监督体系协作的范围，探索注册会计师审计在国家审计结果落实中的监督作用。

第三，研究探索了目前注册会计师在国家审计结果落实中的作用机制，为构建审计监督体系，提供了现实基础和发展思路。目前，注册会计师对落实国家审计结果的影响，尚未构成制度性要求，限制了其作用的发挥。而本书厘清了目前实践的作用机制，为进一步发展提供了前提和基础。

8.2 理论分析和研究假设

8.2.1 CPA 内控审计落实国家审计结果

注册会计师审计会在事前、事中和事后三个阶段，对国家审计产生影响。第一个阶段是事前影响，即审计机关在审计前，利用注册会计师审计已完成的工作及结果。《审计法》第三十一条明确提到，审计机关有权要求被审计单位提供社会审计机构出具的审计报告。《国家审计基本准则》第二十三条也提到，审计人员可以利用经核实确认后的社会审计机构的审计结果。第二个阶段是事中影响，即审计机关利用政府购买服务，使用注册会计师审计力量。这种情况主要发生在国家审计及其派出机构人手不足，或需要专业领域审计协助时，审计机关会通过公开招标形式，购买会计师事务所或注册会计师的个人服务。

本章重点探索第三个阶段的事后影响。国家审计提出整改要求后，难以立即跟踪审计企业整改情况，通常会到再次抽查审计该企业时，才会再次核查，而注册会计师则能在日常审计中督促企业进行整改，落实国家审计结果。

本章的研究侧重于注册会计师审计中的内部控制审计。这是因为，内部控制审计更能体现注册会计师审计的持续监督优势。通常国家审计揭示的问题包括企业财务管理、经营管理和廉洁建设等多个方面。根据问题的特点分析，其中财务报表的整改相对直接，这部分整改会在财务报表中明确显示，易观测核实。但内部控制缺陷而引起的其他问题，却只能依靠长期跟踪检查。即使企业表明已经完成整改，若不持续深入审计，便无法确定企业真实的整改状况。因此，内部控制的整改状况，则更依靠注册会计师的日常持续监督。

根据《企业内部控制审计指引》①，各主板上市公司和非上市大中型企业，每个会计年度均需聘请会计师事务所进行内部控制审计。因此，注册会计师能在日常审计中督促企业根据国家审计结果，进行内部控制相关整改。

8.2.2 CPA影响国家审计结果落实的时间线

本书的理论推导和研究设计，涉及国家审计结果落实过程中国家审计机关、被审企业和注册会计师三方之间关键时间点的交错分析。因此，本书针对国家审计结果落实的时间线进行如下说明，如图8-1所示。

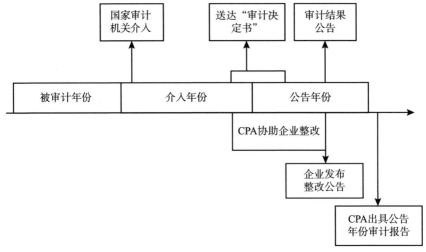

图8-1 国家审计结果落实时间线

（1）国家审计机关在介入年份②进驻国有企业，开始实施审计工作。

（2）审计结束后，国家审计机关通常会先向企业发送"审计决定书"，

---

① 2010年4月15日，财政部会同证监会、审计署、银监会、保监会制定了《企业内部控制应用指引第1号——组织架构》等18项应用指引、《企业内部控制评价指引》和《企业内部控制审计指引》，要求2012年1月1日起执行。

② 根据第四章的界定，审计署对国有企业的审计公告中涉及三个年份，分别称为公告年份、介入年份和审计年份。第 n 年公告： $n-2$ 年度资产负债损益审计结果，其中 n 年为公告年份， $n-1$ 年为介入年份， $n-2$ 年为审计年份。

让企业知悉相关情况，并开始投入整改。"审计决定书"送达时间在介入年份末，至发布审计结果公告之前的某一时间点。"香港中旅（集团）有限公司关于 2014 年度财务收支审计结果的说明"中提到"2015 年 12 月，在正式收到审计署送达的审计报告和下达的审计决定后……"表明企业收到审计决定书并开始整改的时间为介入年份的年末。然而，并非每家企业都会在整改说明中详细说明，本书无法核实每一家企业收到审计决定书和开始整改的时间。因此，本书只能将送达时间范围缩小到介入年份末至公告年份初。

（3）国有企业在收到"审计决定书"之后，在注册会计师的监督下，进行整改。企业为了尽快完成整改，也为了避免国家审计公告带来过多的负面影响，通常会在收到审计决定书后，立即投入整改。而此时，正是注册会计师审计年度内部控制审计介入期间。

（4）在审计机关发布审计结果的同时，国有企业公布整改公告，用于说明其已经完成了整改。表 8 - 1 举例说明了 2016 年公告的被审企业整改公告公布时间，企业发布整改报告的时间与审计公告时间均为同一天。企业及时发布整改报告，向我们透露了两方面的信息：第一，企业自我认定，国家审计公告中所涉及事项及缺陷，已经在审计公告公布的时点得到了整改；第二，企业希望将国家审计公告中披露问题及缺陷的负面影响降到最低。

表 8 - 1　　　　　　　2016 年公告的被审企业整改公告统计

公告号	被审企业名	审计公告时间	整改公告时间	整改公告公布渠道	整改公告或说明
2016 年第 21 号公告	香港中旅（集团）有限公司	2016 年 6 月 29 日	2016 年 6 月 29 日	企业官方网站	香港中旅（集团）有限公司关于 2014 年度财务收支审计结果的说明
2016 年第 20 号公告	招商局集团有限公司	2016 年 6 月 29 日	2016 年 6 月 29 日	企业官方网站	关于对审计署就招商局集团有限公司 2014 年度财务收支审计结果整改情况的公告
2016 年第 19 号公告	中国南方航空集团公司	2016 年 6 月 29 日	2016 年 6 月 29 日	企业官方网站	南航 2014 年度财务收支审计结果整改情况公告

续表

公告号	被审企业名	审计公告时间	整改公告时间	整改公告公布渠道	整改公告或说明
2016 年第 18 号公告	中国东方航空集团公司	2016 年 6 月 29 日	2016 年 6 月 29 日	企业官方网站	中国东方航空公司关于 2014 年度财务收支审计结果的说明
2016 年第 17 号公告	中国铝业公司	2016 年 6 月 29 日	2016 年 6 月 29 日	企业官方网站	中国铝业公司 2014 年度财务收支审计结果整改情况
2016 年第 16 号公告	中国电子信息产业集团有限公司	2016 年 6 月 29 日	2016 年 6 月 29 日	企业官方网站	中国电子信息产业集团有限公司关于 2014 年度财务收支审计结果的说明
2016 年第 15 号公告	中国海洋石油总公司	2016 年 6 月 29 日	2016 年 6 月 29 日	企业官方网站	
2016 年第 14 号公告	中国石油化工集团公司	2016 年 6 月 29 日	2016 年 6 月 29 日	企业官方网站	中国石油化工股份有限公司关于审计署审计情况的公告
2016 年第 13 号公告	中国电子科技集团公司	2016 年 6 月 29 日	2016 年 6 月 29 日	企业官方网站	中国电子科技集团公司关于 2014 年财务收支审计整改情况的公告
2016 年第 12 号公告	中国航空工业集团公司	2016 年 6 月 29 日	2016 年 6 月 29 日	企业官方网站	

资料来源：根据审计署官网信息手工搜集汇总。

（5）根据《企业内部控制审计指引》，注册会计师每年均要对国有企业的内部控制进行审计，在审计结果公告后，注册会计师所提供的公告年份内控审计报告，将成为企业整改公告的佐证。审计师针对企业的内部控制情况，并对内部控制的有效性发表意见。类似于财务报告审计，审计师发现内部控制缺陷时，与企业沟通并要求整改，最终根据沟通和整改结果，出具内部控制审计意见。

综上，对国家审计机关、被审企业和注册会计师三方时间点的梳理，可以发现：第一，注册会计师审计对国家审计结果的落实时间。自"审计决定书"送达起，内部控制审计的注册会计师将根据自身质量控制要求，协助并监督企业进行整改，整改效果从公告年份开始体现。第二，注册会计师审计针对公告年份的审计报告，将成为企业国家审计后整改公告的佐证。从时间线来看，企业在国家审计机关公布审计结果的同时，立即公布了整改公告，以将审计结果公告带来的负面影响降到最低。而随后，注册会计师发布的年度内控审计报告，将成为这份整改公告的佐证。上述两点将成为研究假设推导的重要前提。

8.2.3　研究假设提出

第 6 章提到，注册会计师审计落实国家审计结果的推行存在一个主要的问题，即目前注册会计师对落实国家审计结果的影响，仅属于注册会计师执业过程中的附带行为，而不构成制度性要求。具体而言，注册会计师会在内部控制审计的过程中，考虑国家审计揭示的问题，影响到审计结果的落实情况，然而注册会计师并不对企业的整改情况承担直接责任。

既然目前制度上不强制注册会计师负责落实国家审计结果，那么，注册会计师是基于何种机制，考虑国家审计对企业的整改要求，并影响到审计结果的落实情况呢？排除外界监督的强制力，注册会计师行为动机的影响因素还包括独立性（Larcker and Richardson，2004；贾楠和李丹等，2015）、专业胜任能力（Minutti - Meza，2013；蔡春和鲜文铎，2007）、声誉（Teoh and Wong，1993；DeAngelo，1981；漆江娜等，2004）等多方面。

本书拟通过检验不同类型注册会计师对国家审计结果落实的影响情况，来发掘注册会计师审计对国家审计结果落实的影响机制。根据注册会计师行为动机的影响因素，对我国注册会计师进行一个笼统的区分，分别检验"四大"和"非四大"对国家审计结果落实的影响情况。

一方面，"四大"通常被认为具备较高的声誉，声誉越高，声誉损毁的代价也越大，因此会更谨慎监督促进落实国家审计结果。如上所述，企业通常会在国家审计后发布整改说明，表明已完成整改。而注册会计师需要在企业公布整改说明后，出具年度内控审计报告，从而形成企业内部控制整改的背书。若企业实质上并未完成内部控制整改，而注册会计师却并未在审计报告中提及，注册会计师则面临未来查处后被责罚的剩余损毁风险。

另一方面，"四大"通常被认为具备更好的专业胜任能力，专业胜任能力越高，可能越有助于落实国家审计结果。国家审计结果中涉及企业内部控制问题，但并非直接以内控缺陷的形式提出，而只是指出该集团或企业在某一环节出现了问题。对于专业胜任能力更强的注册会计师来说，国家审计揭示的问题形成了有效的提示。注册会计师会在年度内部控制审计中，对应到具体的问题，并指出针对性的内部控制缺陷，且要求企业整改。

因此，本书认为，与"非四大"相比，"四大"注册会计师会更有效地促进国家审计结果的落实。据此提出假设 H8 - 1：

H8 - 1：在其他条件相同时，"四大"内控审计师更能有效落实国家审计结果，即更有效监督国家审计后企业内部控制的整改。

"四大"对国家审计结果落实影响的推导，是注册会计师的声誉和专业胜任能力影响了注册会计师在内部控制审计中的行为，从而作用于国家审计结果落实。然而，整改内部控制与发现内部控制缺陷不同，相较于注册会计师的专业胜任能力，可能更依靠注册会计师的主观意愿，如声誉损毁的刺激等。整改内部控制缺陷时，国家审计已指出主要问题，注册会计师作为持续监督者，对专业胜任能力的要求较低，而对独立性和客观性等要求较高。因此，本书拟利用行业专长对注册会计师进一步分类，拆分注册会计师的声誉和专业胜任能力两种机制。若具备行业专长的注册会计师，更有利于审计结果落实，则再次验证了注册会计师的专业胜任能力这一机制；若具备行业专长的注册会计师，在审计结果落实中并无明显优势，则表明注册会计师目前在落实国家审计结果中的影响，主要依靠于声誉机制。为此，本书提出对立假设：

H8 - 2a：在其他条件相同时，具备行业专长的内控审计师，更能有效落实国家审计结果，即更有效监督国家审计后企业内部控制的整改。

H8 - 2b：在其他条件相同时，具备行业专长的内控审计师，在落实国家审计结果，即监督国家审计后企业内部控制整改的过程中无明显优势。

8.3 研 究 设 计

8.3.1 样本选择和数据来源

本章的样本为 2010～2018 年审计署公告涉及的被审企业，样本选取方法同上。根据被解释变量、解释变量以及控制变量，剔除数据缺失观测后，介入年份共剩余 256 个观测，公告年份共剩余 257 个观测。本书对所有连续变量进行了上下 1% 的 Winsorize 处理。被审企业的数据通过手工搜集比对获取，内部控制指数来源于迪博数据库，其余数据来源于 Csmar 和 Wind 数据库。

8.3.2 模型及变量说明

8.3.2.1 内部控制指数 (*INTERCTRL*)

为了准确地反映每家企业国家审计结果落实情况，本章主要使用国家审计后企业内部控制指数的变化情况 (Δ*INTERCTRL*) 作为代理变量。本章以审计年份的内部控制指数为基准，用国家审计介入和公告年份的改变量反映注册会计师在国家审计后，对审计结果的落实情况。之所以以审计年份为基准，而非介入年份和公告年份，是因为从介入年份开始，企业已经受到国家审计介入的影响或已收到审计决定书，因此，已经开始进行内部控制的整改。例如："2018 年第 38 号公告：中国国新控股有限责任公司 2016 年度财务收支等情况审计结果"，发布时间为 2018 年 6 月 20 日。与此同时，中国国新控股有限责任公司在官方完整发布了"中国国新控股有限责任公司 2016 年度财务收支等情况审计整改公告"，表明在公告年份①（2018 年）时，企业已经

---

① 国家审计公告中涉及三个重要时间点，分别称为公告年份、介入年份和审计年份。"第 n 年公告：$n-2$ 年度资产负债损益审计结果"，其中 n 年为公告年份，$n-1$ 年为介入年份，$n-2$ 年为审计年份。

对审计结果中提到的内部控制缺陷进行了整改，其整改时间应该是介入年份（2017 年）或公告年份（2018 年）。因此，本书选择以审计年份的内部控制指数为基准。

同时，各企业的内部控制整改情况不同，$\Delta INTERCTRL$ 存在差异。尽管审计署要求企业对发现的问题进行整改，但仍然存在企业整改不力的情况。例如，在"2017 年第 16 号公告：鞍钢集团公司 2015 年度财务收支审计结果"中，明确指出"审计署 2011 年对鞍钢集团审计指出的问题中，部分问题到此次审计时尚未整改到位"[①]。$\Delta INTERCTRL$ 存在差异，有差异才能进一步探索注册会计师审计的影响，这也是本章检验的基础。

8.3.2.2 "四大"内部控制审计（*Inter_Big*4）

为了关注注册会计师对国家审计结果的落实情况，本章在度量是否"四大"审计时，以内部控制审计事务所来判断。《企业内部控制审计指引》[②] 要求各主板上市公司和非上市大中型企业，每个会计年度均需聘请会计师事务所进行内部控制审计。被审计单位均为中央国有企业，因此，均在此要求之列。聘请普华永道中天会计师事务所、德勤华永会计师事务所、安永华明会计师事务所和毕马威华振会计师事务所为内部审计师的情况，被认定为"四大"审计。

8.3.2.3 审计行业专长（*Spec*1，*Spec*2）

参照已有文献及我国实际情况，本书利用市场份额来度量审计行业专长，市场份额排名第一（按照上市公司总资产规模计算）的事务所定义为具备行业专长（Wang et al.，2011；吴溪和张俊生，2012）。本书定义 *Spec*1 为行业层面，具备行业专长时，*Spec* 取 1，否则为 0；定义 *Spec*2 为行业 - 省份层面，在省份层面具备行业专长时，*Spec* 取 1，否则为 0。需要说明的是，由于并非所有企业都进行内部控制审计，且大多数事务所会同时承担企业的财务报告

---

① 更多整改不力的情况，参见 6.2.4 小节的统计。

② 2010 年 4 月 15 日，财政部会同证监会、审计署、银监会、保监会制定了《企业内部控制应用指引第 1 号——组织架构》等 18 项应用指引、《企业内部控制评价指引》和《企业内部控制审计指引》，要求 2012 年 1 月 1 日起执行。

审计和内部控制审计。因此，本书在计算内部控制审计的市场份额时，利用财务报告审计事务所的市场份额来替代。

8.3.2.4 控制变量

为了控制企业其他因素对内部控制整改情况的影响，本书还控制了财务信息和公司治理结构方面的因素，并控制了年度和行业的固定效应。具体控制变量包括企业规模（SIZE）、资产负债率（LEV）、第一大股东持股比例（SHAHLD）、企业董事会规模（BOARD）、企业独立董事规模（SUPER）、企业成立年限（AGE）和企业成长性（TOBIN's Q）。具体度量方法见表 8–2。

表 8–2   第 8 章变量说明

变量名	变量说明
$\Delta Interctrl$	国家审计后，企业内部控制整改情况。（国家审计后年份内部控制指数 – 国家审计年份内部控制指数）/国家审计年份内部控制指数 ×10
Inter_Big4	四大内控审计。内部控制审计是否为"四大"，是为 1，否则为 0
Spec1	审计行业专长 1。在行业层面，客户资产规模排名是否领先，是为 1，否则为 0
Spec2	审计行业专长 2。在行业–省份层面，客户资产规模排名是否领先，是为 1，否则为 0
SIZE	总资产的自然对数
LEV	资产负债率，总负债/总资产
SHAHLD	截止到资产负债表日，第一大股东持股比例
BOARD	董事会规模，董事会当年总人数
SUPER	独立董事规模，独立董事当年总人数
AGE	企业成立年限
TOBIN's Q	企业成长性。TOBIN's Q =（年末流通股市值 + 非流通股市值 + 负债总额）/总资产

8.3.2.5 主要检验模型

本章主要检验模型为模型（8.1），利用 OLS 回归，分别利用"四大"内控审计（Inter_Big4）和审计行业专长（Spec）为解释变量。若"四大"内控审计能促进内部控制整改，假设 8–1 成立，则预期 Inter_Big4 的系数显著为正；若审计行业专长能促进内部控制整改，假设 8 - 2 成立，则预期 $Spec$ 的系数显著为正。

$$\Delta Interctrl = \alpha_0 + \alpha_1 Inter\_Big4/Spec + \alpha_2 SIZE + \alpha_3 LEV + \alpha_4 SHAHLD$$
$$+ \alpha_5 BOARD + \alpha_6 SUPER + \alpha_7 AGE + \alpha_8 TOBIN's\ Q + \varepsilon \quad (8.1)$$

8.4　实证检验结果

8.4.1　描述性统计

表 8 - 3 为本章主要变量的描述性统计。样本数 257 个，主要解释变量和控制变量的平均值和标准差如下。虚拟变量统计了为 0 和 1 的样本比例。解释变量"四大"内控审计（$Inter\_Big4$）显示 8.56% 的样本是"四大"承担内部控制审计；解释变量 $Spec1$ 显示 11.28% 样本的审计师具备行业层面的专长；$Spec1$ 显示 24.12% 样本的审计师具备行业—省份层面的专长。

表 8 - 3　　　　　　　　　　第 8 章主要变量描述性统计

变量（Obs = 257）	MEAN	SD	Dummy = 0	Dummy = 1
$Interctrl$	6.5974	1.5415		
$Inter\_Big4$			79.77%	8.56%
$Spec1$			88.72%	11.28%
$Spec2$			75.88%	24.12%
$SIZE$	23.2195	1.5655		
LEV	53.8598	19.8558		
$SHAHLD$	41.7022	15.5042		
$BOARD$	9.4319	1.9173		
$SUPER$	4.0272	1.3062		
AGE	17.7004	5.0875		
$TOBIN's\ Q$	1.3958	1.4764		

8.4.2 相关性分析

表 8 – 4 对本章主要变量进行了相关性分析。结果显示：（1）内部控制整改情况与是否"四大"内控审计显著正相关，初步证明假设 8 – 1 成立；（2）内部控制整改情况与是否具备行业专长无显著相关关系，初步验证了假设 8 – 2b。需要注意的是，是否"四大"内控审计与行业层面的审计专长显著负相关，而与行业 – 省份层面的审计专长显著正相关。尽管该结果并不影响本章拟检验内容，但仍然值得关注。这表明从行业层面的市场份额来看，并非"四大"占据主要地位，但从行业 – 省份的层面来看，市场份额领先的依然以"四大"为主。然而，本章的样本局限于中央国有企业，并不能代表整个审计市场，且本章关注的为内部控制审计是否为"四大"，财务报表审计可能有所不同。

8.4.3 主要检验结果

8.4.3.1 "四大"内部控制审计

表 8 – 5 是对模型（8.1）的回归结果。第（1）列为公告年份样本的回归，第（2）列为介入年份和公告年份两年的样本回归，本章延续观测在公告后的情况，第（3）列的样本包括介入年份、公告年份以及公告后一年。第（1）列中 *Inter_Big*4 的系数在 5% 的水平上显著为正（1.067**），表明在介入年份，内部控制审计由"四大"承担的企业，内部控制整改状况越好，内部控制指数提高越多。第（2）列中 *Inter_Big*4 的系数在 5% 的水平上显著为正（0.766**），表明在介入年份和公告年份，内部控制审计由"四大"承担的企业，内部控制整改状况越好，内部控制指数提高越多。第（3）列中 *Inter_Big*4 的系数在 1% 的水平上显著为正（0.876***），表明在介入年份、公告年份及公告后一年，内部控制审计由"四大"承担的企业，内部控制整改状况越好，内部控制指数提高越多。由此，假设 8 – 1 得到验证，相较于"非四大"，"四大"内部控制审计更有利于促进国家审计后的内部控制整改。

表 8 - 4 第 8 章相关性分析

	ΔInterctrl	Inter_Big4	Spec1	Spec2	SIZE	LEV	SHAHLD	BOARD	SUPER	AGE	TOBIN's Q
ΔInterctrl	1										
Inter_Big4	0.151**	1									
Spec1	0.0430	-0.116*	1								
Spec2	0.0580	0.112*	0.163***	1							
SIZE	0.0920	0.500***	-0.0180	0.0240	1						
LEV	-0.0100	0.0660	-0.0480	-0.0720	0.460***	1					
SHAHLD	0.0220	0.316***	-0.0430	0.0530	0.441***	0.0970	1				
BOARD	0.0380	0.0930	-0.144**	0.0900	0.143**	0.0890	0.0450	1			
SUPER	0.0660	0.0870	-0.128**	0.205***	0.159***	0.0650	0.0880	0.332***	1		
AGE	-0.0630	-0.228***	0.109*	-0.00900	-0.203***	0.00600	-0.231***	-0.0290	-0.0330	1	
TOBIN's Q	-0.0560	-0.234***	0.0300	0.0560	-0.615***	-0.587***	-0.301***	-0.116*	-0.0740	0.112*	1

注：置信度：$*\,p<0.1$，$**\,p<0.05$，$***\,p<0.01$。

表 8 - 5   "四大" 内部控制审计的检验

变量	（1）公告年份 $\Delta Interctrl$	（2）介入年份和公告年份 $\Delta Interctrl$	（3）公告前后三年 $\Delta Interctrl$
$Intercept$	6.530 (1.32)	2.420 (0.76)	2.811 (1.04)
$Inter\_Big4$	1.067 ** (2.13)	0.766 ** (2.32)	0.876 *** (3.15)
$SIZE$	-0.001 (-0.01)	0.062 (0.52)	0.054 (0.53)
LEV	-0.018 (-1.49)	-0.018 ** (-2.30)	-0.019 *** (-2.96)
$SHAHLD$	0.003 (0.22)	-0.001 (-0.14)	-0.004 (-0.49)
$BOARD$	-0.073 (-0.70)	-0.074 (-1.10)	-0.033 (-0.57)
$SUPER$	0.228 (1.62)	0.173 * (1.91)	0.136 * (1.80)
AGE	-0.002 (-0.05)	0.015 (0.55)	0.007 (0.32)
$TOBIN's\ Q$	-0.144 (-0.94)	-0.083 (-0.83)	-0.054 (-0.62)
行业固定效应	√	√	√
年度固定效应	√	√	√
Observations	257	509	718
R-squared	0.185	0.118	0.112

注：（1）置信度：* p < 0.1，** p < 0.05，*** p < 0.01；（2）系数下括号内为 t 检验值。

8.4.3.2 审计行业专长

表 8 - 6 是对模型（8.1）的回归结果，前三列的解释变量为 $Spec1$，后三列的解释变量为 $Spec2$。第（1）列和第（4）列为公告年份样本的回归，第

（2）列和第（5）列为介入年份和公告年份两年的样本回归，延续观测在公告后的情况，第（3）列和第（6）列的样本包括介入年份、公告年份以及公告后一年。$Spec1$ 的系数均不显著，表明在介入年份、公告年份和公告后一年，内部控制审计是否具备行业层面的审计行业专长，对内部控制整改状况均无影响，对内部控制指数的提高不显著。在第（5）列中，$Spec2$ 的系数在 10% 的水平上显著为正（0.487*），第（4）列和第（6）列中 $Spec2$ 的系数不显著。表明针对行业-省份层面的审计行业专长，仅在介入年份和公告年份的样本回归中，有利于内部控制的整改。由此，部分验证了 8-2 的假设，然而，由于 $Spec2$ 和 $Inter\_Big4$ 显著正相关，该结果可能并不稳健，并不能完全验证审计行业专长对落实国家审计结果的促进作用。

表8-6　　　　　　　　　　审计行业专长的检验

变量	(1) ΔInterctrl	(2) ΔInterctrl	(3) ΔInterctrl	(4) ΔInterctrl	(5) ΔInterctrl	(6) ΔInterctrl
Intercept	3.471 (0.72)	0.264 (0.09)	0.449 (0.17)	3.576 (0.74)	0.213 (0.07)	0.396 (0.15)
spec1	0.594 (1.10)	0.273 (0.80)	0.150 (0.52)			
spec2				0.331 (0.81)	0.487* (1.86)	0.307 (1.40)
SIZE	0.144 (0.84)	0.169 (1.50)	0.176* (1.84)	0.137 (0.80)	0.160 (1.43)	0.170* (1.78)
LEV	-0.018 (-1.53)	-0.019** (-2.42)	-0.021*** (-3.23)	-0.019 (-1.55)	-0.018** (-2.29)	-0.020*** (-3.12)
SHAHLD	0.003 (0.24)	-0.001 (-0.13)	-0.003 (-0.44)	0.003 (0.25)	-0.001 (-0.15)	-0.003 (-0.45)
BOARD	-0.032 (-0.30)	-0.053 (-0.78)	-0.017 (-0.29)	-0.058 (-0.55)	-0.069 (-1.02)	-0.024 (-0.43)
SUPER	0.229 (1.60)	0.164* (1.80)	0.122 (1.61)	0.200 (1.40)	0.138 (1.50)	0.107 (1.40)

续表

变量	(1)	(2)	(3)	(4)	(5)	(6)
	$\Delta Interctrl$	$\Delta Interctrl$	$\Delta Interctrl$	$\Delta Interctrl$	$\Delta Interctrl$	$\Delta Interctrl$
AGE	-0.016 (-0.39)	0.008 (0.28)	0.000 (0.02)	-0.012 (-0.29)	0.005 (0.18)	-0.001 (-0.04)
TOBIN's Q	-0.105 (-0.68)	-0.059 (-0.59)	-0.031 (-0.35)	-0.111 (-0.72)	-0.069 (-0.69)	-0.037 (-0.42)
行业固定效应	√	√	√	√	√	√
年度固定效应	√	√	√	√	√	√
Observations	257	509	718	257	509	718
R-squared	0.173	0.109	0.099	0.171	0.115	0.101

注：(1) 置信度：$*p<0.1$，$**p<0.05$，$***p<0.01$；(2) 系数下括号内为 t 检验值。

8.5 进一步研究与稳健性检验

8.5.1 国家审计公告前后的内部控制检验

进一步，文章探索了注册会计师对国有企业内部控制的影响实践。针对审计年份、介入年份、公告年份及公告年份后一年，分别以内部控制指数为被解释变量进行回归。目的有如下两个：

第一，排除"四大"与内部控制指数的其他竞争性假说。主检验中被解释变量为内部控制指数提高程度，用来度量内部控制整改状况。"四大"系数显著为正，可能存在两种解释：一是本书需要证明的，"四大"促进了国家审计结果的落实，使内部控制指数提高；二是原本选择"四大"审计的那些企业，内部控制本身比较差，而国家审计要求内控整改，将这部分企业的内部控制水平提高较多。尽管第二种解释认为选择"四大"进行审计的企业内部控制本身较差，这一点并不符合常理，然而，我们仍然不能忽视这种可能性。

结果发现：（1）在审计年份和介入年份，是否被"四大"审计，对内部控制指数没有显著影响，表明"四大"和"非四大"审计的企业内部控制指数无差异。（2）在公告年份，"四大"审计的系数在5%的水平上显著为正（0.568**），表明在国家审计后，"四大"审计显著提高了内部控制指数。（3）进一步，在公告年份后一年，该结果消失，表明在公告后一年，是否被"四大"审计对内部控制指数并没有显著影响。结合原检验中公告后一年样本中依然显著正相关，这与表8-7的结论并无矛盾，原检验中的基准为审计年份，表明与审计年份相比，公告后一年内控指数的提高与是否被"四大"审计相关，而当年的内控指数绝对值与是否被"四大"审计无关。

表8-7　　　　　　　　　　　　　国家审计前后对比

变量	(1) $Interctrl_{t-2}$	(2) $Interctrl_{t-1}$	(3) $Interctrl_t$	(4) $Interctrl_{t+1}$
Intercept	-2.347 (-1.28)	-3.460 (-1.30)	-1.128 (-0.40)	1.656 (0.51)
Inter_Big4	-0.002 (-0.01)	0.182 (0.64)	0.568 ** (2.00)	0.420 (1.20)
SIZE	0.338 *** (4.73)	0.453 *** (4.58)	0.424 *** (4.13)	0.295 ** (2.29)
LEV	-0.006 (-1.32)	-0.018 *** (-2.77)	-0.016 ** (-2.34)	-0.012 (-1.49)
SHAHLD1	0.005 (0.98)	-0.000 (-0.07)	0.006 (0.79)	-0.004 (-0.49)
BOARD	0.061 (1.60)	0.037 (0.64)	0.031 (0.52)	0.113 (1.49)
SUPER	-0.046 (-0.85)	0.035 (0.44)	0.081 (0.99)	0.015 (0.16)
AGE	-0.004 (-0.24)	0.010 (0.43)	0.003 (0.13)	-0.032 (-1.16)
TOBINS'Q	-0.007 (-0.12)	0.039 (0.47)	-0.014 (-0.15)	0.012 (0.10)

续表

变量	(1) $Interctrl_{t-2}$	(2) $Interctrl_{t-1}$	(3) $Interctrl_t$	(4) $Interctrl_{t+1}$
行业固定效应	√	√	√	√
年度固定效应	√	√	√	√
Observations	· 257	256	257	214
R-squared	0.363	0.304	0.310	0.283

注：（1）置信度：$*p<0.1$，$**p<0.05$，$***p<0.01$；（2）系数下括号内为 t 检验值。

因此，可以发现：第一，是否为"四大"审计，对企业内部控制质量并无影响，仅对国家审计后，内部控制审计的整改起到了促进作用，更深入地验证了主假设的结论。第二，是否"四大"对国有企业内部控制的影响，在公告年份后，已开始逐渐消失。

8.5.2 控制变量替换

主检验中控制变量的时期为当年，而被解释变量是一个变化值。为了对应被解释变量，最大程度控制其他影响因素。本章将控制变量全部换成变化量，重新按表 8-5 的方法进行检验。结果与上文一致，$Inte\_Big4$ 的系数均显著为正（见表 8-8），再次验证了假设 H8-1，结果稳健。

表8-8 控制变量替换检验

变量	(1) 公告年份 $\Delta Interctrl$	(2) 介入年份和公告年份 $\Delta Interctrl$	(3) 公告前后三年 $\Delta Interctrl$
$Intercept$	4.044 (1.35)	3.072 (1.61)	2.843 * (1.75)
$Inter\_Big4$	1.203 *** (2.69)	0.841 *** (2.85)	0.930 *** (3.74)

变量	（1）	（2）	（3）
	公告年份	介入年份和公告年份	公告前后三年
	$\Delta Interctrl$	$\Delta Interctrl$	$\Delta Interctrl$
$\Delta SIZE$	1.899 *** (2.64)	1.367 *** (3.15)	0.816 ** (2.36)
ΔLEV	-0.009 (-0.34)	-0.023 (-1.52)	-0.008 (-0.65)
$\Delta SHAHLD$	-0.038 (-0.91)	-0.035 (-1.25)	-0.061 *** (-3.09)
$\Delta BOARD$	0.518 (0.34)	-0.690 (-0.85)	-0.224 (-0.33)
$\Delta SUPER$	0.088 (0.34)	0.134 (0.93)	0.016 (0.14)
ΔAGE	-0.395 * (-1.90)	-0.154 (-1.25)	-0.027 (-0.28)
$\Delta TOBINs'Q$	-0.152 (-0.45)	0.036 (0.16)	0.064 (0.37)
行业固定效应	√	√	√
年度固定效应	√	√	√
Observations	255	507	715
R-squared	0.213	0.133	0.114

注：（1）置信度：*$p<0.1$，**$p<0.05$，***$p<0.01$；（2）系数下括号内为 t 检验值。

8.5.3 是否为"十大"审计

正文检验使用了国际四大会计师事务所，来度量审计师声誉。在我国，除"四大"以外，也有部分国内事务所声誉较好。因此，本章进一步使用"十大"来度量。根据我国注册会计师协会每年公布的事务所排名（如表 8 - 9 所示），前十位的为"十大"（$Inter\_Big10 = 1$），其余为"非十大"（$Inter\_Big10 = 0$）。

表 8 - 9 会计师事务所"十大"排名

排名	2009 年	2010 年	2011 年	2012 年	2013 年	2014 年	2015 年	2016 年	2017 年	2018 年
1	普华永道中天	普华永道中天	普华永道中天	普华永道中天	普华永道中天	普华永道中天	普华永道中天	普华永道中天	普华永道中天	普华永道中天
2	安永华明	德勤华永	德勤华永	德勤华永	德勤华永	德勤华永	德勤华永	瑞华	德勤华永	德勤华永
3	德勤华永	毕马威华振	安永华明	安永华明	瑞华	瑞华	安永华明	德勤华永	立信	安永华明
4	毕马威华振	安永华明	毕马威华振	毕马威华振	安永华明	立信	瑞华	立信	安永华明	立信
5	中瑞岳华	中瑞岳华	中瑞岳华	立信	立信	安永华明	立信	安永华明	毕马威华振	毕马威华振
6	立信	立信	立信	中瑞岳华	毕马威华振	毕马威华振	毕马威华振	毕马威华振	瑞华	瑞华
7	万隆亚洲	信永中和	国富浩华	天健	大信	天健	天健	天健	天健	天健
8	浙江天健东方	天健	天健	信永中和	天健	大华	信永中和	信永中和	大华	致同
9	大信	国富浩华	信永中和	国富浩华	信永中和	信永中和	天职国际	天职国际	致同	大华
10	信永中和	大信	大信	大华	大华	大信	致同	大华	信永中和	天职国际

资料来源：根据中注协公开信息整理。

同上，表 8 - 10 第（1）列为公告年份样本的回归，第（2）列为介入年份和公告年份两年的样本回归，第（3）列的样本包括介入年份、公告年份以及公告后一年。第（1）列中 $Inter\_Big10$ 的系数不显著；第（2）列中 $Inter\_Big10$ 的系数在 10% 的水平上显著为正（0.717*）；第（3）列中 $Inter\_Big10$ 的系数在 1% 的水平上显著为正（0.971***）。结果基本与表 8 - 5 一致，然而，第（1）列并不显著。一方面，部分佐证了事务所声誉对国家审计结果落实的影响；另一方面，也表明"十大"和"四大"对声誉的重视程度有所差异，与已知的信息一致。

表 8 - 10 "十大"内部控制审计的检验

变量	(1)	(2)	(3)
	公告年份	介入年份和公告年份	公告前后三年
	$\Delta Interctrl$	$\Delta Interctrl$	$\Delta Interctrl$
$Intercept$	3.516 (0.73)	0.291 (0.09)	0.179 (0.07)
$Inter\_Big10$	0.766 (1.11)	0.717* (1.85)	0.971*** (2.84)
$SIZE$	0.116 (0.67)	0.149 (1.32)	0.169* (1.76)
LEV	-0.019 (-1.59)	-0.019** (-2.45)	-0.021*** (-3.22)
$SHAHLD1$	0.003 (0.21)	-0.001 (-0.12)	-0.004 (-0.49)
$BOARD$	0.028 (0.27)	-0.029 (-0.43)	-0.018 (-0.31)
$SUPER$	0.206 (1.43)	0.162* (1.76)	0.135* (1.76)
AGE	-0.025 (-0.58)	0.003 (0.10)	-0.000 (-0.02)
$TOBINs' Q$	-0.108 (-0.70)	-0.058 (-0.58)	-0.028 (-0.31)
行业固定效应	√	√	√
年度固定效应	√	√	√
Observations	255	507	715
R-squared	0.175	0.115	0.110

注：（1）置信度：*p<0.1，**p<0.05，***p<0.01；（2）系数下括号内为 t 检验值。

8.6 本章小结

利用被审企业在国家审计后公告年份的样本，集中探讨了注册会计师审计对国家审计影响中的第三个阶段，即注册会计师审计对国家审计结果落实效果的影响。本章的注册会计师主要为内部控制审计的注册会计师。研究发现：（1）"四大"内控审计师更能有效落实国家审计结果，即更有效监督国家审计后企业内部控制的整改；（2）具备行业专长的内控审计师，在有效落实国家审计结果，即国家审计后监督企业内部控制整改中无明显优势；（3）是否为"四大"对国家审计结果落实的作用，在公告后一年开始逐渐消失。这表明在并无外部监管强制的情况下，注册会计师审计促进国家审计结果落实主要通过声誉机制，即若企业实质上并未完成内部控制整改，而注册会计师却并未在审计报告中为其背书，注册会计师则面临未来查处后被责罚的声誉损毁风险。而专业胜任能力并未显著发挥作用，可能是由于国家审计已指出主要问题，注册会计师作为持续监督者，对专业胜任能力的要求较低，不同注册会计师之间并无太大差别。

本章的研究从文献上完善了注册会计师审计和国家审计的关系研究，首次尝试用实证的方法研究了注册会计师审计对国家审计的影响；从理论上，将国家审计结果的落实纳入审计监督协作体系，使该领域的研究不仅局限于审计过程，而是深入到审计结果的落实；从实务上，探讨了国家审计后，如何继续利用其他审计工具协作持续发挥监督作用，为统筹审计监管工具提供了思路。

然而，限于数据可获性，本章研究尚未涉及注册会计师对国家审计的其他影响形式。随着审计监督全覆盖和数据透明度的逐步加强，其他影响形式有待在后续研究中继续进行。

第9章

国家治理体系现代化背景下国家审计
与注册会计师审计的协同

国家治理现代化要求监督力量相互协同。作为国家治理体系的重要组成部分，审计监督体系不仅要求与纪检、司法等其他监督形式贯通融合，也要求在其内部协同形成合力，践行国家经济活动中的各项审计监督任务。本章首先以审计三方关系人为框架，借鉴协同理论及协同治理效应，讨论了国家审计与注册会计师审计的可行性。其次，通过对国家审计与注册会计师审计协同实践的现实考察，分析了国家审计与注册会计师审计协同的必要性及现实困境。最后，文章提出了在中央审计委员会统一领导下的国家审计与注册会计师审计协同体系，针对不同场景分析协同模式选择以及协同流程等问题。文章不仅为如何统筹审计资源提供了思路，也为国家治理体系现代化背景下各类监督力量的协同提供了借鉴。

9.1 问题的提出

党的二十大报告再次要求以党内监督为主导，促进各类监督贯通协调。整合资源形成监督合力，不仅适应我国审计现状的要求，也是我国国家治理体系现代化的重要思想。作为国家治理体系现代化的重要组成部分，审计监督一方面要求与司法、纪检等各类监督工具协同作用，另一方面也要求充分挖掘审计监督体系内部的协同路径。早在2015年12月国务院印发的《关于实行审计全覆盖的实施意见》中明确提出，国家审计需要加强审计资源的统筹，包括有效利用社会审计的力量。沿用国家监督合力的思想，审计监督内部也需要统筹整合审计资源，构建统一的审计监督体系，共同完成国家的审计监督任务。

国家审计与注册会计师审计的协同，是国家治理体系现代化背景下新时代的需求。改革开放以来，我国国家审计监督体系的发展始终服务于国家治理的需求。2015 年国务院办公厅发布了《关于完善审计制度若干重大问题的框架意见》①，要求"基本形成与国家治理体系和治理能力现代化相适应的审计监督机制"。同时，提出了实施审计监督全覆盖，并要求"统筹整合审计资源，创新审计组织方式和技术方法"，建立适合审计监督全覆盖的工作机制。当前，面对更加复杂的经济活动和全覆盖的审计监督任务，需要充分整合审计资源，发挥协同作用，达到国家审计与注册会计师审计"1 + 1 > 2"的治理效果。

国家审计与注册会计师审计的协同，也是国家治理体系现代化发展方向的要求。国家治理体系现代化要求在党的领导下，增强各监督体系的严肃性、协同性、有效性，将形成决策科学、执行坚决、监督有力的权力运行机制。第一，国家治理体系现代化要求治理范围全局化，需要统筹审计监督力量，实现国家经济监督的任务。国家治理体系现代化要求把党的领导落实到国家治理各领域各方面各环节，因此需健全包含审计监督在内的党统一领导的全面覆盖、权威高效的监督体系。第二，国家治理体系现代化要求治理主体多元化，需要国家机关、社会专业团体和公民多元主体共同治理。注册会计师审计作为专业领域审计人员，是重要的社会监督力量，也是国家治理和资本市场监督的重要力量。第三，国家治理体系现代化要求治理过程效能化，需要审计监督体系向高效和专业的方向发展，形成强有力的监督。国家审计与注册会计师审计的有效协同将避免重复审计和低效审计，同时协同发展也将有利于审计专业化水平的提高。

目前学术界和实务界均努力探索国家审计与注册会计师审计的协同，但尚未提出系统的整合审计资源的模式和制度。本书基于监督合力的指导思想，试图探索国家审计与注册会计师审计的协同路径，回答国家审计与注册会计师审计在哪些范围和条件下可以相互协同，以及如何相互借用对方力量进行

---

① 2015 年 12 月 8 日，中国政府网公布中共中央办公厅、国务院办公厅印发的《关于完善审计制度若干重大问题的框架意见》。该《意见》分为总体要求、主要任务、加强组织领导三部分。

协同等问题。从理论角度，文章以审计三方关系人这一基础要素为切入点，讨论了国家审计与注册会计师审计协同的可能性；并借用协同理论，探讨国家审计与注册会计师审计协同各要素对应协同治理理论的特征，论证了协同治理效应。从现实角度，文章梳理了国家审计与注册会计师审计协同的必要性与现实困境，指出了构建协同体系亟须解决的问题。在此基础上，本书构建国家审计与注册会计师审计协同体系，并阐述了该体系运行所需的制度保障。

本章的贡献主要有以下三个方面：第一，在总结协同实践基础上，提出了可行的协同模式及配套制度保障，为优化审计资源配置提供了系统性思路。第二，区别于已有研究强调注册会计师审计对国家审计力量的补充，本书强调了国家审计协助注册会计师审计的需求，并提出了相应的协助模式，期望实现国家审计与注册会计师审计长期持续互惠的协同关系，加强我国审计监督力量。第三，本书根据国家治理体系现代化的特点和要求，提出在党的统一领导下设置有效沟通协同机制，从监管的层面打破不同监督力量的协同障碍，为其他监督力量的协同提供了借鉴。

9.2 理论基础

9.2.1 协同理论与协同治理效应

整合社会审计资源，实现国家审计的目标，是协同理论在审计领域的运用。协同理论来源于自然科学领域，由德国物理学家赫尔曼·哈肯于 1971 年首次提出。他将协同效应简单解释为"1 + 1 > 2"的效应。根据协同理论，在政府治理领域实现协同治理效应，需要具备如下几个特征（李汉卿，2014）：第一，治理主体的多元化。所有政府组织、社会组织间的协作均可以构成协同治理。第二，各子系统的协同性。各组织之间需要存在着可交换和共享的资源。第三，共同规则。协同治理中需要遵循共同的规则。

将协同理论运用于社会科学，并不是审计领域的首创。在公共政策领域，早已基于协同理论提出了"协同政府"的概念。"协同政府"的核心目的是整合相互独立的各种组织，以实现政府所追求的共同目标（解亚红，2004），形成协同治理效应。郁建兴和任泽涛（2012）认为构建协同治理机制，需要政府发挥主导作用，构建制度化的沟通渠道和参与平台。他们通过观察世界银行在1996～2010年间的治理指标数据发现，中国政府治理手段基本有效，但社会力量发展不足，参与治理程度较低，这导致整体治理效果不断波动。因此，他们认为单独依靠政府实现政治目标的思维需要调整。除了协同治理的机制和平台，协作者之间的信任关系也至关重要（欧黎明和朱秦，2009）。习近平总书记在党的十九大报告中强调要增强监督合力，即社会协同治理理论的践行。为了实现我国国家治理体系和治理能力现代化，要求社会体系中各种监督体系协同治理。

本书研究主体是国家审计与注册会计师审计，二者共同实现国家审计监督的目标。王会金（2013）利用协同理论探讨了国家治理视角下国家审计的协同，依据协同治理理论的特征，本书认为国家审计与注册会计师审计的合力能有效实现协同治理效应。其主要特征如下：第一，主体多元化。国家审计和注册会计师审计，作为不同的治理主体，构成了协同治理的前提。第二，子系统协同性。国家审计和注册会计师审计共享审计资源和审计结果，以二者各自执业目的为基础，形成良性的协同治理系统。第三，共同规则。国家审计和注册会计师审计共同肩负了监督国家经济和资本市场运行的责任。在此基础上，为了搭建协同治理机制的沟通渠道和平台，需要构建统一高效的审计监督平台，探索国家审计与注册会计师审计的协同路径。除上述特征外，协同治理效应还涉及至关重要的心理因素，即协同者之间的信任关系。对于国家审计与社会审计来说，主要是国家审计机关对注册会计师审计专业程度的认同与信任。这也是在探索协同路径中，需要重点考虑的问题。

9.2.2 国家审计与注册会计师审计

作为国家审计监督体系的重要组成部分，国家审计与注册会计师审计之间的协同关系日益重要。目前关于国家审计与注册会计师审计的讨论，主要集中在以下几个主题：

第一，从整体来看，学者呼吁国家审计、注册会计师审计和内部审计共同形成有效的审计监督体系。从不同的角度进行分析，发现国家审计和注册会计师审计可以相互利用，共同作用于国家和企业治理。许汉友（2004）认为，在会计信息失真较为严重的背景下，有必要改变国家审计与社会审计分割的局面，加强两者之间的协调关系。一方面，国家审计可以利用注册会计师审计的资源优势，加强对国有企业的审计监督工作；另一方面，注册会计师审计也可以借用国家审计的权威性，为其审计结论提供强有力支持。鲍圣婴（2016）从审计体系的历史发展角度，先分别分析了国家审计、注册会计师审计和内部审计的特点和优势，认为不同审计主体之间的配合与协同，体现了国家治理和公司治理体系的相互作用，能共同服务于国家治理，同时提升公司的治理水平。郭檬楠等（2021）发现国家审计与注册会计师审计的协同更有助于促进国有企业创新发展。冯均科（2020）从国家审计、注册会计师审计和内部审计的历史发展和政治地位出发，强调了审计在中国新时代特殊的环境下具有一定的整合基础，因此认为可以形成以国家审计为主导的、服务于国家治理现代化的新的审计模式。

第二，国家审计应该利用注册会计师审计的力量。耿建新和杜美杰（2001）具体提出了利用社会审计的方式，包括与审计人员沟通、利用审计资料、委托注册会计师审计，同时提出要加强国家审计和社会审计之间审计准则的协调、建立严格的委托管理制度、加强对注册会计师审计组织审计质量的监督检查。孙宝厚（2001）则建议在年报审计中，坚持由注册会计师审计组织审计；在专项审计或特别审计中，实行由社会组织附带完成；同时坚持国家审计机关对国有企业进行抽样审计。谢志华（2003）从审计独立性的角度，认为注册会计师审计处于第三者的独立地位，比国家审计机关更能代表全体股东的利益，因此，利用注册会计师审计对国有独资企业进行审计也有比较优势。吴秋生和杨瑞平（2007）从实际操作层面，建议国家审计机关可以与被审计单位的审计师进行交流，利用他们获取的资料和证据，用于快速把握审计重点，减少工作量。但他们也提到了利用注册会计师审计的一些问题，因此强调国家审计机关不能用注册会计师审计成果来替代国家审计工作，不能以利用注册会计师审计成果为由来推卸国家审计的责任。王彦超和赵璨（2016）发现社会审计在一定程度上发挥了国家审计的作用，有利于国家治理。注册会计师审计与国家审计在促进国企资产保值增值中发挥了替代效应（郭檬楠等，2021）。除了国有企业，我国公共部门也急需推行注册会计师审计制度。刘光忠等（2015）强调我国公共部门需要利用社会审计的必要性。财政部会计司联合研究组也在 2016 年提出，需要将注册会计师审计引入公共部门的财务报告审计。

第三，国家审计对注册会计师审计的影响。为了更好地实现国家审计和注册会计师审计的相互协同，不少学者开始关注国家审计如何影响注册会计师审计。国家审计对注册会计师审计来说，既是监督与被监督的关系，又是相互协同的关系。社会审计会基于警示效应，提高谨慎性，从而提高审计质量（朱晓文和王兵，2016；李晓慧和蒋亚含，2018），这种谨慎性的提高，也会反映在风险溢价的提高，因此审计费用也会相应提高（李青原和马彬彬，2017）。作为相互协同的两个主体，注册会计师审计也会利用国家审计后的公告，搭上顺风车（李晓慧和蒋亚含，2018），从而提高审计的效率。进一步，他们还发现，这种影响主要存在于非"十大"的小所中（朱晓文和王兵，2016；李青原和马彬彬，2017）。

已有关于国家审计与注册会计师审计的研究仅论证了二者可以协同，以及协同的优势，并未说明在何种场景下进行协同，也并未对二者的协同形成系统性说明。因此，这使得国家审计与注册会计师审计的协同程度有限，无法以制度的形式落实到审计工作中，这也为本书提供了研究机会。

9.2.3 基于审计三方关系的理论分析

传统的审计三方关系人包括审计师、责任方和委托方，随着审计监督职能的社会责任不断提高，为更多的利益相关者服务，审计三方关系人中的"委托方"逐渐被"预期使用者"取代，但委托方通常也会是主要的预期使用者。国际审计准则 ISSAI - 100 提到公共部门审计涉及审计师、责任方和预期使用者三方关系人；类似地，《中国注册会计师鉴证业务基本准则》第十四条指出 CPA 审计的三方关系人包括注册会计师、责任方和预期使用者。三方关系人是审计的基本要素，如图 9 - 1 所示，三方关系人之间的关联体现了对应的审计基础理论和实践理论，具体包括：①受托经济责任是审计产生的基础，体现了委托方与责任方之间的关系；②审计师在对责任方进行审计时，要求具备专业胜任能力；③独立性是审计的灵魂，审计师既要独立于责任方，也要独立于预期使用者。本书以三方关系人及其相互关系为框架，梳理国家审计与注册会计师审计协同的理论依据。

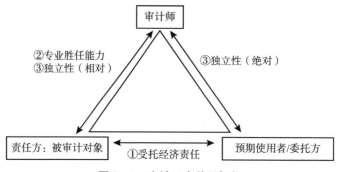

图 9 - 1　审计三方关系框架

（1）审计师。国家审计的审计师来自各级审计机关，属于国家职能部门，肩负着国家治理的重要任务。而注册会计师审计的审计师来自各审计师事务所，是市场化专业中介服务机构，也是资本市场的"看门人"。尽管二者的职能范围有所不同，但国家审计和注册会计师审计的审计师有共同的职能，即从专业的角度对我国经济发展进行监督。

（2）责任方。责任方主要指被审计单位或个人，国家审计与注册会计师审计有不同的审计范围，但审计范围中有重合的部分，这为相互协同提供了空间。注册会计师审计的主要审计对象是企业，而国家审计中的企业审计、经济责任审计、项目跟踪审计等均会涉及对企业的审计。其中，对企业重要领导的经济责任审计，必然会涉及企业的财务情况和内部控制情况；项目跟踪审计中项目主体若为相关企业，在对项目跟踪时，也会涉及对企业资金运用情况等的审计。因此，针对共同的审计对象，国家审计和注册会计师审计存在天然的协同基础。

（3）预期使用者。我国国家审计的预期使用者主要指党政机构、人大和社会公众，注册会计师审计的预期使用者是股东、债权人及其他利益相关者。党的十八大提出"保障人民知情权、参与权、表达权、监督权"，为了使预期使用者获取更加充分的信息，无论是国家审计还是注册会计师审计，监管机构对审计信息披露的内容和质量都提出了更高的要求。一方面，从报告内容来看，相较于注册会计师审计报告，国家审计的审计结果公告信息含量更高。注册会计师审计报告有相对固定的模板，主观陈述部分较少。即使在2018 年后增加了"关键审计事项"部分，注册会计师审计报告能传递的信息依然十分有限。国家审计公布审计结果通过公告的方式，公告并没有固定模板，而是通过描述具体的审计问题来展示，信息含量相对更大。但另一方面，从公开披露程度来看，并非所有国家审计的审计结果都会发布公告，针对共同审计对象，注册会计师审计报告可形成补充。国家审计结果公开不足有多种原因，包括国家审计范围广，形式多样；涉及国家重点企事业单位的机密业务；涉及与其他机关单位的合作，审计机关无权公布合作审计结果等。而注册会计师审计中，公众企业审计结果均依照披露规定公开发布定期审计报告。因此，国家审计结果公告中详细信息可以弥补注册会计师审计报告信息含量低的问题，注册会计师审计报告的持续大量公开也会弥补国家审计结果公告的不足，二者的协同将从不同角度披露信息，相互补充，有利于提高信息的透明度，满足不同预期使用者的需求。

（4）受托经济责任。受托经济责任主要指委托方与责任方之间的关系，是审计产生的重要前提。受托经济责任是指按照特定要求或原则经营管理受托经济资源，并报告其履行状况；对受托经济责任进行监督，则是审计的基本职能。公共受托经济责任是国家审计产生动因的重要理论。最高审计机关亚洲组织（ASOSAI, Asian Organization of Supreme Audit Institution）将公共受托经济责任概括为受托管理公共资源的机构，报告管理规划、控制情况和财务情况的责任。我国各级政府按照本级人民代表大会所体现的人民意志对公共财产行使管理经营权，从而对人民负有公共受托经济责任，国家审计的职能是对公共受托责任进行鉴定和评价（秦荣生，2004）。企业受托经济责任是注册会计师审计产生的重要动因。企业受托经济责任是源于两权分离，企业股东为委托方，负责资金筹集，并拥有企业的声誉索取权；企业的管理者为受托方，负责企业的日常经营管理。注册会计师审计则负责监督这种受托经济责任，评价受托方的履职情况。综上，国家审计与注册会计师审计均产生于受托经济责任，二者产生基础的一致性为二者协同提供了可能。

（5）独立性。从独立性的形式来看，国家审计与注册会计师审计的协同将提高国家审计的独立程度。当审计师仅独立于责任方时，为相对独立；当审计师既独立于责任方，也独立于委托方时，则形成绝对独立。国家审计机关与委托方（人大或政府机构）同属于国家机关部门，是相对独立，而注册会计师审计则为绝对独立。国家审计中引入注册会计师审计，从形式上将相对独立提高为绝对独立。从独立性的实质来看，国家审计与注册会计师审计的协同将会提高注册会计师审计的独立性。一方面，协同中审计结果报告的相互利用与复核，将对注册会计师审计独立性形成监督。国家审计对注册会计师审计具备一定的监管职能，有权对社会审计机构出具的相关审计报告进行核查。国家审计与注册会计师审计的协同，将会提高国家审计机关对注册会计师审计结果的复核的频次，形成强有力的监督，减少注册会计师因缺乏独立性而隐瞒重大问题的可能性。另一方面，注册会计师审计将在协同中，以国家审计的权威性为支持，提高对客户的话语权，从而提高独立性水平。已有研究比较一致地认为客户的重要程度和与客户的相对话语权，将会影响我国注册会计师的独立性（陆正飞等，2012；贾楠和李丹，2015）。而通过与国家审计形成审计证据和审计结论共享的协同关系，注册会计师审计将提高对客户的相对话语权，更不可能为客户隐瞒重大问题或形成与客户合谋的关系，注册会计师审计的公信力和独立性将会提升。因此，二者的协同将会从不同角度提高审计的独立性，强化审计人员的专业性。

（6）专业胜任能力。专业胜任能力既是审计理论中的基础假设（孙宝厚，2019），也是审计实务中对审计师的重要要求。国家审计与注册会计师审计在专业胜任能力中各有优势。我国注册会计师审计市场竞争激烈，为了提高自身审计效率和为客户提供更专业的服务，注册会计师审计随经济形势的发展而不断更新专业技术，形成行业专长。四大会计师事务所近年来均展开了智能化审计的研发，如普华永道自主研发了 Aura、Halo、Connect 等多项审计系统，利用人工智能技术快速高效地处理客户信息和复杂数据。此外，我国多家事务所还加入了国际会计网络（联盟）①，通过网络（联盟）内部的学

---

① 根据中注协的统计，2014 年底，我国已有包含"四大"在内的 9 家事务所加入了国际排名前 10 位的国际会计网络（联盟）；证券资格事务所中，共有 18 家事务所加入了 17 家国际会计网络（联盟）。https://www.cicpa.org.cn/ztzl1/swsnbzl/xxdt/201903/t20190315_39309.html.

习和项目合作，吸收了国内外最新审计技术。国家审计也利用其地位和资源的优势，通过经验总结和国内外交流学习，不断更新审计技术，并在审计实践中运用大数据资源和地理信息等最新技术。国家政务信息系统和数据共享平台均按规定向审计机关开放，国家审计机关能够获取更加丰富的资料。因此，国家审计与注册会计师审师的协同将有助于审计技术更新和吸收，更好地将注册会计师审计技术和国家审计数据技术资源相结合，促进我国审计技术整体提升。

9.3 国家审计与注册会计师审计协同的必要性与现实困境

9.3.1 国家审计与注册会计师审计协同的实践

9.3.1.1 公共部门引入注册会计师审计

许多国家都会将注册会计师审计引入公共部门，具体分为两种形式：一种是由注册会计师独立审计公共部门。美国的公共部门由社会独立机构进行审计，再由美国审计总署（GAO）核查社会机构的审计结果。另一种是由国家审计机关和注册会计师合作审计。如分别审计不同类别的公共部门（如新加坡）；聘请注册会计师联合参与国家审计项目（如澳大利亚和加拿大等）。公共部门引入注册会计师审计，一方面可以缓解国家审计资源的不足，另一方面可以发挥注册会计师对公共部门的监督作用。

随着我国政府会计制度的建立和完善，在公共部门引入注册会计师审计势在必行。上海市早在 2010 年就开始了实践探索，发布《上海市市级事业单位年度财务会计报表和部门决算报表注册会计师审计暂行办法》（沪财会〔2010〕76 号），在医疗卫生机构、大中专院校等部分单位率先试点，2011年起实施范围逐步扩大到使用财政性资金的事业单位。实施过程中由市财政局组织，通过政府购买方式聘请注册会计师审计。市财政局需确定每年被审单位名单，指导市财政局监督检查局选聘事务所，并按注册会计师审计的流程签订审计业务约定书。审计结束后，市财政监督局需分类归集审计报告，并对注册会计师审计报告作出质量评估。市财政局将运用注册会计师审计结果进一步完善预算编制和财务会计管理等工作。为了推进相关工作的展开，上海市注册会计师协会对入围事务所的注册会计师进行培训，保障注册会计师的专业胜任能力，为注册会计师参与公共部门审计提供技术支撑。

其他省市的实践也逐步推行，如 2021 年黑龙江省大庆市审计局将注册会计师审计引入公共投资审计领域。在审计过程中，充分利用注册会计师审计的力量，并规范了注册会计师审计机构参审公共投资项目审计管理，有效增强了公共投资审计监督合力①。

9.3.1.2 国家审计购买注册会计师审计服务

（1）云南省购买注册会计师审计服务缓解审计压力。

以人均审计单位数最高的云南省为例，为有效缓解国家审计的压力，云南省审计厅购买了大量的审计服务，包括国有企业审计、项目跟踪审计和金融机构审计等。购买的社会审计服务项目多，且包含大量重要板块的审计项目，甚至一次性将十四家国有企业的审计交给社会审计。2019 年云南省审计厅共花费了 672.88 万元，用于购买注册会计师审计服务。通过中国政府采购网②的数据，可以发现，云南省审计厅大量购买社会审计服务，用于弥补国家审计人员的大量短缺。

（2）苏州市相城区政府采购形成注册会计师"审计库"。

苏州市相城区聘请具有审计相关专业知识的人员参加政府投资项目审计。2012 年起，相城区组建起包含 123 名审计人员的"审计库"，后又组建了包含 235 名审计人员的"协审库"，负责投资项目竣工结算审计工作、跟踪绩效审计工作等。"审计库"补充了相城区的审计力量，完成了相城区约 70%的政府投资审计项目和跟踪绩效项目，且审计效果显著③。实践中也存在一些问题，如管理制度与审计模式不适应，审计报告质量不高，注册会计师审

---

① 资料来源：黑龙江省大庆市审计局。
② 中国政府采购网是财政部唯一指定政府采购信息网络发布媒体。http：//www.ccgp.gov.cn/.
③ 资料来源：审计署官方网站，https：//www.audit.gov.cn/n6/n1558/c109823/content.html.

计人员专业素质参差不齐、参与国家审计项目的注册会计师审计频繁变动等。

9.3.2 国家审计与注册会计师审计协同的必要性

9.3.2.1 国家治理体系现代化下协同的必要性

国家审计与注册会计师审计的协同，是国家治理体系现代化背景下新时代的需求。改革开放以来，我国国家审计监督体系的发展始终服务于国家治理的需求。当前，面对更加复杂的经济活动和全覆盖的审计监督任务，国家治理体系现代化的发展要求各类审计形式协同作用，构建全覆盖、高效、统一的审计监督体系。2015 年国务院办公厅发布了《关于完善审计制度若干重大问题的框架意见》[①]，要求"基本形成与国家治理体系和治理能力现代化相适应的审计监督机制"。同时，提出了实施审计监督全覆盖，并要求"统筹整合审计资源，创新审计组织方式和技术方法"，建立适合审计监督全覆盖的工作机制。十九届四中全会也再次强调坚持和完善党和国家监督体系，要求包括国家审计和注册会计师审计在内的各审计监督工具协同发挥作用。在国家治理体系现代化的要求下，需要充分整合审计资源，发挥协同作用，形成国家审计与注册会计师审计"1 + 1 > 2"的治理效果。

国家审计与注册会计师审计的协同，也是国家治理体系现代化发展方向的要求。国家治理体系现代化要求在党的领导下，增强各监督体系的严肃性、协同性、有效性，形成决策科学、执行坚决、监督有力的权力运行机制。第一，国家治理体系现代化要求治理范围全局化，需要统筹审计监督力量，实现国家经济监督的任务。国家治理体系现代化要求把党的领导落实到国家治理各领域各方面各环节，因此需健全包含审计监督在内的党统一领导的全面覆盖、权威高效的监督体系。第二，国家治理体系现代化要求治理主体多元化，需要国家机关、社会专业团体和公民多元主体共同治理。注册会计师审计作为专业领域审计人员，是重要的社会监督力量，也是国家治理和资本市场监督的重要力量。第三，国家治理体系现代化要求治理过程效能化，需要

---

① 2015 年 12 月 8 日，中国政府网公布中共中央办公厅、国务院办公厅印发的《关于完善审计制度若干重大问题的框架意见》。该《意见》分为总体要求、主要任务、加强组织领导三部分。

审计监督体系向高效和专业的方向发展，形成强有力的监督。国家审计与注册会计师审计的有效协同将避免重复审计和低效审计，同时协同发展也将有利于审计专业化水平的提高。

9.3.2.2　实践需求下的协同

对照国家对构建全覆盖、高效、统一审计监督体系的要求，结合国家审计与注册会计师审计的区别和联系，本书从以下三个方面分析二者协同的现实需求：

（1）国家审计需求视角。

第一，弥补国家审计机关人力资源不足的需求。国家审计机关缺乏足够的人力资源，无法实施全覆盖且持续的审计监督，而注册会计师审计专业人员资源丰富，可以成为国家审计资源的补充。

2015 年 12 月 8 日，中共中央办公厅、国务院办公厅印发的《关于实行审计全覆盖的实施意见》中审计全覆盖的目标要求包括：①对国家审计频次的要求，即"对重点部门、单位要每年审计，其他审计对象 1 个周期内至少审计 1 次，对重点地区、部门、单位以及关键岗位的领导干部任期内至少审计 1 次；对问题多、反映大的单位及领导干部要加大审计频次"；②对国家审计执业过程及效果的要求，即"对重大问题开展跟踪审计，坚持问题导向，实现有重点、有步骤、有深度、有成效的全覆盖"。国家政策对国家审计的频次、执业过程及效果提出的具体要求，加大了国家审计的力度。

然而，目前国家审计机关的人力资源尚无法支撑审计全覆盖的要求。根据中国审计年鉴统计发现，我国地方审计机关人均审计单位数最高可达到 3 个以上。根据实际情况来看，每一个审计项目要求多个人来完成，那就意味着每个人参与的审计项目数量更多。按此工作量，国家审计难以满足细致、全面、深入的要求。但据中注协统计，截至 2020 年第一季度，注册会计师（执业会员）超过十万人，单位会员（会计师事务所及其分所）超过九千家。注册会计师审计人力资源丰富，借用注册会计师审计的力量，能有效缓解国家审计人力资源的压力。

第二，实现审计持续监督的需求。相较于国家审计，注册会计师审计频率更高，可在年度审计中对被审计单位实施持续监督，掌握更多关于被审计单位的持续性信息，更好地实施审计监督。

即使在审计全覆盖要求下，国家审计的频次也尚未达到对每一个审计对象连续每年审计的程度，无法对审计结果的落实情况形成持续性监督。国家审计机关会针对审计发现的问题，要求企业整改，并公布整改情况。然而，实际整改情况如何，审计署只能在下一次抽中该企业进行审计时才能发现。表9-1手工搜集了2016~2017年间，审计结果公告中包含"以前年度未整改事项"的企业。表中企业均在几年前曾接受过国家审计，并被要求整改，但几年后被再次审计时，表中企业依然有1~4个问题未整改完全。观察表9-1最后一列，可以发现，国家审计的两次审计时间间隔较长，最短为2年，最长达到6年。

表9-1   2016~2017年查出未整改国有企业汇总

公告时间（年份）	公告内容	未整改问题数	以前年度公告时间（年份）	以前年度公告内容	间隔时间（年）
2017	A公司2015年度财务收支审计结果	4	2012	2010年度财务收支审计结果	5
2017	B公司2015年度财务收支审计结果	4	2013	2011年度财务收支审计结果	4
2017	C公司2015年度财务收支审计结果	1	2014	2012年度财务收支审计结果	3
2017	D公司2015年度财务收支审计结果	1	2011	2009年度财务收支审计结果	6
2016	E公司2014年度财务收支审计结果	2	2012	2010年度财务收支审计结果	4
2016	F公司2014年度财务收支审计结果	1	2010	2008年度财务收支审计结果	6
2016	G公司2014年度财务收支审计结果	1	2012	2010年度财务收支审计结果	4
2016	H公司2014年度财务收支审计结果	1	2012	2010年度财务收支审计结果	4

资料来源：根据审计署官网信息手工搜集汇总。

在现行制度下，国家审计基于审计资源安排等问题，无法跟踪复核，而注册会计师审计却能在日常审计中实现持续监督。根据国资委《中央企业财务决算审计工作规则》，每年需招标注册会计师对国有企业进行财务决算审计，年度财务决算审计报告是企业年度财务决算报告的必备附件。除小型非国有企业外，其他企业也均要求进行年审。因此，较国家审计而言，注册会计师审计会对企业形成持续、动态的监督。注册会计师每年会对企业进行财务审计和内部控制审计，能及时发现企业的问题，并跟踪确认企业的整改情况。注册会计师审计通过对企业的持续监督，可以对国家审计结果进行落实，弥补间隔时间短的监督缺位。

第三，追踪审计专业前沿的需求。相较于国家审计，注册会计师审计迫于市场竞争，有更强的审计技术更新动力，且通过国际事务所组织形式，有更方便的国内外审计技术沟通渠道。

为了提高审计效率和审计质量，审计专业技术需要随经济形势的发展而不断更新，相较于国家审计，注册会计师审计专业技术发展较快，主要基于以下几个原因：首先，注册会计师审计项目经验丰富，涉及被审计单位的行业、性质更为复杂。面对被审计单位日益复杂的盈利模式和业务变化，注册会计师需要在项目实践中，不断累积发展审计技术，形成行业专长。然后，我国注册会计师审计市场竞争激烈，为了提高自身审计效率和为客户提供更专业的服务，事务所需要不断更新自身技术。四大会计师事务所近年来均展开了智能化审计的研发，如普华永道自主研发了 Aura，Halo，Connect 等多项审计系统，利用人工智能技术快速高效地处理客户信息和复杂数据。最后，我国多家事务所加入了国际会计网络（联盟）①，网络（联盟）内部的学习和项目合作，有助于注册会计师吸收国内外最新审计技术。

国家审计也通过经验总结和国内外交流学习，不断更新审计技术，并在审计实践中运用大数据资源和地理信息等最新技术。但国家审计技术更新动力不如处于激烈市场竞争中的注册会计师审计。因此，国家审计与注册会计师审计的协同将有助于审计技术更新和吸收，更好地将注册会计师审计技术

---

① 根据中注协的统计，2014 年底，我国已有包含"四大"在内的 9 家事务所加入了国际排名前 10 位的国际会计网络（联盟）；证券资格事务所中，共有 18 家事务所加入了 17 家国际会计网络（联盟）。https：//www.cicpa.org.cn/ztzl1/swsnbzl/xxdt/201903/t20190315_39309.html.

和国家审计数据技术资源相结合，促进我国审计技术整体提升。

（2）注册会计师审计需求视角。

第一，促使注册会计师审计质量提升的需求。国家审计与注册会计师审计的协同，将丰富注册会计师执业经验，并在国家审计信息共享和监督的威慑下，有效提高注册会计师审计质量。

国家审计权限下的信息共享能有效提高注册会计师审计质量。注册会计师审计权限是由与委托人签订的审计业务约定书确定的，权限小且无强制性。而国家审计的审计权限依据《审计法》，权限更大，具有一定的强制性，被审计单位需全面配合。举例说明二者在审计中的权限差异：为了审计银行存款、销售收入的真实性，注册会计师审计主要采用函证方式。若被函证单位不回函，注册会计师审计会退而次之，采用替代程序，不能替代的情况则出具保留或无法表示意见的审计报告。而国家审计人员则有权要求对方单位直接提供资料，并可延伸到相关第三方取证，被审计单位不得拒绝、拖延、谎报。此外，国家政务信息系统和数据共享平台均按规定向审计机关开放，审计机关能够获取更加丰富的资料。国家审计权威性带来的权限能使参与国家审计工作的注册会计师审计获取更为充分的审计证据，提高审计质量。

国家审计的威慑力也会对注册会计师审计质量有促进作用（朱晓文和王兵，2016；李青原和马彬彬，2017；李晓慧和蒋亚含，2018）。针对国有企业审计，国家审计的介入，会对注册会计师审计产生威慑作用，从而提高注册会计师审计质量。若注册会计师发表无保留意见，而国家审计却查出该企业存在问题。基于国家审计的公信力，公众会因此质疑注册会计师，监管机构甚至会处罚承办该项业务的会计师事务所。注册会计师忌惮由此带来的声誉损害，因此对被审企业及有可能被审的企业更加谨慎执业，从而提高注册会计师的审计质量。

第二，提高注册会计师审计独立性的需求。相较于国家审计的公信力，注册会计师审计的独立性往往会受到诟病，若二者进行协同，将会对注册会计师审计独立性形成有效监督，同时也将通过协同体系增强注册会计师对客户的话语权，提高注册会计师审计独立性。

近年来我国注册会计师审计失败的案例频频曝出，更是削弱了社会公众对注册会计师审计独立性的信任。若国家审计与注册会计师审计进行协同，将借用国家审计的监督和公信力，一定程度上提升注册会计师审计的权威性和公信力，使注册会计师审计更加符合独立性要求。

一方面，协同中审计结果报告的相互利用与复核，将对注册会计师审计独立性形成监督。国家审计对注册会计师审计具有一定的监管职能，有权对社会审计机构出具的相关审计报告进行核查①。针对相同的审计对象，国家审计往往能发现注册会计师审计未发现的事项。表9-2截取国家审计核查后与注册会计师审计不一致的情况，发现注册会计师审计发表无保留意见的情况下，国家审计发现问题依然较多，独立性的缺乏是其中的重要原因。审计署在调查后，将相关线索移交给注册会计师的监管机构即财政部和证监会。而国家审计与注册会计师审计的协同，将会提高国家审计机关对注册会计师审计结果复核的频次，形成强有力的监督，减少注册会计师因缺乏独立性而隐瞒重大问题的可能性。

表9-2　　　　　　国家审计与社会审计2015年部分审计结果对比

被审计单位	事务所	社会审计意见	国家审计发现问题
A（集团）总公司	甲会计师事务所（特殊普通合伙）	带强调事项段的无保留意见	2015年虚增收入26.66亿元、成本费用26.59亿元；2014年少计提坏账准备7141.8万元等
B集团有限公司	乙会计师事务所（特殊普通合伙）	标准无保留意见	2015年多计资产37.80亿元、负债34.98亿元、利润1.61亿元等
C总公司	丙会计师事务所（特殊普通合伙）	标准无保留意见	2015年少计资产和负债各1.2亿元；2015年底多计利润1.86亿元等
D总公司	丁会计师事务所（特殊普通合伙）	标准无保留意见	2015年少计收入2.78亿元、少计成本8.77亿元、多计利润5.99亿元等
E集团有限公司	乙会计师事务所（特殊普通合伙）	标准无保留意见	2013年至2015年少计收入311.57亿元、成本317.65亿元，多计利润6.08亿元，其中2015年多计利润6.55亿元等

① 《审计法》（2006版）第三十条和《审计法》（2021版）第三十三条均提到"审计机关按照国务院的规定，有权对该社会审计机构出具的相关审计报告进行核查"。

续表

被审计单位	事务所	社会审计意见	国家审计发现问题
F 集团公司	戊会计师事务所（特殊普通合伙）	标准无保留意见	2015 年度少计资产6.08 亿元、负债13.28 亿元，多计权益7.2 亿元，少计亏损0.85 亿元等
G 总公司	己会计师事务所（特殊普通合伙）	标准无保留意见	2015 年少计资产和负债各 11 亿元；少计利润8.31 亿元等

资料来源：根据公开信息整理。

另一方面，注册会计师审计将在协同中，以国家审计的权威性为支撑，提高对客户的话语权，从而提高独立性水平。已有研究比较一致地认为客户的重要程度和与客户的相对话语权，将会影响我国注册会计师的独立性（陆正飞等，2012；贾楠和李丹，2015）。通过与国家审计形成审计证据和审计结论共享的协同关系，注册会计师审计将提高对客户的相对话语权，更不可能为客户隐瞒重大问题或形成与客户合谋的关系，注册会计师审计的公信力和独立性将会提升。

（3）审计监督体系需求视角。

第一，节省审计资源，提高审计效率的需求。国家审计与注册会计师审计协同，可有效节省资源，提高审计监督体系的效率。

注册会计师审计每年持续对企业进行审计，而国家审计也会每年抽取重点的企业进行审计，因此二者可能会对同一主体实施审计程序，并发布审计结果。尽管二者的审计目标并不完全一致，但审计内容均涉及企业的财务、经营和内部控制是否合法、公允和有效。一方面形成了审计资源的浪费，另一方面，不同审计团队进驻企业，也会对企业正常经营活动造成重复的影响。因此，国家审计与注册会计师审计的协同可有效提高审计效率，避免审计资源的浪费。

第二，提高审计信息披露透明度的需求。国家审计与注册会计师审计报告存在差异，二者的协同将从不同角度披露信息，相互补充，有利于提高信息的透明度，满足不同使用者的需求协同。

一方面，从报告内容来看，相较于注册会计师审计报告，国家审计的审计结果公告信息含量更高。注册会计师审计报告格式较为规范，主观陈述部分有限。即使在 2018 年后增加了"关键审计事项"部分，注册会计师审计报告传递的信息依然十分有限。国家审计通过公告的方式公布审计结果，公告格式并不完全固定，没有直接的审计意见类型，而是描述审计发现的具体问题，信息含量较大。另一方面，从公开披露程度来看，并非所有国家审计的审计结果都会发布公告，国家审计结果披露程度相对有限，需注册会计师对审计报告进行补充。审计结果公开不足主要是由于：①国家审计范围广，形式多样，国家审计结果难以全部公开；②国家审计涉及国家重点企事业单位的机密业务，根据保密协定无法完全公开审计结果；③国家审计过程涉及与其他单位的合作，审计机关无权公布合作审计结果。例如部分地方审计机关与组织部合作进行重要领导人的经济责任审计，而组织部要求对审计结果进行保密。而注册会计师审计中，公共企业审计结果均会公开发布审计报告。因此，国家审计结果公告中详细信息可以弥补注册会计师审计报告信息含量低的问题，相反，注册会计师审计报告的持续大量公开也会弥补国家审计结果公告的不足。

9.3.3　国家审计与注册会计师审计协同亟待解决的困境

结合以上实践，国家审计与注册会计师审计协同的现实困境有：

（1）在当前的法律和制度下，国家审计与注册会计师审计缺乏健全的贯通机制。一方面，国家审计与注册会计师审计所依据的法律不同，难以从法律层面进行协同。国家审计机关依据《审计法》独立行使审计监督权，而注册会计师审计依据《注册会计师法》独立、客观、公正执业。尽管国家审计有权对注册会计师审计进行核查，但二者审计过程独立，缺乏有效的协同。另一方面，在现行制度下，国家审计与注册会计师审计的协同缺乏统一配套的制度体系支撑。协同形式、协同范围以及协同流程等均在探索之中，尚未有完善的制度规定。例如：涉密的国家审计内容，注册会计师能在多大程度上介入；注册会计师审计能对企业进行持续监督，以确保国家审计结果的落实，但这不属于注册会计师的法定职责，并不构成其重要的工作内容。因此，目前注册会计师审计在落实国家审计结果中的作用，仅属于注册会计师审计执业过程中的附带行为，取决于注册会计师审计的独立性和专业胜任能力，不构成制度性要求。

（2）国家审计与注册会计师审计监管机构、主要审计对象、审计目标、审计性质等均有较大差异，造成了协同的障碍。监管机构不同，难以打破各部门的界限，形成良好的信息同步机制和相互协同的审计计划；落实到审计过程中，审计目标不同，审计的关注点也不同，那么对审计证据的搜集和评价也将存在差异，难以在协同中充分利用对方的审计证据和审计结论。因此，国家审计与注册会计师审计要形成统一高效的审计监督体系，需要打破目前的协同障碍，充分利用审计对象和审计程序的共同点，形成畅通的沟通机制来协调差异。

（3）国家审计与注册会计师审计协同模式单一且具有单向性，难以在实践中推广。根据上述实践可以看出，目前协同模式集中于购买注册会计师审计服务和在局部公共部门引入注册会计师审计两种，协同可运用的模式较少。目前制度化的协同依然在政府采购框架下，由部分地区实行，缺乏统一配套的制度体系。国家审计与注册会计师审计可协同的空间尚未开发完全，目前两种协同模式过于局限。何时需要国家审计与注册会计师审计进行协同，选择何种模式协同，均是由审计机关自行判断决策的，缺乏规范化的选择机制。此外，已有实践均是注册会计师审计对国家审计的单向补充，缺乏国家审计对注册会计师审计的实质性支撑，若无法形成双赢，仅依靠行政力量要求注册会计师审计补充国家审计力量，将无法形成实质性的有效协同。

9.4 构建国家审计与注册会计师审计协同体系

基于对现实的考察和分析，本文发现国家审计与注册会计师审计的协同存在无法逾越的制度障碍。然而，在国家治理体系现代化的背景下，中央审计委员会的成立，使审计监督体系在党的统一领导下从顶层设计进行调节，使各部门间的合力成为可能。在中央审计委员会的审计资源调配下，将形成审计信息的共享和各审计形式的优势互补，避免重复审计的资源浪费。本书将从如何协同和协同的制度保障两个方面，详细阐述国家审计与注册会计师审计协同体系的构建。

9.4.1　国家审计与注册会计师审计协同模式及工作流程

在中央审计委员会的统一领导下，可以搭建起国家审计与注册会计师审计协同模式平台。当在审计实践中摸索出新的可行的协同模式时，均可吸收纳入协同模式平台，并向其他地区推广。针对不同场景，可以选择不同国家审计与注册会计师审计协同模式。需要注意的是，协同强调的是相互合作，共同提高审计监督效率，而并非合二为一，因此，协同模式需保持国家审计和注册会计师审计本身的独立性。

9.4.1.1　注册会计师审计助力国家审计的协同模式

在国家审计的过程中，根据审计对象的不同，可以选择如图9－2中的三种模式借助注册会计师审计的力量，其中前两种模式运用已较为广泛。

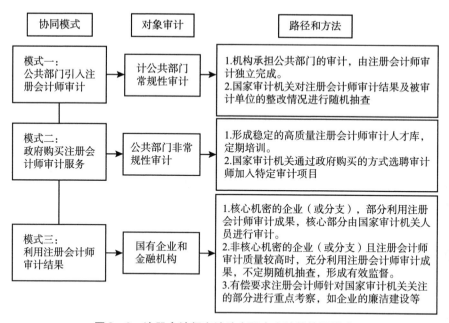

图9－2　注册会计师审计助力国家审计的协同模式

（1）针对公共部门常规性审计，引入注册会计师审计，由国家审计机关对审计质量和被审计单位整改情况进行随机抽查。自 2019 年 1 月 1 日起，我国各级各类行政事业单位全面实行政府会计准则制度，对公共部门的审计资源提出了新的挑战。部分地区已形成公共部门引入注册会计师审计的制度与实践，但需要更加规范的引入制度和质量控制制度。参考目前已推行该制度的上海、安徽等地区的经验，均由地区财政部门负责组织并监督注册会计师审计。若常规性审计的公共部门从事业单位扩大到包含行政单位在内的所有公共部门，由地方财政部门监督则会独立性不足。因此，本书建议由国家审计机关（可由本地审计机关执行）组织和监督，具体工作流程如图 9-3 所示。

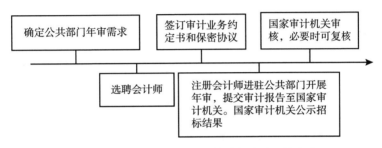

图 9-3　公共部门引入注册会计师审计工作程序

（2）针对公共部门非常规性审计或项目审计等，形成稳定的注册会计师审计人才库，定期培训，采用政府购买的方式在人才库中选聘审计师，参与国家审计项目。目前政府购买模式的运用较为成熟，也有部分地区形成了将注册会计师审计人才库作为国家审计力量的补充。然而，目前审计人才库的形成和运行存在一定的问题，如缺乏选拔标准、入库后只进不出、缺乏严格后续认定和管理等。

国家审计及其派出机构人手不足，或需要专业领域审计协助时，审计机关会通过公开招标形式，购买注册会计师审计服务。相较于其他的政府购买行为，国家审计利用注册会计师审计服务是一种补充性的购买。普通政府购买行为，如政府部门购买设备、技术等，购买内容均属政府本身业务范围之外。例如，水利局购买计算机设备，计算机设备的生产并非水利局自身业务。而国家审计购买审计服务，执行的是国家审计自有业务，是一种补充性的购买。站在国家监督体系的角度，补充性购买可以通过监督体系协同的形式固定和规范化，从而更好地发挥其效能。

根据现有制度和实践，政府购买注册会计师审计服务运用广泛且程序较成熟。与公共部门直接引入注册会计师审计模式不同，特定项目的审计依然由国家审计机关牵头，注册会计师审计加入特定项目组。在本书的协同模式梳理中，强调构建稳定、高质量的审计人才库，方便对特定审计师个人的选聘。具体工作流程如图9-4所示。

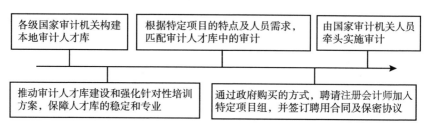

图9-4　政府购买注册会计师审计服务工作流程

（3）针对国有企业和金融机构的审计，有效利用注册会计师审计结果。这类审计对象属于国家审计和注册会计师审计的共同审计范围，可利用注册会计师审计结果提高国家审计的效率，节省国家审计的资源。但需考虑何种程度上利用注册会计师审计的工作，以及如何更好地利用注册会计师审计的力量。具体包含两个考虑因素：第一，审计内容是否涉密。涉及核心机密的企业或企业分支，部分利用注册会计师审计成果，核心部分由国家审计机关人员进行审计；非核心机密的企业或企业分支，可考虑充分利用注册会计师的审计成果，不定期随机抽查审计，形成有效监督即可。第二，注册会计师审计质量是否值得信任。对于审计质量较高的注册会计师审计，可充分利用其审计成果；而对于审计质量较低的注册会计师审计，取消其进入国家审计项目招投标资格。此外，由于国家审计与注册会计师审计关注侧重点略有不同，如国家审计更加重视企业的廉洁程度等问题，可以有偿要求注册会计师审计增加关注这部分问题，并按国家审计需求提供详细的审计报告。

按被审计单位是否涉密，分为两种情况。针对涉密的被审计单位处理如下：①国家审计机关在实施审计前，会通过注册会计师审计工作底稿、审计报告等资料，了解被审计单位的情况，并根据了解的情况来制定审计实施方案。该阶段对注册会计师审计的利用，直接影响了国家审计实施方案中审计方向和审计重点的安排，并提高了国家审计机关了解被审计单位的效率。②具体实施中，由国家审计机关集中执行涉密部分审计，保障了国有企业及金融机构的信息安全。③注册会计师审计在审计结束后，注册会计师审计通过年度财报审计等持续对企业进行监督，落实国家审计的整改意见，促进国有企业和金融机构高质量发展。针对未涉密的被审计单位处理如下：根据质量检查结果，确定国有企业及金融机构的选聘；注册会计师审计后，由国家审计机关定期抽查注册会计师审计质量，并促使事务所进行整改。具体工作流程见图 9 – 5。

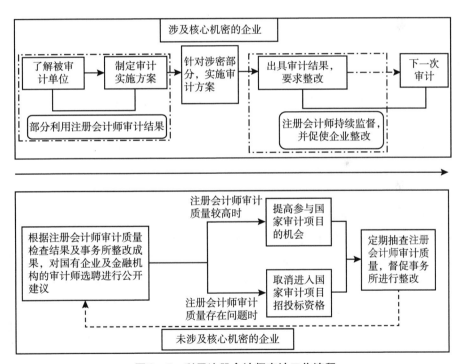

图 9 – 5　利用注册会计师审计工作流程

9.4.1.2　国家审计助力注册会计师审计的协同模式

已有实践中，国家审计并没有直接助力注册会计师审计的制度，仅通过审计对象重合时的知识溢出和雇佣注册会计师审计的培训，间接提高了注册会计师审计质量。然而，国家审计的权威性，具备助力注册会计师审计的条件。本文提出两种可行的模式，如图9-6所示。

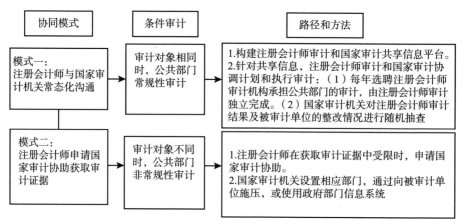

图9-6 国家审计助力注册会计师审计的协同模式

（1）当审计对象相同时，常态化注册会计师审计与国家审计机关沟通的制度。在《中国注册会计师审计准则第1153号》详细说明了前任注册会计师和后任注册会计师的沟通，规定前任审计师有对后任审计师提供信息的义务。那么，类似于与前任审计师沟通，当国家审计已审过某单位时，注册会计师审计也可以通过申请的方式，获取国家审计相关信息，沟通可以采用书面或口头的方式。注册会计师接受审计委托前，申请与国家审计机关人员沟通，沟通内容包括管理层诚信、内部控制缺陷等重大事项，从而判断是否承接该业务；注册会计师接受审计委托后，申请查阅国家审计底稿，国家审计机关在不涉密的前提下，提供相关信息，注册会计师参考国家审计机关相关信息拟订审计计划和重要性水平。

（2）当审计对象不同时，设置相关部门为注册会计师审计提供协助。注册会计师在审计证据搜集的过程中常由于被审计单位或第三方单位的不配合，或信息权限不足，无法获取充分而恰当的审计证据。而国家审计获取审计证据的权限较大，根据《审计法》的规定，一是在获取资料时，被审计单位不得拒绝、拖延、谎报；二是有国家其他部门的信息系统作为支撑，国家政务信息系统和数据共享平台应当按照规定向审计机关开放。因此，国家审计机关可以将获取审计证据的权限与注册会计师审计共享，设置相关部门，根据注册会计师审计的申请，使用如下三种形式：一是利用国家审计的权威性，向信息提供方施压，使注册会计师获取相应审计证据；二是使用国家各部门信息共享平台为注册会计师查询核实相关信息；三是定时定向为注册会计师开放部分使用权限。

9.4.2 国家审计与注册会计师审计协同体系的基本保障

（1）系统完善在公共部门引入注册会计师审计的制度。

2009年10月，国务院办公厅转发了财政部的《关于加快发展我国注册会计师行业的若干意见》（国办发〔2009〕56号），将医院等医疗卫生机构、大中专院校以及基金会等非营利组织的财务报表纳入了注册会计师审计的范围。2011年12月，财政部、民政部联合发布了《关于加强和完善基金会注册会计师审计制度的通知》（财会〔2011〕23号），将基金会也纳入了注册会计师审计的范围。随后，上海、安徽等多地开始试点发布在公共部门引入注册会计师审计的相关政策。

除上述各地区已试行的制度外，要全面推行公共部门引入注册会计师审计，形成常规性审计，需要在顶层设计上推行更加完善的制度。第一，制定针对公共部门的注册会计师审计法规，确定审计频率（是否年度审计）、审计范围（是否包含所有事业单位和行政部门）、审计收费原则等。第二，规范公共部门的注册会计师审计报告，包含报告形式、内容和公开程度。第三，确定公共部门注册会计师审计质量监督职责，及配套监管措施，以保障审计独立性和公信力。

（2）创新性推进注册会计师审计人才库建设制度。

要在更大范围内构建注册会计师审计人才库，有效保障政府购买审计服务的质量。需要有如下规范：第一，制定遴选注册会计师进入审计人才库的标准和流程，使人才库成员的身份成为注册会计师审计人员专业程度的证明。这样一方面保障了注册会计师审计人才库的人员质量，另一方面也可以提高注册会计师人才库成员的专业声誉，使其承接业务时获得实际利益，从而降低注册会计师人才库成员的流动意愿，保障人才库的稳定。第二，定期开设完整的注册会计师审计针对性培训课程。一方面有助于注册会计师熟悉国家审计对象、程序及保密规定等，为进入国家审计项目组做好充分准备；另一方面也有助于提高注册会计师审计质量，为提高我国整体审计质量，更大程度地利用注册会计师审计打下基础。

（3）促使国家审计利用注册会计师审计常态化制度的完善。

《审计法》第三十一条中明确提到，审计机关有权要求被审计单位提供社会审计机构出具的审计报告。《国家审计基本准则》的审计实施方案部分，明确指出审计人员在制定审计实施方案前，需从各方面了解被审计单位情况，其中包括向注册会计师审计机构了解。该准则第二十三条明确提到，审计人员可以利用经核实确认后的社会审计机构的审计结果。然而，在具体执行中，国家审计对注册会计师审计工作的利用尚未形成常态化制度体系，建议从以下几个方面进行制度完善：

第一，将国家审计机关对注册会计师审计质量监督结果与对注册会计师审计工作的利用程度相结合。目前国家审计不能充分利用注册会计师审计结果，其原因之一是对注册会计师审计的公信力较低，因此，应优化对注册会计师审计执业质量行政监督，同时将其与对注册会计师审计工作的利用程度相结合。国家审计机关对注册会计师审计具备监督权限，除了在国家审计过程中复核注册会计师审计报告，审计机关也会直接对注册会计师审计的执业情况进行检查。国家审计机关可公开核查结果，作为国有企业和公共部门对会计师事务所选聘的参考。对于执业质量高的注册会计师，可多提供其参与国家审计项目的机会，对于执业质量存在问题的注册会计师，取消其进入国家审计项目招投标的资格。

第二，有偿要求注册会计师审计提供满足国家审计需求的审计证据及报告。目前国家审计不能完全利用注册会计师审计结果，其中一个重要原因是注册会计师审计逻辑和关注点不能完全满足国家审计的需求。因此，要充分利用注册会计师审计工作，需要求注册会计师审计站在国家审计的角度，按照国家审计准则执业并出具其针对性的审计报告。

（4）常态化构建国家审计机关与注册会计师审计双向的沟通制度。

当前制度下，注册会计师无法直接与国家审计机关人员进行有效沟通，但协同需要无障碍沟通机制。因此本书建议，建立类似注册会计师审计准则中前任审计师与后任审计师沟通的制度，规定国家审计机关人员与注册会计师双向沟通义务。沟通制度可具体规定为：第一，需要沟通的情景。如国家审计与注册会计师审计对象重复，或国家审计对象为注册会计师审计对象的关联方，且审计业务中有无法从第三方获取的重要信息需求。第二，沟通内容范围及沟通形式。沟通范围需要适当，既要考虑信息保密性，又要考虑信息的有效性。审计人员沟通形式可根据实际情况，选择线上或线下沟通，口头或书面沟通。第三，沟通发起程序。当国家审计与注册会计师审计一方认为需要发起沟通时，通过专设渠道向对方提出要求，另一方需及时回复并选择相应形式沟通。在回复沟通请求时，考虑是否需要获取被审计单位及其主管单位的同意。注册会计师准则规定前任后任审计师的沟通需要获取被审计单位的同意，但国家审计与注册会计师的沟通可根据被审计单位具体情况而定。若国家审计机关发现有关管理层舞弊、违反法律法规行为等重大事项，可以不经过被审计单位及其主管单位的同意，直接向注册会计师提供相应信息；若非重大事项，则应获取被审计单位及其主管单位的同意。第四，沟通反馈。在沟通机制中，国家审计与注册会计师审计是双向的，配套沟通的反馈制度，反馈内容包括沟通是否有效，审计中是否发现与沟通信息不符的新情况，有助于更新被审计单位信息。

（5）利用信息化技术在国家审计机关中设置审计信息共享服务平台。

国家审计与注册会计师审计各司其职并在不同领域发挥作用，但要实现国家治理体系现代化背景下的协同，需利用信息化技术构建国家审计与注册会计师审计的信息共享平台。建议平台构建可包含如下要点：第一，在中央审计委员会的领导下，在国家审计机关中设置负责信息共享平台的常态化部门。信息共享平台体现了审计资源及其他资源的整合，无法依靠社会资源统筹，需要自上而下形成审计信息共享机制，因此建议由国家审计机关搭建平台。第二，信息共享平台数据来源包括国家审计、注册会计师审计和内部审计的可公开审计内容，以及国家政务信息系统和数据共享平台等非审计机关信息。根据不同数据来源，数据公开情况可以分为完全公开、依申请公开和限制使用形式等多个层次。第三，信息共享平台工作流程。当注册会计师向国家审计机关申请信息协助时，信息共享平台需要接收注册会计师申请，根据注册会计师的需求搜集资料并判断协助形式，并在适当时间内回应注册会计师申请需求。第四，信息共享平台运作条件。①平台需具备较强权威性，信息获取权限较大，能满足注册会计师审计申请协助的大部分需求。②平台需独立运作，既保障为注册会计师审计提供协助的效率和质量，又保障国家审计机关的正常工作不受影响。第五，信息共享平台使用及维护。①信息使用受到严格监督。由于该部门承担了审计监督体系的信息分享功能，因此需设置严格的信息使用监督制度，保障信息使用安全。②信息平台需及时回复信息使用需求。当前根据《中华人民共和国政府信息公开条例》，公民、法人或者其他组织可以根据自身生产、生活、科研等特殊需要，向各级政府部门申请获取相关信息，而各部门均会在15天左右时间内给予回复。而注册会计师审计节奏快，时间紧，作为国家审计监督体系的信息共享服务平台更需要及时回复，以便及时协助注册会计师完成对被审计单位的判断。

（6）形成协同模式吸收平台。

本书梳理的协同模式，并不能完全涵盖所有协同的可能性，也不能完全适应不断变化的经济监督需求。依据现实困境创新社会治理体制是国家治理体系现代化的重要要求（姜晓萍，2014）。因此，只有搭建国家审计与注册会计师审计协同模式吸收平台，广泛吸收创新协同模式，才能持续发挥国家审计与注册会计师审计协同治理效果。各级审计机关在实践中，摸索出新的可行的协同模式，均可吸收纳入协同模式平台，并向其他地区推广。该方法可以使国家审计与注册会计师审计协同保持活力，不断优化，最大化合理配置审计资源，提高审计质量。

9.5 预期效用与建议

构建国家审计与注册会计师审计协同体系，预期产生如下效用：

第一，对国家审计机关而言，协同体系有助于节省国家审计资源，提高审计效率，保障国家审计全覆盖的实施。注册会计师审计的加入有效补充了国家审计资源，注册会计师审计结果的运用为明确国家审计方向和重点提供信息，提高了解被审计单位的效率。

第二，对注册会计师审计而言，协同体系有助于促进注册会计师高质量发展，提高注册会计师审计的社会公信力。在与国家审计的不断合作交流中，一方面通过国家审计机关对注册会计师审计结果的持续性监督和对审计人员的培训，另一方面通过与国家审计形成信息共享，有效提高注册会计师审计质量。这种质量的提高将不局限于与国家审计有合作的审计师，或加入了注册会计师审计人才库的审计师，而是会逐步辐射到整个注册会计师审计行业，进而提高我国整体注册会计师审计质量。对于社会公众而言，注册会计师审计的公信力也将随着协同的加深而逐步提高。

第三，对我国审计监督力量而言，协同体系有助于优化审计资源的配置，有效实现审计监督效用最大化。国家审计与注册会计师审计的协同发展，将实现审计监督"$1+1>2$"的治理效果。

第四，国家审计与注册会计师审计协同体系的发展将为国家治理现代化背景下各类监督力量的协同提供借鉴。国家治理现代化要求监督力量相互协同，如审计监督、司法监督等。审计体系内部的协同发展将提供协同的制度及实践经验，有助于推动审计监督与其他监督力量的协同，推动国家治理现代化目标的实现。

然而，国家审计与注册会计师审计的协同发展预期也会产生一定的问题：第一，注册会计师审计大量进入公共领域，若审计质量尚未达到可利用的水平，可能会导致公共部门发生审计失败。第二，国家审计与注册会计师审计权责划分不清晰，相互影响审计质量。第三，审计信息共享机制导致信息安全保障难度加大。

国家审计机关应积极应对，一方面不应因惧怕预期出现的问题而不推进协同工作，另一方面应不断完善制度设计和工作方案，做好审计监督工作，确保国家审计与注册会计师审计协同治理顺利发展。如严格把控进入公共领域的注册会计师审计质量；在每个具体项目中，明晰国家审计和注册会计师审计的权责制度；设置信息安全权限，尽量减少核心信息的传播。

为推动国家审计与注册会计师审计的实质性协同，本书针对性地提出了以下建议：

第一，促使注册会计师审计高质量发展的同时，提高国家审计利用注册会计师审计的效率。在审计协同体系构建的过程中，既要推动注册会计师审计高质量发展，又要同步提高国家审计利用注册会计师审计力量的效率。可行的建议有：在完善注册会计师审计人才库的建设制度时，通过人才库认定和培训提高注册会计师审计质量和声誉，提高国家审计对注册会计师审计人才的利用效率；强化司法、行政和自律监管对注册会计师审计执业质量的联合监督，并将监督结果与对注册会计师审计工作的利用程度相结合，既能有效监督注册会计师审计质量，又能有效节省国家审计资源。

第二，建立高效、灵活的创新机制，既保障国家审计和注册会计师审计协同的顺利进行，又不断创新协同模式，满足不断变化的经济监督任务。目前国家审计与注册会计师审计的协同程度有限，在很多环节缺乏制度保障。本书在体系构建的制度保障部分提出了一些制度建议，但无法涵盖所有可能需要的制度保障，需要在实践中不断丰富完善。因此，需要建立一个灵活的机制，如本书建议的协同模式吸收平台，广泛吸收创新工作模式并进行推广。

第三，在协同过程中，通过公信力认证和信息共享服务平台等方式，为注册会计师及事务所提供切实的利益，保障协同的双赢。目前已有研究和实践强调国家审计与注册会计师审计的协同，主要是为了补充国家审计资源不足，但对注册会计师审计而言，协同带来的利益较少，缺乏协同的动力。本书在协同体系构建中，提出通过国家审计监督结果公开和遴选注册会计师进入审计人才库等方式，提高参与协同的注册会计师及事务所的声誉，使其在注册会计师审计市场中获取更多利益。同时，通过信息和先进技术的分享，提高注册会计师审计效率。只有使协同的双方实现双赢，才能有效推进协同长远发展。

本书研究还存在以下不足之处：第一，国家审计与注册会计师审计的协同体系仅仅是初步构想，无法涵盖所有实施细节，也无法预测所有可能产生的问题，需在制度保障下的实践中进一步完善。第二，本书的研究受限于数据的公开程度，无法通过实证检验和案例剖析对每一种协同模式的可行性和效果进行验证，随着数据的进一步公开，将在未来的研究中逐步完善。

第 10 章

总结及未来研究展望

10.1 研究结论

国家审计的职权范围日益扩大，执业力度不断加强，成为我国公共机关和国有企业的主导监督力量。然而，我国审计监督体系尚不能支撑"审计全覆盖"的监督目标，需进一步完善审计监督体系，统筹整合审计资源。基于此，本书研究了审计监督体系中的两个重要部分，国家审计与注册会计师审计的相互关系，为审计监督体系的构建与完善、统筹审计资源提供一定的证据与启示。

本书通过实证研究和理论推导发现：（1）国家审计与注册会计师审计会产生相互影响；（2）将二者的相互影响纳入审计监督体系，将对国家经济监管、实现审计全覆盖发挥重要作用。具体研究结论如下：

对应研究的主体内容，第 3 章内容系统地梳理了国家审计与注册会计师审计的制度背景。具体而言，（1）详细介绍了审计频率、审计权限、审计报告三个方面的区别，凸显了国家审计和注册会计师审计协作的机会。（2）强调了国家审计与注册会计师审计的双重关系，从制度设置的角度，指出了二者相互影响、以及相互利用的空间和可能性。（3）统计了针对共同审计对象时，国家审计与注册会计师审计结果的区别，并分析了可能存在的原因，构成全文研究基础。

在制度背景分析的基础上，第 4 章到第 7 章逐次介绍了国家审计与注册会计师审计相互影响的路径及经济后果。

针对国家审计对注册会计师审计影响的方式和路径，第 4 章检验发现：（1）国家审计会提高注册会计师的审计质量，这种审计质量的提高是通过"顺风车"和"威慑力"作用来实现的。（2）注册会计师在年报审计中，利用了国家审计介入以及企业整改成果提高年报审计质量。国家审计的这种知识溢出效应，凸显国家审计的"顺风车"作用。（3）基于国家审计的"威慑力"，注册会计师忌惮由年报审计报告与未来国家审计结果存在差异而引起的一系列风险，会在国家审计后提高谨慎性，从而提高审计质量。（4）这种"威慑力"会"传染"至其他类似企业，因为受到影响的注册会计师会因"威慑力"，谨慎地对待其他可能被国家审计抽中的客户。

针对国家审计对注册会计师审计影响的经济后果，第 5 章以共同审计对象国有企业为研究对象，进一步研究国家审计对注册会计师审计的影响，是否会对国有企业的合规性和廉洁程度产生作用。检验发现：（1）国家审计对注册会计师审计影响程度越高，被审企业越不可能发生违规行为；（2）国家审计对注册会计师审计影响程度越高，被审企业的廉洁程度越好，主要表现为在职消费增加更少（降低更多）；（3）上述经济后果，仅限于被审企业自身，而并没有传染至"类似企业"。

针对注册会计师审计对国家审计影响的方式和路径，第 6 章的研究是该领域研究的起点。按国家审计执业过程，将影响分为了三个阶段，包括事前影响、事中影响和事后影响。事前影响指审计机关在审计前，利用注册会计师审计已完成的工作及结果；事中影响指审计机关利用政府购买服务，使用注册会计师审计力量；事后影响指注册会计师在日常内控审计中，督促企业整改内部控制。研究发现分别阐述了：（1）注册会计师审计对国家审计影响的制度基础；（2）注册会计师审计对国家审计影响的实践基础；（3）构建了注册会计师审计对国家审计的影响体系。同时，指出受限于注册会计师审计质量，以及法律法规对影响路径的规范，目前影响体系尚未有效发挥作用。

针对注册会计师审计在国家审计结果落实中的作用，第 7 章利用被审企业在国家审计后公告年份的样本，对注册会计师审计（主要指内部控制审计）在国家审计结果落实中的影响进行了检验。研究发现：（1）"四大"担任内部控制审计师，更能有效落实国家审计后企业内部控制的整改；（2）具备行业专长的内控审计师，在有效落实国家审计后对企业内部控制的整改无明显优势。这表明注册会计师审计促进国家审计结果落实主要通过声誉机制，而是否具备行业专长，在内部控制整改中并没有发挥明显的作用。

10.2　研究结论的现实意义

针对国家审计机关，研究为其提供了统筹社会审计资源，缓解"审计全覆盖"压力的途径和方向。（1）理解国家审计如何影响注册会计师审计及其经济后果，有助于国家审计机关将这种影响纳入工作统筹安排的考虑，合理扩大"正向影响"及其"传染效应"的作用范围。（2）明确注册会计师审计会如何影响国家审计，有效利用这种影响，有助于提高国家审计缓解资源压力，提高事前、事中和事后的效率。

针对注册会计师审计，研究一方面提供了注册会计师行业监管的新思路，另一方面也指出了提高注册会计师执业水平的必要性和迫切性。（1）国家审计作为注册会计师审计的监管机构之一，虽然缺乏处罚权，但是依然通过警示作用，对注册会计师审计质量产生了影响，为注册会计师行业的监管提供了新的思路。（2）注册会计师审计的执业水平不仅影响审计客户本身，在与国家审计的协作中，也会进一步影响整个审计监督体系职能的实现。因此，从审计监督体系的角度来看，注册会计师执业水平亟须提高。

针对审计监督体系，研究为体系的构建和完善提供了基础及发挥作用的方向。（1）厘清了国家审计与注册会计师审计相互影响的不同方式和路径，为二者的协作提供了空间，也为审计监督体系的完善提供了方向。（2）探讨了影响的经济后果及审计结果的落实情况，强调了审计后的持续监督在审计监督体系中的重要性，也探讨了审计监督体系如何在该环节发挥作用。

10.3　研究展望及不足

本书的研究，首次为国家审计与注册会计师审计的关系研究构建了完善的体系，更是完整地讨论了已有研究较少涉及的影响经济后果、注册会计师审计对国家审计影响等问题，是该领域研究的一次探索。

然而，限于资料等客观原因，本书尚有未能涉及的问题。随着信息公开程度不断提升，希望在未来的研究中能够完成以下几个问题的探究：第一，在其他重合的审计领域，国家审计与注册会计师审计的相互影响形式是否不同。除了国有企业的审计外，国家审计与注册会计师审计还存在其他重合的领域，如经济责任审计、项目跟踪审计等。各项目具有与国有企业审计不同的特点，两种审计形式作用的方式也将随之不同。第二，地方审计机关在与注册会计师审计的协作中，是否会有不同的表现形式。地方审计机关的执业方式，会根据当地情况有所区别，与中央审计署不同，各地之间也可能存在差异。第三，在国家审计的事前、事中执业过程中，注册会计师审计的影响程度是否会随着注册会计师或国家审计人员的特征而改变。由于事前和事中的影响缺乏数据，无法观测到具体会受到哪些因素的影响。

此外，同样受限于研究资料的可获取性，本书有以下几点不足之处：第一，在第4章的检验中，利用"审计延迟"来度量"顺风车"的作用，但这一度量可能存在争议。本书已通过相关文献进行佐证，但依然存在不满意之处。然而，基于数据可得性，本书暂时只能使用审计延迟来观察审计师是否搭了"顺风车"，本书期望未来能提出更加理想的度量方式，对文章进行进一步佐证。第二，受限于数据，本书仅对注册会计师对国家审计的事后影响进行了实证检验。随着审计监督全覆盖和数据透明度的逐步加强，其他影响形式有待在后续研究中进一步探讨。

参 考 文 献

[1] 鲍圣婴. 国家审计、注册会计师审计与内部审计的定位与协作 [J]. 审计与经济研究, 2016, 31 (6): 12 –19.

[2] 财政部会计司联合研究组. 公共部门注册会计师审计制度研究——基于政府财务报告审计的思考 [J]. 会计研究, 2016 (4): 3 –8, 95.

[3] 蔡春, 毕铭悦. 关于自然资源资产离任审计的理论思考 [J]. 审计研究, 2014 (5): 3 –9.

[4] 蔡春, 蔡利, 朱荣. 关于全面推进我国绩效审计创新发展的十大思考 [J]. 审计研究, 2011 (4): 32 –38.

[5] 蔡春, 鲜文铎. 会计师事务所行业专长与审计质量相关性的检验——来自中国上市公司审计市场的经验证据 [J]. 会计研究, 2007 (6): 41 –47, 95.

[6] 蔡利, 马可哪呐. 政府审计与国企治理效率——基于央企控股上市公司的经验证据 [J]. 审计研究, 2014 (6): 48 –56.

[7] 陈波. 经济责任审计的若干基本理论问题 [J]. 审计研究, 2005 (5): 84 –88.

[8] 陈冬华, 陈信元, 万华林. 国有企业中的薪酬管制与在职消费 [J]. 经济研究, 2005 (2): 92 –101.

[9] 陈汉文. 实证审计理论 [M]. 北京: 中国人民大学出版社, 2012. 12.

[10] 陈宋生, 陈海红, 潘爽. 审计结果公告与审计质量——市场感知和内隐真实质量双维视角 [J]. 审计研究, 2014 (2): 18 –26.

[11] 陈献东. 开展领导干部自然资源资产离任审计的若干思考 [J]. 审计研究, 2014 (5): 15 –19.

[12] 陈信元, 夏立军. 审计任期与审计质量: 来自中国证券市场的经

验证据 [J]. 会计研究, 2006 (1): 44 - 53, 93 - 94.

[13] 程亭. 我国环境审计准则和指南的构建思路与基本框架 [J]. 财会通讯, 2018 (19): 10 - 13, 129.

[14] 褚剑, 方军雄. 国家审计的外部治理效应: 基于股价崩盘风险的研究 [J]. 财经研究, 2017, 43 (4): 133 - 145.

[15] 崔孟修. 经济责任审计对国家审计的丰富和发展 [J]. 审计研究, 2007 (6): 21 - 26.

[16] 戴亦一, 潘越, 陈芬. 媒体监督、政府质量与审计师变更 [J]. 会计研究, 2013 (10): 89 - 95, 97.

[17] 邓川. 审计师变更方向、盈余管理与市场反应——基于公司在内资审计师之间变更的研究 [J]. 中国工业经济, 2011 (11): 119 - 128.

[18] 杜兴强, 侯菲, 赖少娟. 交通基础设施改善抑制了审计师选择的"地缘偏好"吗?——基于中国高速列车自然实验背景的经验证据 [J]. 审计研究, 2018 (1): 103 - 110.

[19] 方军雄. 所有制、制度环境与信贷资金配置 [J]. 经济研究, 2007 (12): 82 - 92.

[20] 冯均科. 审计的异化与整合: 基于国家治理的视角 [J]. 西北大学学报 (哲学社会科学版), 2020, 50 (3): 5 - 13.

[21] 高方露, 吴俊峰. 关于环境审计本质内容的研究 [J]. 贵州财经学院学报, 2000 (2): 53 - 56.

[22] 葛笑天. 政府职能转变中的国家审计变革初探 [J]. 审计研究, 2005 (1): 75 - 78.

[23] 耿建新, 杜美杰. 国有企业及国有控股企业领导人员任期经济责任审计探讨的新视角——兼论国家审计对社会审计工作及结果的利用 [J]. 审计研究, 2001 (5): 17 - 22.

[24] 郭檬楠, 宋璐, 郭飞. 社会审计质量、国家审计监督与国企资产保值增值 [J]. 审计与经济研究, 2021, 36 (2): 11 - 18.

[25] 韩冬梅, 张继勋. 关键审计事项披露与审计人员感知的审计责任 [J]. 审计研究, 2018 (4): 70 - 76.

[26] 韩洪灵, 陈汉文. 中国上市公司初始审计的定价折扣考察——来

自审计师变更的经验证据［J］.会计研究，2007（9）：83 - 89，96.

［27］韩鹏飞，胡奕明.政府隐性担保一定能降低债券的融资成本吗？——关于国有企业和地方融资平台债券的实证研究［J］.金融研究，2015（3）：116 - 130.

［28］韩维芳.会计师事务所特殊普通合伙转制的影响研究——合伙人层面的分析［J］.审计研究，2016（2）：90 - 97.

［29］郝素利，李梦琪.国家审计监督抑制国企盈余管理行为的演化博弈分析［J］.审计与经济研究，2019，34（6）：10 - 18.

［30］何贤杰，朱红军，陈信元.政府的多重利益驱动与银行的信贷行为［J］.金融研究，2008（6）：1 - 20.

［31］胡仁宽.股份公司审计与国家审计监督［J］.会计之友，1993（5）：9 - 10.

［32］胡少先.关于中外合资企业两个问题的认识［J］.财务与会计，1991（12）：51.

［33］湖北省审计学会课题组.我国审计公告制问题研究［J］.审计研究，2003（6）：39 - 43.

［34］黄道国，邵云帆.多元环境审计工作格局构建研究［J］.审计研究，2011（3）：31 - 35，41.

［35］黄溶冰，赵谦.自然资源资产负债表编制与审计的探讨［J］.审计研究，2015（1）：37 - 43，83.

［36］黄益雄，李长爱.行业自律监管能改进审计质量吗？——基于中注协约谈的证据［J］.会计研究，2016（11）：84 - 91，96.

［37］贾楠，李丹.会计师事务所对客户的经济依赖会削弱审计质量吗？——来自赴美上市的中国概念股的实证证据［J］.审计研究，2015（5）：102 - 112.

［38］贾云洁.澳大利亚国家审计外包及其对我国的启示［J］.审计研究，2014（6）：63 - 71.

［39］简燕玲，辛旭.经济责任审计有关问题的探讨［J］.审计研究，2006（1）：44 - 47.

［40］江伟，李斌.制度环境、国有产权与银行差别贷款［J］.金融研

究，2006（11）：116 – 126.

[41] 姜晓萍．国家治理现代化进程中的社会治理体制创新 [J]．中国行政管理，2014（2）：24 – 28.

[42] 解亚红．"协同政府"：新公共管理改革的新阶段 [J]．中国行政管理，2004（5）：58 – 66.

[43] 雷光勇，李书锋，王秀娟．政治关联、审计师选择与公司价值 [J]．管理世界，2009（7）：145 – 155.

[44] 李汉卿．协同治理理论探析 [J]．理论月刊，2014（1）：138 – 142.

[45] 李江涛，苗连琦，梁耀辉．经济责任审计运行效果实证研究 [J]．审计研究，2011（3）：24 – 30.

[46] 李江涛，曾昌礼，徐慧．国家审计与国有企业绩效——基于中国工业企业数据的经验证据 [J]．审计研究，2015（4）：47 – 54.

[47] 李青原，马彬彬．国家审计与社会审计费用：顺风车还是警示灯？——基于我国央企控股上市公司的经验证据 [J]．经济管理，2017，39（7）：149 – 162.

[48] 李爽，吴溪．监管信号、风险评价与审计定价：来自审计师变更的证据 [J]．审计研究，2004（1）：13 – 18.

[49] 李爽，吴溪．证券市场审计师变更的信息披露——制度比较与现状分析 [J]．审计研究，2001（3）：29 – 33.

[50] 李仙，聂丽洁．我国上市公司 IPO 中审计质量与盈余管理实证研究 [J]．审计研究，2006（6）：67 – 72.

[51] 李小波，吴溪．国家审计公告的市场反应：基于中央企业审计结果的初步分析 [J]．审计研究，2013（4）：85 – 92.

[52] 李晓慧，蒋亚含．国家审计对年报审计市场的影响——基于供需双方力量变化的视角 [J]．中央财经大学学报，2019（6）：45 – 57.

[53] 李晓慧，蒋亚含．国家审计对注册会计师审计的影响："顺风车"还是"威慑力"？[J]．会计研究，2018（3）：78 – 85.

[54] 李雪，杨智慧．对环境审计定义的再认识 [J]．审计研究，2004（2）：26 – 30.

［55］李增泉.实证分析：审计意见的信息含量［J］.会计研究，1999（8）：16－22.

［56］林炳发.国有企业年度会计报表注册会计师审计报告质量监督机制问题初探［J］.审计研究，2000（2）：16－21.

［57］林忠华.领导干部自然资源资产离任审计探讨［J］.审计研究，2014（5）：10－14.

［58］刘达朱，王本强，陈基湘.政府环境审计的现状、发展趋势和技术方法［J］.审计研究，2002（6）：17－23.

［59］刘峰，张立民，雷科罗.我国审计市场制度安排与审计质量需求——中天勤客户流向的案例分析［J］.会计研究，2002（12）：22－27，50－65.

［60］刘峰，周福源.国际四大意味着高审计质量吗——基于会计稳健性角度的检验［J］.会计研究，2007（3）：79－87，94.

［61］刘光忠，王宏，冯翠平.关于构建公共部门注册会计师审计制度的初步思考［J］.会计研究，2015（6）：3－7，96.

［62］刘国常.论国家审计对社会审计监督的必要性［J］.中国审计，2002（3）：74－75.

［63］刘继红.高管会计师事务所关联、审计任期与审计质量［J］.审计研究，2011（2）：63－70.

［64］刘家义.国家治理现代化进程中的国家审计：制度保障与实践逻辑［J］.中国社会科学，2015（9）：64－83，204－205.

［65］刘家义.论国家治理与国家审计［J］.中国社会科学，2012（6）：60－72，206.

［66］刘津宇，王正位，朱武祥.产权性质、市场化改革与融资歧视——来自上市公司投资—现金流敏感性的证据［J］.南开管理评论，2014，17（5）：126－135.

［67］刘雷，崔云，张筱.政府审计维护财政安全的实证研究——基于省级面板数据的经验证据［J］.审计研究，2014（1）：35－42，52.

［68］刘明辉，常丽.国家审计结果公开机制评析［J］.审计研究，2005（2）：26－30.

[69] 刘明辉，韩小芳. 财务舞弊公司董事会变更及其对审计师变更的影响——基于面板数据 Logit 模型的研究 [J]. 会计研究，2011 (3)：81 - 88，95.

[70] 刘明辉，李黎，张羽. 我国审计市场集中度与审计质量关系的实证分析 [J]. 会计研究，2003 (7)：37 - 41.

[71] 刘启亮，郭俊秀，汤雨颜. 会计事务所组织形式、法律责任与审计质量——基于签字审计师个体层面的研究 [J]. 会计研究，2015 (4)：86 - 94，96.

[72] 刘启亮，唐建新. 学习效应、私人关系、审计任期与审计质量 [J]. 审计研究，2009 (4)：52 - 64.

[73] 刘文军. 会计师事务所执业质量检查提高审计质量了吗？[J]. 审计研究，2016 (6)：98 - 104.

[74] 刘霞，刘峰. 控制权安排、事务所定价策略和审计质量——来自 A 股市场的证据 [J]. 经济与管理研究，2013 (8)：99 - 107.

[75] 刘笑霞，李明辉，孙蕾. 媒体负面报道、审计定价与审计延迟 [J]. 会计研究，2017 (4)：88 - 94.

[76] 刘笑霞. 审计师惩戒与审计定价——基于中国证监会 2008 - 2010 年行政处罚案的研究 [J]. 审计研究，2013 (2)：90 - 98.

[77] 柳宁. 浅析国家审计对社会审计组织上市公司审计质量的监督检查 [J]. 审计研究，2003 (5)：46 - 48.

[78] 陆正飞，童盼. 审计意见、审计师变更与监管政策——一项以 14 号规则为例的经验研究 [J]. 审计研究，2003 (3)：30 - 35.

[79] 陆正飞，王春飞，伍利娜. 制度变迁、集团客户重要性与非标准审计意见 [J]. 会计研究，2012 (10)：71 - 78，96.

[80] 路军，张金丹. 审计报告中关键审计事项披露的初步研究——来自 A + H 股上市公司的证据 [J]. 会计研究，2018 (2)：83 - 89.

[81] 罗欢平. 论国家审计的边界 [J]. 经济问题，2018 (5)：88 - 93.

[82] 马曙光. 国家审计人员素质影响审计成果的实证研究 [J]. 审计研究，2007 (3)：24 - 29.

[83] 马志娟，韦小泉. 生态文明背景下政府环境责任审计与问责路径

研究 [J]. 审计研究, 2014 (6)：16 – 22.

[84] 孟焰, 周卫华. 国家审计理念的演进：从政府本位到社会本位 [J]. 审计与经济研究, 2016, 31 (5)：3 – 10.

[85] 欧黎明, 朱秦. 社会协同治理：信任关系与平台建设 [J]. 中国行政管理, 2009 (5)：118 – 121.

[86] 欧阳丽君, 武喜元. 试论国家审计、民间审计、内部审计在目标上的区别 [J]. 山西财经大学学报, 2006 (S2)：154.

[87] 彭华彰, 刘晓靖, 黄波. 国家审计推进腐败治理的路径研究 [J]. 审计研究, 2013 (4)：63 – 68.

[88] 漆江娜, 陈慧霖, 张阳. 事务所规模·品牌·价格与审计质量——国际"四大"中国审计市场收费与质量研究 [J]. 审计研究, 2004 (3)：59 – 65.

[89] 秦荣生. 公共受托经济责任理论与我国国家审计改革 [J]. 审计研究, 2004 (6)：16 – 20.

[90] 冉明东, 王艳艳, 杨海霞. 受罚审计师的传染效应研究 [J]. 会计研究, 2016 (12)：85 – 91, 96.

[91] 冉明东, 徐耀珍. 注册会计师审计报告改进研究——基于我国审计报告改革试点样本的分析 [J]. 审计研究, 2017 (5)：62 – 69.

[92] 申理. 谈国家审计与独立审计的区别——兼与舒平同志商榷 [J]. 财务与会计, 1992 (7)：60 – 61.

[93] 沈红波, 寇宏, 张川. 金融发展、融资约束与企业投资的实证研究 [J]. 中国工业经济, 2010 (6)：55 – 64.

[94] 舒平. 国家审计机关对中外合资企业有依法独立行使审计监督权——与胡少先同志商榷 [J]. 财务与会计, 1992 (5)：59.

[95] 宋常. 强化审计监督职能 健全会计监督体系 [J]. 审计研究, 2000 (1)：52 – 54.

[96] 宋达, 郑石桥. 政府审计对预算违规的作用：抑制还是诱导？——基于中央部门预算执行审计数据的实证研究 [J]. 审计与经济研究, 2014, 29 (6)：14 – 22.

[97] 宋衍蘅, 付皓. 事务所审计任期会影响审计质量吗？——来自发

布补充更正公告的上市公司的经验证据 [J]. 会计研究, 2012 (1)：75 - 80, 97.

[98] 宋衍蘅. 审计风险、审计费用与相对谈判能力——以受监管部门处罚或调查的公司为例 [J]. 会计研究, 2011 (2)：79 - 84, 97.

[99] 孙宝厚. 审计机关应当监督和利用社会审计组织对国有企业审计的成果 [J]. 审计研究, 2001 (3)：18 - 20.

[100] 孙岩, 杨肃昌. 企业内部环境审计定义研究 [J]. 审计与经济研究, 2005 (6)：28 - 31.

[101] 孙铮, 李增泉, 王景斌. 所有权性质、会计信息与债务契约——来自我国上市公司的经验证据 [J]. 管理世界, 2006 (10)：100 - 107, 149.

[102] 唐大鹏, 王璐璐, 常语萱. 国家治理体系下审计结果公告信息披露质量的影响因素——基于 2012 ~ 2015 年省级数据分析 [J]. 审计研究, 2017 (6)：48 - 57.

[103] 王兵, 鲍圣婴, 阚京华. 国家审计能抑制国有企业过度投资吗? [J]. 会计研究, 2017 (9)：83 - 89, 97.

[104] 王兵, 李晶, 苏文兵, 唐逸凡. 行政处罚能改进审计质量吗?——基于中国证监会处罚的证据 [J]. 会计研究, 2011 (12)：86 - 92.

[105] 王德宏, 宋建波, 李洋. 签字审计师之间的校友关系对审计质量的影响研究 [J]. 会计与经济研究, 2017, 31 (5)：76 - 88.

[106] 王德升, 杨树滋, 刘力云. 借鉴国际经验研究环境审计 [J]. 审计研究, 1997 (2)：1 - 7.

[107] 王光远, 郑晓宇. 国家审计移送对司法效率的影响 [J]. 审计研究, 2019 (4)：11 - 19.

[108] 王海林, 张丁. 国家审计对企业真实盈余管理的治理效应——基于审计公告语调的分析 [J]. 审计研究, 2019 (5)：6 - 14.

[109] 王会金. 国外政府绩效审计评析与我国绩效审计战略 [J]. 会计研究, 2010 (5)：75 - 82.

[110] 王美英, 曾昌礼, 刘芳. 国家审计、国有企业内部治理与风险承担研究 [J]. 审计研究, 2019 (5)：15 - 22.

[111] 王晓珂, 王艳艳, 于李胜, 赵玉萍, 张震宇. 审计师个人经验与

审计质量［J］. 会计研究，2016（9）：75－81.

［112］王彦超，赵璨. 社会审计、反腐与国家治理［J］. 审计研究，2016（4）：40－49.

［113］王艳艳，许锐，王成龙，于李胜. 关键审计事项段能够提高审计报告的沟通价值吗？［J］. 会计研究，2018（6）：86－93.

［114］王芸，杨华领. 会计师事务所行业专长与审计收费的实证分析——来自中国 A 股证券市场 2003～2005 年的经验数据［J］. 当代财经，2008（9）：126－129.

［115］韦德洪，覃智勇，唐松庆. 国家审计效能与财政资金运行安全性关系研究——基于审计年鉴数据的统计和实证研究［J］. 审计研究，2010（3）：9－14.

［116］魏志华，李常青，曾爱民，陈维欢. 关联交易、管理层权力与公司违规——兼论审计监督的治理作用［J］. 审计研究，2017（5）：87－95.

［117］吴国萍. 关于开展政府绩效审计工作的思考［J］. 审计研究，2005（2）：56－58.

［118］吴秋生，杨瑞平. 论政府审计与独立审计关系的厘定［J］. 当代财经，2007（10）：108－112.

［119］吴伟荣，李晶晶，包晓岚. 签字注册会计师过度自信、政府监管与审计质量研究［J］. 审计研究，2017（5）：70－77，86.

［120］吴溪，王春飞，陆正飞. 独立董事与审计师出自同门是"祸"还是"福"？——独立性与竞争—合作关系之公司治理效应研究［J］. 管理世界，2015（9）：137－146，188.

［121］吴溪，杨育龙，张俊生. 预防性监管伴随着更严格的审计结果吗？——来自中注协年报审计风险约谈的证据［J］. 审计研究，2014（4）：63－71.

［122］吴溪. 监管处罚中的"重师轻所"及其后果：经验证据［J］. 会计研究，2008（8）：23－31，94.

［123］伍丽娜，郑晓博，岳衡. 审计赔偿责任与投资者利益保护——审计保险假说在新型资本市场上的检验［J］. 管理世界，2010（3）：32－43.

［124］伍利娜，王春飞，陆正飞. 企业集团审计师变更与审计意见购买

[J]. 审计研究，2013（1）：70 - 78.

[125] 夏冬林，林震昃. 我国审计市场的竞争状况分析 [J]. 会计研究，2003（3）：40 - 46.

[126] 谢永珍. 中国上市公司审计委员会治理效率的实证研究 [J]. 南开管理评论，2006（1）：66 - 73，83.

[127] 谢志华. 关于审计的若干理论思考 [J]. 审计研究，2003（4）：19 - 23.

[128] 徐薇，陈鑫. 生态文明建设战略背景下的政府环境审计发展路径研究 [J]. 审计研究，2018（6）：3 - 9.

[129] 徐薇. 国家审计监督全覆盖的实现路径研究 [J]. 审计研究，2015（4）：6 - 10.

[130] 徐向真，张雪菲，徐以军. 国家审计业务外包与审计资源的经济适应性研究 [J]. 西安财经大学学报，2020，33（1）：69 - 76.

[131] 许汉友，徐香，朱鹏媛. 国家审计对注册会计师审计效率提升有传导效应吗？——基于国有控股上市公司审计的经验数据 [J]. 审计研究，2018（3）：19 - 27.

[132] 许汉友. 论国家审计与社会审计的协调 [J]. 审计与经济研究，2004（1）：18 - 20.

[133] 薛祖云，陈靖，陈汉文. 审计需求：传统解释与保险假说 [J]. 审计研究，2004（5）：20 - 25，19.

[134] 闫焕民，严泽浩，刘宁. 审计师搭档稳定性与审计质量——基于团队视角的研究 [J]. 审计研究，2017（6）：76 - 83.

[135] 杨华领，宋常. 国家审计与央企控股上市公司虚增收入 [J]. 审计与经济研究，2019，34（6）：1 - 9.

[136] 杨开元，霍晓艳，刘斌. 国家审计能降低国有企业审计风险吗？——来自省以下审计机关人财物管理改革的准自然实验 [J]. 审计与经济研究，2022，37（1）：25 - 32.

[137] 杨肃昌，李敬道. 从政治学视角论国家审计是国家治理中的"免疫系统"[J]. 审计研究，2011（6）：3 - 8.

[138] 叶飞腾，薛爽，杨辰. 会计师事务所合并能提高财务报表的可比

性吗？——基于中国上市公司的经验证据 [J]. 会计研究，2017 (3)：68 - 74，95.

[139] 叶康涛，崔毓佳. 初始审计定价折扣与审计质量——基于客户与会计师事务所相对地位的视角 [J]. 会计与经济研究，2017，31 (4)：3 - 16.

[140] 一木. 国家审计是"主导"吗？[J]. 审计理论与实践，1994 (2)：6 - 7.

[141] 尹平，戚振东. 国家治理视角下的中国国家审计特征研究 [J]. 审计与经济研究，2010，25 (3)：9 - 14.

[142] 于蔚，汪淼军，金祥荣. 政治关联和融资约束：信息效应与资源效应 [J]. 经济研究，2012，47 (9)：125 - 139.

[143] 郁建兴，任泽涛. 当代中国社会建设中的协同治理——一个分析框架 [J]. 学术月刊，2012，44 (8)：23 - 31.

[144] 原红旗，李海建. 会计师事务所组织形式、规模与审计质量 [J]. 审计研究，2003 (1)：32 - 37.

[145] 曾亚敏，张俊生. 会计师事务所合并对审计质量的影响 [J]. 审计研究，2010 (5)：53 - 60.

[146] 张国清. 自愿性内部控制审计的经济后果：基于审计延迟的经验研究 [J]. 经济管理，2010 (6)：105 - 112.

[147] 张宏亮，刘长翠，曹丽娟. 地方领导人自然资源资产离任审计探讨——框架构建及案例运用 [J]. 审计研究，2015 (2)：14 - 20.

[148] 张泓. 论国家审计与社会审计的关系 [J]. 财会月刊，1994 (3)：18 - 19.

[149] 张继勋. 国外政府绩效审计及其启示 [J]. 审计研究，2000 (1)：55 - 61.

[150] 张立民，聂新军. 构建和谐社会下的政府审计结果公告制度——基于政府审计信息产权视角分析 [J]. 审计研究，2006 (2)：7 - 13.

[151] 张立民，邢春玉，温菊英. 国有企业政治关联、国家审计质量和企业绩效——基于我国 A 股市场的实证研究 [J]. 审计与经济研究，2015，30 (5)：3 - 14.

[152] 张敏，张胜，王成方，申慧慧. 政治关联与信贷资源配置效率——

来自我国民营上市公司的经验证据 [J]. 管理世界, 2010 (11): 143 - 153.

[153] 张鸣, 田野, 陈全. 制度环境、审计供求与审计治理——基于我国证券市场中审计师变更问题的实证分析 [J]. 会计研究, 2012 (5): 77 - 85, 94.

[154] 张文斌. 关于国家审计与社会审计"主导"问题 [J]. 审计理论与实践, 1994 (8): 10 - 12.

[155] 张晓岚, 宋敏. 上市公司持续经营审计意见信息含量的差异性研究 [J]. 审计研究, 2007 (6): 59 - 66, 58.

[156] 张筱. 中美金融审计实践的比较与启示——基于国家审计防范金融风险的视角 [J]. 审计研究, 2019 (6): 22 - 29.

[157] 张彦军. 借鉴国际先进经验构建环境审计准则 [J]. 审计理论与实践, 2003 (4): 34 - 35.

[158] 郑春美, 李文耀. 基于会计监管的中国独立董事制度有效性实证研究 [J]. 管理世界, 2011 (3): 184 - 185.

[159] 郑石桥, 和秀星, 许莉. 国家审计处理处罚中的非正式制度: 一个制度冲突理论架构 [J]. 会计研究, 2011 (7): 85 - 91.

[160] 郑小荣. 公告质量、质量特征与策略性行为——基于第53号审计公告与3市调查的中国国家审计结果公告研究 [J]. 会计研究, 2012 (10): 79 - 86, 96.

[161] 周长信. 美英国家政府审计外部监督机制及启示 [J]. 经济问题, 2009 (3): 119 - 121.

[162] 周开国, 应千伟, 钟畅. 媒体监督能够起到外部治理的作用吗? ——来自中国上市公司违规的证据 [J]. 金融研究, 2016 (6): 193 - 206.

[163] 朱春艳, 伍利娜. 上市公司违规问题的审计后果研究——基于证券监管部门处罚公告的分析 [J]. 审计研究, 2009 (4): 42 - 51.

[164] 朱红军, 夏立军, 陈信元. 转型经济中审计市场的需求特征研究 [J]. 审计研究, 2004 (5): 53 - 62.

[165] 朱晓文, 王兵. 国家审计对注册会计师审计质量和审计收费的影响研究 [J]. 审计研究, 2016 (5): 53 - 62.

［166］祝继高，陆正飞. 产权性质、股权再融资与资源配置效率［J］. 金融研究，2011（1）：131 - 148.

［167］祝继高，陆正飞. 融资需求、产权性质与股权融资歧视——基于企业上市问题的研究［J］. 南开管理评论，2012，15（4）：141 - 150.

［168］Ashbaugh Hollis，Ryan La Fond，Brian W. Mayhew. Do nonaudit services compromise auditor independence? Further evidence［J］. The Accounting Review，2003，78（3）：611 - 639.

［169］Ashton Robert H. ，John J. Willingham，Robert K. Elliott. An empirical analysis of audit delay［J］. Journal of Accounting Research，1987，25（2）：275 - 292.

［170］Ashton Robert H. ，Paul R. Graul，James D. Newton. Audit delay and the timeliness of corporate reporting［J］. Contemporary Accounting Research，1989，5（2）：657 - 673.

［171］Avis Eric，Claudio Ferraz，Frederico Finan. Do government audits reduce corruption? Estimating the impacts of exposing corrupt politicians［J］. Journal of Political Economy，2018，126（5）：1912 - 1964.

［172］Baber William R. ，Eugene H. Brooks，William E. Ricks. An empirical investigation of the market for audit services in the public sector［J］. Journal of Accounting Research，1987，25（2）：293 - 305.

［173］Baber William R. . Toward understanding the role of auditing in the public sector［J］. Journal of Accounting and Economics，1983，5：213 - 227.

［174］Bandyopadhyay Sati P. ，Jennifer L. Kao. Competition and big 6 brand name reputation：Evidence from the Ontario municipal audit market［J］. Contemporary Accounting Research，2001，18（1）：27 - 64.

［175］Beaulieu P. R. . The effects of judgments of new clients' integrity upon risk judgment，audit evidence and fees［J］. Auditing：A Journal of Practice and Theory，2001，20（2）：85 - 100.

［176］Bell T. B. ，R. Doogar，I. Solomon. Audit labor usage and fees under business risk auditing［J］. Journal of Accounting Research，2008，46（4）：729 - 760.

[177] Berry Leonard E. , Gordon B. Harwood, Joseph L. Katz. Performance of auditing procedures by governmental auditors: Some preliminary evidence [J]. The Accounting Review, 1987, 62 (1): 14 – 28.

[178] Bills Kenneth L. , Debra C. Jeter, Sarah E. Stein. Auditor industry specialization and evidence of cost efficiencies in homogenous industries [J]. The Accounting Review, 2015, 90 (5): 1721 – 1754.

[179] Bills Kenneth L. , Lauren M. Cunningham, Linda A. Myers. Small audit firm membership in associations, networks, and alliances: Implications for audit quality and audit fees [J]. The Accounting Review, 2016, 91 (3): 767 – 792.

[180] Bonaime Alice, Huseyin Gulen, Mihai Ion. Does policy uncertainty affect mergers and acquisitions? [J]. Journal of Financial Economics, 2018, 129.

[181] Boone Jeff P. , Inder K. Khurana, K. K. Raman. Did the 2007 PCAOB disciplinary order against deloitte impose actual costs on the firm or improve its audit quality? [J]. The Accounting Review, 2015, 90 (2): 405 – 441.

[182] Chan Derek K. "Low – Balling" and efficiency in a Two – Period specialization model of auditing competition [J]. Contemporary Accounting Research, 1999, 16 (4): 609 – 642.

[183] Chen Chih – Ying, Chan – Jane Lin, Yu – Chen Lin. Audit partner tenure, audit firm tenure, and discretionary accruals: Does long auditor tenure impair earnings quality? [J]. Contemporary Accounting Research, 2008, 25 (2): 415 – 445.

[184] Chi Wuchun, Huichi Huang, Yichun Liao et al. . Mandatory audit partner rotation, audit quality, and market perception: Evidence from Taiwan [J]. Contemporary Accounting Research, 2009, 26 (2): 359 – 391.

[185] Christensen B. E. , Glover S. M. , Wolfe C. J. . Do critical audit matter paragraphs in the audit report change nonprofessional investors' decision to invest? [J]. Auditing a Journal of Practice & Theory, 2014, 33 (4).

[186] Copley Paul A. , Mary S. Doucet. The impact of competition on the quality of governmental audits [J]. Auditing: A Journal of Practice and Theory,

1993, 12 (1): 88 – 98.

[187] Copley Paul A.. The association between municipal disclosure practices and audit quality [J]. Journal of Accounting and Public Policy, 1991, 10 (4): 245 – 266.

[188] Craswell Allen, Donald J. Stokes, Janet Laughton. Auditor independence and fee dependence [J]. Journal of Accounting and Economics, 2002, 33 (2): 253 – 275.

[189] Davis L. , D. Ricchiute, G. Trompeter. Audit effort, audit fees, and the provision of non-audit services to audit clients [J]. The Accounting Review, 1993, 68: 135 – 150.

[190] DeAngelo Linda E. Auditor independence, 'low balling', and disclosure regulation [J]. Journal of Accounting and Economics, 1981, 3 (2): 113 – 127.

[191] DeAngelo Linda E. Auditor size and audit quality [J]. Journal of Accounting and Economics, 1981, 3 (3): 183 – 199.

[192] DeFond Mark L. , Clive S. Lennox. The effect of SOX on small auditor exits and audit quality [J]. Journal of Accounting and Economics, 2011, 52 (1): 21 – 40.

[193] DeFond Mark L. , Raghunandan K. , Subramanyam K. R.. Do Non – Audit service fees impair auditor independence? Evidence from going concern audit opinions [J]. Journal of Accounting Research, 2002, 40 (4): 1247 – 1274.

[194] Donald R. , Deis Jr. , Gary A. Giroux. Determinants of audit quality in the public sector [J]. The Accounting Review, 1992, 67 (3): 462 – 479.

[195] Du Xingqiang, Shaojuan Lai. Financial distress, investment opportunity, and the contagion effect of low audit quality: Evidence from China [J]. Journal of Business Ethics, 2018, 147 (3): 565 – 593.

[196] Dwyer Peggy D. , Earl R. Wilson. An empirical investigation of factors affecting the timeliness of reporting by municipalities [J]. Journal of Accounting and Public Policy, 1989, 8 (1): 29 – 55.

[197] Dye Ronald A.. Informationally motivated auditor replacement [J].

Journal of Accounting and Economics, 1991, 14 (4): 347 - 374.

[198] Ferguson Andrew, Jere R. Francis, Donald J. Stokes. The Effects of firm-wide and office-level industry expertise on audit pricing [J]. The Accounting Review, 2003, 78 (2): 429 - 448.

[199] Ferraz Claudio, Frederico Finan. Exposing corrupt politicians: The effects of Brazil's publicly released audits on electoral outcomes [J]. The Quarterly Journal of Economics, 2008, 123 (2): 703 - 745.

[200] Francis Jere R. , Paul N. Michas. The contagion effect of low-quality audits [J]. The Accounting Review, 2013, 88 (2): 521 - 552.

[201] Francis Jere R. , Reichelt Kenneth, Dechun Wang. The pricing of national and city-specific reputations for industry expertise in the U. S. audit market [J]. The Accounting Review, 2005, 80 (1): 113 - 136.

[202] Frankel Richard M. , Marilyn F. Johnson, Karen K. Nelson. The relation between auditors' fees for nonaudit services and earnings management [J]. The Accounting Review, 2002, 77: 71 - 105.

[203] Fuerman Ross D. . Comparing the auditor quality of arthur andersen to that of the big 4 [J]. Accounting and the Public Interest, 2006, 6 (1): 135 - 161.

[204] Fung Simon Yu Kit, Ferdinand A. Gul, Jagan Krishnan. City-level auditor industry specialization, economies of scale, and audit pricing [J]. The Accounting Review, 2012, 87 (4): 1281 - 1307.

[205] Fung Simon Yu Kit, K. K. Raman, Xindong Zhu. Does the PCAOB international inspection program improve audit quality for non - US-listed foreignclients? [J]. Journal of Accounting and Economics, 2017, 64 (1): 15 - 36.

[206] Ghosh Aloke, Moon Doocheol. Auditor tenure and perceptions of audit quality [J]. The Accounting Review, 2005, 80 (2): 585 - 612.

[207] Gong Qihui, Zhen Oliver Li, Yupeng Lin et al. . On the benefits of audit market consolidation: Evidence from merged audit firms [J]. The Accounting Review, 2016, 91 (2): 463 - 488.

[208] Gul Ferdinand A. , Simon Yu Kit Fung, Bikki Jaggi. Earnings quality:

Some evidence on the role of auditor tenure and auditors' industry expertise [J]. Journal of Accounting and Economics, 2009, 47 (3): 265 – 287.

[209] Johnson Laurence, Stephen Davies, Robert Freeman. The effect of seasonal variations in auditor workload on local government audit fees and audit delay [J]. Journal of Accounting and Public Policy, 2002, 21: 395 – 422.

[210] Johnson Van E. , Inder K. Khurana, Kenneth J. Reynolds. Audit-firm tenure and the quality of financial reports [J]. Contemporary Accounting Research, 2002, 19 (4): 637 – 660.

[211] Johnstone K. M. , Bedard J. C. . Risk management in client acceptance decisions [J]. Accounting Review, 2003, 78 (4): 1003 – 1025.

[212] Johnstone K. M. . Client acceptance decisions: Simultaneous effects of client business risk, audit risk, and risk adaptation. Auditing: A Journal of Practice & Theory (Spring), 2000: 1 – 25.

[213] Kachelmeier S. J. , Schmidt J. J. , Valentine K. . The disclaimer effect of disclosing critical audit matters in the auditor's report [J]. Social Science Electronic Publishing, 2014.

[214] Krishnan Jagan, Jayanthi Krishnan, Hakjoon Song. PCAOB international inspections and audit quality [J]. The Accounting Review, 2017, 92 (5): 143 – 166.

[215] Krishnan Jagan, Paul C. Schauer. The differentiation of quality among auditors: Evidence from the not-for-profit sector [J]. 2000, 19 (2): 9 – 25.

[216] Köhler, Annette, Ratzinger – Sakel et al. . The effects of key audit matters on the auditor's report's communicative value: Experimental evidence from investment professionals and non-professional investors (August 24, 2016). Working paper.

[217] Lamoreaux Phillip T. Does PCAOB inspection access improve audit quality? An examination of foreign firms listed in the United States [J]. Journal of Accounting and Economics, 2016, 61 (2): 313 – 337.

[218] Larcker David F. , Scott A. Richardson. Fees paid to audit firms, accrual choices, and corporate governance [J]. Journal of Accounting Research,

2004, 42（3）: 625 - 658.

[219] Lennox Clive, Jeffrey Pittman. Auditing the auditors: Evidence on the recent reforms to the external monitoring of audit firms [J]. Journal of Accounting and Economics, 2010, 49（1）: 84 - 103.

[220] Lennox Clive, Xi Wu, Tianyu Zhang. The effect of audit adjustments on earnings quality: Evidence from China [J]. Journal of Accounting and Economics, 2016, 61（2 - 3）: 545 - 562.

[221] Lennox C. S. , Schmidt J. J. , Thompson A. . Is the expanded model of audit reporting informative to investors? Evidence from the U. K. [J]. Social Science Electronic Publishing.

[222] Li Liuchuang, Baolei Qi, Gaoliang Tian, Guochang Zhang. The contagion effect of low-quality audits at the level of individual auditors [J]. The Accounting Review, 2017, 92（1）: 137 - 163.

[223] Lowensohn Suzanne, Laurence E. Johnson, Randal J. Elder et al. . Auditor specialization, perceived audit quality, and audit fees in the local government audit market [J]. Journal of Accounting and Public Policy, 2007, 26（6）: 705 - 732.

[224] López Dennis, Gary Peters. Internal control reporting differences among public and governmental auditors: The case of city and county circular A - 133 audits [J]. Journal of Accounting and Public Policy, 2010, 29: 481 - 502.

[225] McLelland Andrew J. , Gary Giroux. An empirical analysis of auditor report timing by large municipalities [J]. Journal of Accounting and Public Policy, 2000, 19（3）: 263 - 281.

[226] Minutti - Meza Miguel. Does auditor industry specialization improve audit quality? [J]. Journal of Accounting Research, 2013, 51（4）: 779 - 817.

[227] Myers James N. , Linda A. Myers, Thomas C. Omer. Exploring the term of the auditor-client relationship and the quality of earnings: A case for mandatory auditor rotation? [J]. The Accounting Review, 2003, 78（3）: 779 - 799.

[228] Numan Wieteke, Marleen Willekens. An empirical test of spatial com-

petition in the audit market [J]. Journal of Accounting and Economics, 2012, 53 (1): 450 - 465.

[229] O'Keefe Wm Timothy, Sterling T. Wetzel, John H. Engstrom. An examination of the relations between audit scope and procedures in audits ofmunicipalities [J]. Accounting Horizons, 1990, 4 (4): 68 - 77.

[230] Palmer L. A. Considering bias in government audit reports: Factors that influence the judgments of internal government auditors [J]. Journal of Business Communication, 2008, 45 (3): 265 - 285.

[231] Reichelt Kenneth J. , Dechun Wang. National and office-specific measures of auditor industry expertise and effects on audit quality [J]. Journal of Accounting Research, 2010, 48 (3): 647 - 686.

[232] Roger Simnett, Ann Vanstraelen, Wai Fong Chua. Assurance on sustainability reports: An international comparison [J]. The Accounting Review, 2019, 84 (3): 937 - 967.

[233] Rubin Marc A. Municipal audit fee determinants [J]. The Accounting Review, 1988, 63 (2): 219 - 236.

[234] Saito Yoshie, Christopher S. Mcintosh. The economic value of auditing and its effectiveness in public school operations [J]. 2010, 27 (2): 639 - 667.

[235] Singer Zvi, Jing Zhang. Auditor tenure and the timeliness of misstatement discovery [J]. The Accounting Review, 2018, 93 (2): 315 - 338.

[236] Teoh Siew Hong, T. J. Wong. Perceived auditor quality and the earnings response coefficient [J]. The Accounting Review, 1993, 68 (2): 346 - 366.

[237] Vermeer Thomas. Market for former Andersen clients: Evidence from government and non-profit sectors [J]. Journal of Accounting and Public Policy, 2008, 27: 394 - 408.

[238] Wallace. W. A. . The economic role of audits in free and regulated markets: A look back and look forward [J]. Research in Accounting Regulation, 2004 (17): 267 - 298.

[239] Wang, Qian, Wong, T. J. , Xia, Lijun. State ownership, the insti-

tutional environment, and auditor choice: Evidence from China [J]. Journal of Accounting and Economics, 2008, 46 (1): 112 –134.

[240] Ward D. Dewey, Randal J. Elder, Susan C. Kattelus. Further evidence on the determinants of municipal audit fees [J]. The Accounting Review, 1994, 69 (2): 399 –411.

[241] Xiao Jason Zezhong, Suchang Yang, Xinmin Zhang et al.. Institutional arrangements and government audit independence in China [J]. Abacus, 2016, 52 (3): 532 –567.

后　记

　　有研究发现人对职业的初印象，往往会影响其对后续职业生涯的判断。我想对个人而言，更直接的是，你在工作中的第一个项目，会影响你后续对这份职业的兴趣与信心。这几年，在被问到为什么选择读博士或做高校老师时，我都会斩钉截铁地说，因为我喜欢做研究。但独自一人时，尤其是科研受挫时，我也会问自己，真的这么喜欢吗？这个喜欢的念头到底来自哪儿？我想有一大部分的原因，是因为我的第一个项目，也就是这本书的话题——国家审计与注册会计师审计。我在博一的时候，就开始了这个话题的研究。我到现在还记得，我的导师李晓慧教授在听完我的研究计划后鼓励我做下去的画面。虽然做的过程也有挫折，但整体而言，顺利写完，顺利被《会计研究》接受，顺利达到了博士毕业条件，这一系列的顺利给足了我信心。后来，我的同学们都说我科研能力强，适合进高校。其实我认为他们的科研能力未必不如我，差别也许只是我的第一个项目更顺利，才造成了这一系列的"错觉"。

　　但我并不是否认我喜欢做科研，这个行业给了我极具吸引力的开端，也给了我十足的挑战。如果说起点是缘分，那么走过的路则是真实的馈赠。我想借此感谢这个话题带给我的一切，包括这本书。我也会珍惜这个幸运的开端，带着这份喜欢继续去走我的学术道路。

　　回到这本书，从博一开始研究这个话题，到完成毕业论文，直至现在修改成书，已经过去了7年时间。我想啰唆地回顾一下我成书这7年的每个阶段，因为每一个画面都像照片一样印在我脑子里，如果说有一个地方可以让我慢慢回忆着把这些"照片"挂出来，那一定是此处。第一个阶段是完成我第一篇发表的文章《政府审计对注册会计师审计的影响："顺风车"还是"威慑力"？》，也是这本书的雏形。我记得博一的课比较多，每天下课后我就去学校二楼图书馆整理原始数据，现在想来二楼图书馆真是我的福地，虽然懵懵懂懂边学边做，走了许多弯路，但终究是完成了。第二个阶段是完成延伸的框架，当时我在中国香港做研究助理。我记得一开始很不顺利，我写了又删，删了又写，每天跟自己说"完成比完美更重要，先写出来，不要太纠结"。我一度怀疑是因为那间没有窗户的办公室限制了我的思维，于是我便跑到校园里的露天咖啡厅继续写。跑来跑去，最终还是在那间没有窗户的办公室写完了定稿，可见窗户也并没有那么重要。第三个阶段是完成毕业论文，我论文的一部分是跟同学在西单的咪咕咖啡厅完成的，一部分是过年期间在没有暖气的南方蜷缩在房间里完成的，还有一部分是年后回北京一边紧张地视频面试工作一边完成的。我记得当时所有的焦虑和不安，也记得每天写完后阅读时的小小成就感。后来在导师的细心指导下，我反复修改，获得了当年的优秀博士论文，也算是为我前面三个阶段画上了一个感叹号。最让我惭愧的是第四个阶段，这个阶段的任务是修改成书。我在这个阶段效率最低，毕业后我开始了从学生到老师的身份转变，学着平衡教学和科研，平衡生活与工作，可惜在很长一段时间里，我的平衡术练得并不怎么样，总是倾向于眼前更紧急的事，而忽略了躺在我文件夹里的书稿。好在有导师的督促，希望我再深入研究，于是我在毕业论文的基础上增加了章节，终于完成了书稿的修改。

7年间，随着书的成稿，我也完成了从博士生到青年学者的成长。回想这7年，我想感谢我的导师李晓慧教授。李老师教会我严谨治学，坚持研究有意思的问题，更是鼓励我要遵循本心，去快乐地生活。我跟李老师学到的，不仅是知识和研究能力，更是一种包容开阔的眼界，一份无论何时都坦荡从容的心境和一颗永葆善良热情的心。我也要感谢我的副导师王彦超教授，王老师屡次为我提供了及时且重要的帮助，在研究方面，王老师的每一次指导，都会让我在研究思想和方法上受益颇多。此外，我还想感谢这7年间陪伴我的家人和朋友们，与你们每一个人的相遇，都是我的幸运，谢谢你们让我的生活充满喜悦。

最后，我自知这7年时间远远无法使本书达到优秀，但愿此书能成为一个不错的起点，也期待未来我更多的成长与创作。

作 者

2023 年 7 月写于北京